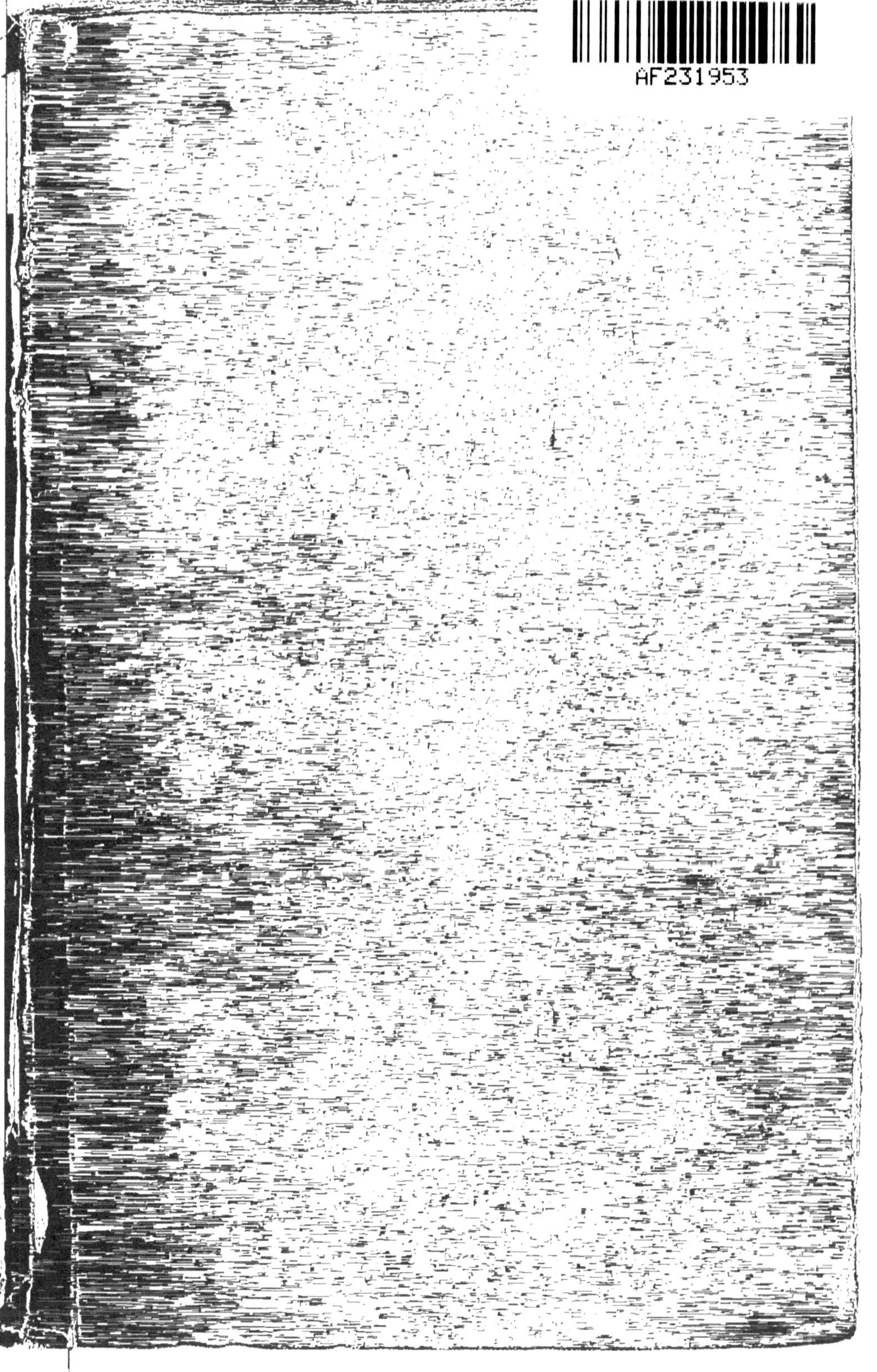

FORMULAIRE

DES STATIONS D'HIVER

ET DES STATIONS D'ÉTÉ

8119-94. — CORBEIL. Imprimerie CRÉTÉ.

FORMULAIRE

DES STATIONS D'HIVER

DES STATIONS D'ÉTÉ

ET DE LA CLIMATOTHÉRAPIE

PAR

Le Dr DE LA HARPE

Privat-docent de balnéologie à l'Université de Lausanne,
Membre correspondant de la Société d'hydrologie médicale de Paris,
de la Société française d'hygiène,
Médecin-consultant à Louèche-les-Bains.

Introduction par le Dr A. LABAT,

Ex-président de la Société d'hydrologie de Paris,
et membre de la Société d'hydrologie de Madrid, Turin,
de la Société géologique de France, etc.

PARIS

LIBRAIRIE J.-B. BAILLIÈRE ET FILS

19, RUE HAUTEFEUILLE, 19

—

1895

INTRODUCTION

La climatologie a pris, de nos jours, une importance capitale. Elle est devenue une science en se basant sur la météorologie dont elle suit les progrès.

La météorologie est elle-même une science toute récente, dont le passé n'avait tracé qu'une ébauche. Les principaux fondateurs sont : Humboldt, Kaemtz, Marié-Davy, Hann, Renou, etc. Les instruments de la physique se sont singulièrement perfectionnés (exposition de 1889), et les enregistreurs ont permis des observations assez continues pour établir la caractéristique des climats. Les stations météorologiques se sont multipliées comme par enchantement. Elles sont en correspondance avec les bureaux centraux qui font les statistiques. Déjà en 1872, j'en avais vu un grand nombre en Angleterre.

Les trois congrès d'hydrologie : Biarritz, 1886 ; Paris, 1889 ; Rome, 1894 ; ont donné une large place à l'étude des climats.

J'appelle *climat* la résultante des modificateurs cosmiques sur les êtres organisés.

Les facteurs d'un climat sont : la pression barométrique, la température, l'humidité relative, les vents et troubles atmosphériques ; l'irradiation solaire, les états électriques, ozonométriques, les poussières, les germes ; enfin la nature du sol (intervention du géologue).

Le contrôle indispensable est l'expérience clinique qui juge en dernier ressort.

J'ai proposé au congrès de 1889 de simplifier les divisions très nombreuses et très diverses des climats :

1° Division principale en *climats de montagne* et *climats marins*. N'est-ce pas à la mer et à la montagne que se trouvent presque toutes les *stations sanitaires* ? D'où *stations de montagne* et *stations marines*.

2° Subdivision naturelle en *stations d'été* et *stations d'hiver*.

Trop diviser, c'est se perdre dans les détails et noyer les vues d'ensemble. Point de science possible si l'on ne voit pas de haut.

Stations marines d'été. — On y prend les bains de mer l'été, mais on y va aussi pour l'air marin. Les plages d'été sont nombreuses dans les pays du Nord. Les plus belles sont les plages de la Manche. Les plus fraîches sont situées autour de la mer du Nord, Norvège, Suède, Danemark, Allemagne du Nord, Pays-Bas, Angleterre.

Caractère de ces plages : air vif, pur et tonique, stimulant jusqu'à l'excitation ; température variable suivant la latitude, mais, avant tout, suivant les abris ; humidité, celle de la mer moins offensive ; vents fréquents, etc.

En relevant avec soin, sur place, les températures de l'air et de la mer dans toutes ces régions, nous avons été frappés du peu de différence des chiffres dans les saisons d'été (15 juillet-15 septembre).

Stations marines d'hiver. — On y prend aussi les bains de mer l'été ; la température de l'air et de la mer y est notablement plus élevée. Ce sont des séjours d'hiver. Ces plages forment comme un grand cercle autour de la Méditerranée ; sud de la France, sud-ouest de l'Italie, Sicile, Algérie, est de l'Espagne, etc.

En première ligne de ces régions aimées du ciel se place la Corniche, ce coin de terre si bien abrité par le demi-cercle des Alpes et des Apennins, ce grand espalier naturel où vivent en plein air les végétaux de l'Afrique.

Les villes d'hiver de notre Provence sont bien connues ; il est nécessaire d'appeler l'attention sur les nouvelles créations de la Corniche italienne : San-Remo, Nervi, que j'ai vu débuter en 1870, Rapallo, Spezia, etc., ne laissent rien à désirer (1).

Caractères des plages provençales : température hibernale élevée, il faut aller jusqu'à Palerme pour trouver mieux ; air assez sec (moins qu'on ne l'a dit) ; vent du N.-O., mistral, très incommode ; mais il ne souffle pas partout et se calme des semaines entières ; s'atténue sur la Corniche italienne ; changements brusques au coucher du soleil.

Tout cela a été exploité par les pronateurs du climat du S.-O. Il est certain qu'Arcachon et Biarritz ont leurs mérites en tant que plages d'hiver (2).

On oublie trop les plages d'hiver anglaises de la côte sud, Bournemouth, Torquay, Penzance, etc. Il vient d'être dit que les villes d'hiver sont en général sur le bord des mers du sud ; cependant il y en a de continentales : si Montpellier, Pise, Rome, Sienne sont délaissées, nous avons Le Cannet et Grasse, Pau, si peu tourmenté par le vent, plus loin Biskra, Le Caire ; en Suisse, Montreux ; en Tyrol, Méran.

Stations de montagne. — Les habitants des villes et de la plaine ont toujours recherché les

(1) Voir mon *Voyage d'Italie*, 1894.
(2) Voir la discussion du congrès de Biarritz.

hauteurs, dans la saison chaude : les patriciens de Rome avaient leurs villas sur le penchant des monts sabins, Tusculum, Tivoli, etc. Les collines des environs de Paris, de Londres, de Vienne sont semées de villas.

De notre temps, on s'est occupé du climat des hautes montagnes en Europe, aux Indes et en Amérique. Lombard (1) a résumé les observations de Humboldt et Boussingault aux Andes, de Saussure et Martins aux Alpes, de Jourdanet et Coindet au Mexique. De là l'histoire du *mal de montagne*, que l'on a appliqué théoriquement à des altitudes où il est parfaitement inconnu. Je viens de refaire les passages des grandes Alpes et je déclare que jusqu'à 2500 mètres, il ne se passe rien de bien extraordinaire. De la soif, un peu d'anhélation, une vive irradiation du soleil, quoique le thermomètre s'abaisse, c'est tout. L'homme et les animaux ont pour eux la loi de l'accoutumance.

Stations de montagne d'été. — La Suisse tient naturellement la première place ; il y en a partout et à toutes les hauteurs ; les funiculaires qui en rendent l'accès facile se multiplient d'une façon inquiétante, et l'on n'a que le choix des hôtels perchés.

Glion, Caux, Naye ; Zermatt très à la mode ; Saint-Beatenberg ; Scheinige Platte, Mürren ; Rigi Kaltbad, Rigi Scheideck, Rigi Kulm ; le Seelisberg, Axenstein ; dans l'Engadine : St Moritz, Pontresina, Maloja ; le Weissenstein près Soleure et le Monte Generoso (Tessin) ; le plateau d'Appenzell, etc. Altitudes entre 8 et 1800 mètres.

Ce ne sont pas les élévations qui manquent dans les autres pays ; c'est l'organisation. Il n'y a

____

(1) Lombard, *Traité de climatologie*. Paris, 1877-80.

que les Suisses pour bâtir de grands hôtels où étaient des nids d'aigles. J'ai vu il y a quelques années St. Marcello en Toscane ; Aussee, Fuchs près Gastein, en Autriche ; en France, nous avons Gérardmer. Je ne parle pas de nos stations élevées où l'on ne va que pour les eaux minérales.

Stations de montagne d'hiver. — L'idée d'envoyer les malades, l'hiver, dans les solitudes alpestres au milieu des glaces, des neiges, est récente. Déjà en 1870, on m'avait montré Weissenburg près Thun, Falkenstein (Taunus) ; j'avais vu auparavant Gœrbersdorf en Silésie, création de Brehmer ; Davos, création de Spengler. Chez nous il était peu question de tout cela ; nous devons beaucoup à Jaccoud sur cette matière.

Je viens de parcourir à nouveau ces stations et je dois avouer que leurs progrès sont stupéfiants. On essaie en ce moment au village de Saint-Moritz la cure d'hiver ; l'élévation de 1800 mètres n'a pas été l'obstacle, car, dans la vallée de la Plessur, Arosa atteint ce chiffre. Nous dirons un mot des deux stations principales, Davos et Leysin.

Davos, qui n'eut qu'un petit nombre de visiteurs dans les premières années, en compte 2000 aujourd'hui. J'ai revu Spengler encore très vert et satisfait de son œuvre. — Davos est une petite ville avec une dizaine d'hôtels, maisons garnies, boutiques, etc. Le chemin de fer qui y conduit de Landquart, depuis 1890, a contribué à cet accroissement en assurant les vivres.

La vallée, altitude 1550, direction S.-S.-O. N.-N.-E., est abritée en partie par des hauteurs de plus de 2000 mètres et ensoleillée ; température très basse l'hiver, neige permanente ; jours beaux et secs, sauf la tombée et la fonte des neiges.

Je prendrai le Kurhaus comme type d'organisation hibernale. Grands salons, belles chambres, galeries, terrasses; chauffage à la vapeur et appel d'air par les vasistas, doubles fenêtres.

L'air est parfois si sec et si calme que les malades dorment, la fenêtre ouverte, par dix à douze degrés de froid. Ils passent la journée dans des galeries vitrées, ouvertes au soleil, sur des chaises-longues, bien couverts. Quelques-uns vont en traîneau. On a peine à croire à tout cela.

Leysin est plus récent, 1892 ; il n'y a qu'un hôtel, très bien installé; vue magnifique de la terrasse ; exposition S. 15° E. ; protection au N. et N.-O. par les crêtes des Tours d'Aï et par un bois de sapins. Altitude 1450 ; hivers moins durs, même système de chauffage et de renouvellement d'air; mêmes galeries.

Leysin est plus isolé que Davos, mais plus dégagé et laisse une charmante impression au visiteur.

Voici donc deux classes de villes d'hiver; les villes chaudes et les villes froides. Lesquelles faut-il choisir? Les médecins forment aujourd'hui deux camps opposés; les uns tenant pour l'ancienne méthode, les autres pour la nouvelle ! Où est la vérité?

La logique plaide pour les villes chaudes; une longue expérience a prononcé en leur faveur. Elles ont pour elles la facilité d'accès par les temps les plus rigoureux, les ressources de toute nature accumulées de longue date, le soleil, la gaîté, l'aspect printanier de la flore, etc.

D'autre part, les villes froides peuvent faire valoir le calme et la pureté de l'air des hauteurs non contaminé; une saison d'hiver sèche et plus ensoleillée qu'on ne le pensait; un froid peu offensif et essentiellement tonique; une action physiologique digestive et assimilatrice, etc. — Si l'expérience n'est pas aussi longue, elle paraît

déjà assez concluante au point de vue des résultats. Il faut avouer qu'il y a des difficultés d'accès,
des temps durs à passer, un isolement peu ras-
surant, etc. Il faut dire aussi qu'on a fait le possible pour atténuer le mauvais côté de la situation.

Les médecins auront à saisir les indications;
c'est là le point délicat, et je renvoie à l'auteur du
*Formulaire des stations d'hiver, des stations d'été
et de la climatothérapie* qui les a posées; en cela
il a rendu un véritable service à ses confrères.

Nous terminerons cette préface en recomman-
dant ce petit livre à l'attention des praticiens, lesquels ne sauraient aujourd'hui se désintéresser
de ces questions. Le *Formulaire* est au courant de
la science; il résume très heureusement un sujet
des plus vastes.

En compulsant mes notes, qui comprennent
bientôt quarante années de voyages aux stations
européennes, je me suis assuré de l'exactitude
générale des articles.

L'avenir de la médecine est à l'hygiène dont
les stations sanitaires ne sont qu'une vivante
application. Nous revenons à l'idée grecque la
diététique, la polypharmacie a vécu.

Dr LABAT.

1er octobre 1894.

PRÉFACE

Ce *Formulaire* comprend trois parties :

Dans la première, sous le titre *Climatologie* et *Climatothérapie*, j'ai résumé les notions les plus essentielles de la climatologie et les applications générales du climat. Les climats maritimes, d'altitude, du Midi, qui sont le plus souvent prescrits aux malades, ont été étudiés plus en détail.

La seconde partie comprend l'étude des diverses *stations d'hiver et d'été* : description sommaire de leur topographie et résumé de leur climatologie et de leurs indications. J'y ai fait entrer un certain nombre de stations d'altitude moyenne qui offrent en été au médecin de sérieux avantages. J'ai décrit aussi avec quelques détails, d'après Reimer, Mœller et mes observations personnelles, les sanatoriums les plus connus.

La troisième partie enfin traite des *applications thérapeutiques du climat* ; j'y ai introduit le résumé des principes exposés dans les ouvrages classiques de Weber, Jaccoud, Hayem, Williams, etc.

La plupart des moyennes météorologiques indiquées à propos des stations hivernales sont extraites de l'ouvrage de Reimer sur ces stations ; elles m'ont paru être très complètes et en même temps posséder l'avantage d'être calculées en général sur les observations d'une longue série d'années.

J'espère que le public médical, qui a bien voulu faire bon accueil à mon *Formulaire des Eaux minérales, de la balnéothérapie et de l'hydrothérapie*, réservera la même faveur à ce nouveau volume, conçu dans le même esprit et rédigé avec la même indépendance.

De La Harpe.

Lausanne, 15 septembre 1894.

FORMULAIRE
DES STATIONS D'HIVER
DES STATIONS D'ÉTÉ
ET DE LA CLIMATOTHÉRAPIE

PREMIÈRE PARTIE
CLIMATOLOGIE ET CLIMATOTHERAPIE

CHAPITRE PREMIER.

LE CLIMAT

Le climat est étudié au point de vue scientifique par le météorologiste. Pour le médecin, il ne saurait être considéré que dans ses rapports avec l'être vivant. Weber le définit comme l'ensemble des influences exercées par l'air, le sol et l'eau d'une contrée sur la vie des êtres organisés.

Le climat dépend avant tout de la température et de l'humidité de l'atmosphère, et ces éléments eux-mêmes sont la conséquence de la pression atmosphérique, de la latitude, de l'altitude, de l'insolation, de la nébulosité, de la pluie, des vents, du voisinage de montagnes-abris, de la proximité de nappes d'eau. Ce sont les *facteurs du climat*, que nous examinerons en détail. Ajoutons encore que l'air lui-même a une influence variable suivant sa composition, sa plus ou moins grande pureté, et que le sol en possède une non moins réelle par sa nature, sa végétation plus ou moins abondante, le régime de ses eaux, etc.

Mais en résumé, ce sont la température, l'humidité de l'air et les vents qui constituent la caractéristique d'une station, au point de vue du malade surtout.

CHAPITRE II

LES FACTEURS DU CLIMAT

I. — TEMPÉRATURE DE L'AIR

Sa source se trouve pour la majeure partie dans la chaleur du soleil, pour une autre, notablement plus faible, dans le rayonnement de la terre. La chaleur solaire est communiquée à l'air soit directement, soit par réflexion sur la surface du sol. Dans les régions situées au bord de nappes d'eau, la réflexion de cette chaleur sur le miroir constitué par la surface de l'eau contribue à élever la température de l'air. Elle peut atteindre une quantité considérable quand le soleil s'approche de l'horizon (68 p. 100 de la chaleur totale quand le soleil est à 4°, d'après Dufour). En hiver enfin, cette réflexion a lieu sur la surface de la neige (stations hivernales d'altitude).

L'air est soumis d'autre part à des influences réfrigérantes dont la principale est le rayonnement nocturne.

Le résultat de cet échauffement et de ce refroidissement réguliers constitue la température moyenne d'un lieu. Elle offre une marche journalière et une marche saisonnière. Chaque jour, le soleil échauffant l'air et le sol, la température s'élève progressivement pour arriver à son maximum peu de temps après le passage au méridien. Après le coucher du soleil, la perte de chaleur par rayonnement augmente de plus en plus et la température atteint son minimum immédiatement avant le lever du soleil.

Pour connaître la température d'un lieu, il faut établir ses moyennes, annuelle, mensuelle, journalière. Il faut aussi enregistrer les maxima et minima moyens, car, on le comprend sans peine, des endroits ayant la même température moyenne peuvent avoir une oscillation thermométrique très faible ou très étendue tant au-dessus qu'au-dessous de la moyenne, et ce fait n'est pas indifférent pour les malades. Une station avec un hiver très rude et un été très chaud peut donc avoir la même moyenne qu'une autre avec un été frais et un hiver doux. Weber cite l'exemple suivant : Munich a une température moyenne de 9. 08°, hiver 0. 27°, été 17. 57°, différence 17. 30°; Dublin a une moyenne de 9. 11°, hiver 5. 23°, été 14. 38°, différence 9. 15°.

Les meilleurs climats pour les malades sont ceux qui présentent les plus petites oscillations thermométriques, dans la même journée, d'une journée à l'autre, d'un mois à l'autre.

Une autre particularité trompeuse de la moyenne thermométrique, au point de vue médical, provient du mode de son établissement. Elle est basée en effet sur la température des vingt-quatre heures, observée différemment suivant les divers pays, en relevant les indications du thermomètre plusieurs fois par jour, ou encore en prenant la moyenne entre le maximum et le minimum (dans ce dernier cas on obtient une température un peu trop élevée). Enfin les appareils enregistreurs, aussi simples que sûrs, ont rendu possible l'établissement d'une moyenne basée sur la totalité des températures des vingt-quatre heures. La moyenne du jour scientifique correspond donc mal avec la moyenne de la journée utilisée par les malades pour sortir de la maison, de ce que l'on a nommé la *journée médicale*. Celle-ci suit nécessairement le cours du soleil, et s'étend en hiver, dans nos zones européennes du moins, de 8-9 à 4-5 heures. Le plus souvent, il n'y a qu'une observation thermométrique qui se fasse pendant ces heures-là (à une ou deux heures).

Les variations saisonnières de la température moyenne sont dues à l'inégale longueur du jour et de la nuit, telle qu'elle résulte elle-même de la position de la terre dans sa marche annuelle autour du soleil. Le minimum, pour notre hémisphère, tombe sur le mois de janvier, le maximum sur celui de juillet ; les mois d'avril et d'octobre présentent des températures moyennes.

La température d'un lieu se modifie suivant la latitude, l'altitude, la situation de ce lieu près de la mer ou au milieu des terres.

Influence de la latitude.—La région voisine de l'équateur est la plus chaude, les régions voisines des pôles sont les plus froides. Le maximum thermique (28°) est situé dans la zone des tropiques. De ce point la température s'abaisse graduellement dans la direction du pôle. Si la terre était parfaitement sphérique et homogène, les points d'égale température moyenne seraient à égale distance de l'équateur, et, en les reliant entre eux, on obtiendrait sur la sphère terrestre des cercles parallèles à l'équateur. Mais, en réalité, si on relie les points ayant la même température moyenne observée, on obtient des courbes irrégulières (*isothermes*), dont les sinuosités sont dues à l'altitude, au voisinage de la mer, aux courants atmosphériques ou marins, etc. Pour l'Europe, par exemple, dans la région qui nous intéresse spécialement, l'isotherme de 16° passe par Constantinople, le sud de l'Italie, remonte la côte occidentale de ce pays, suit le littoral des golfes de Gênes et du Lion, pour descendre vers le sud de l'Espagne. Celui de 10° passe par Odessa, Paris, Londres, et le sud de l'Irlande ; celui de 5° passe au sud de Moscou, et de là se relève fortement vers le nord-ouest pour toucher Stockholm, et, arrivé sur la côte occidentale de la Norvège, remonter jusqu'à la latitude de l'Islande. Cette inflexion remarquable vers le N. est due à l'existence du courant chaud du Gulf-stream.

Influence de l'altitude. — Elle abaisse la température moyenne d'une façon régulière. Voir plus loin, *Climat d'altitude.*

Influence du voisinage de la mer. — Il modifie la température en la rendant plus régulière, en rapprochant les extrêmes du maximum et du minimum. L'eau s'échauffe plus lentement que le sol, mais se refroidit aussi plus lentement ; elle est donc relativement froide en été et relativement chaude en hiver. Le climat insulaire est le type du climat maritime. Les grands lacs ont sur le climat de leurs rives une influence analogue, mais moins marquée, par exemple en Suisse, les lacs Léman (Montreux), des Quatre-Cantons (Gersau). La réflexion de la chaleur solaire par l'eau se fait sentir fortement sur les rives montagneuses de ces lacs.

En revanche, les lieux situés dans l'intérieur des terres ont une grande oscillation thermométrique entre le minimum et le maximum moyens annuels. Ainsi tandis que cette oscillation est de 20° pour Madère, 25° pour les Canaries, 40° pour les côtes de France, elle arrive à 45° pour l'est de la France, 50° centre de l'Allemagne, 60° Saint-Pétersbourg, 80° et 90° même Sibérie du N.-E. (Van Bebber). Elle s'abaisse au minimum en pleine mer (à 10° dans les tropiques, où d'ailleurs la différence journalière entre le jour et la nuit est très faible, 1 à 2° entre 0 et 10° de latitude N.)

Les courants maritimes ont une influence considérable ; le plus intéressant pour nous, c'est le *Gulf-stream*, qui part des régions tropicales de l'Amérique pour venir réchauffer les côtes de l'Angleterre et de la Norvège (Voir ci-dessus, *Isothermes*). Telle est l'influence de ce courant que, d'après Weber, la température hivernale des îles Shetland est de +4° environ, tandis qu'elle devrait être — 10.5° sans la présence de ce courant chaud. On comprend pourquoi l'Angleterre possède sur sa côte méridionale plusieurs stations d'hiver dont le climat est très doux pour leur latitude. A l'action du courant marin chaud s'ajoute d'ailleurs celle des vents du S.-O., qui dominent dans ces régions de l'Europe, et qui sont chauds et humides.

Climat continental. — Le sol du centre des continents s'échauffe fortement en été et se refroidit beaucoup en hiver parce que l'atmosphère contient moins d'humidité que les régions voisines de la mer, et que les vents océaniens humides et chauds y arrivent affaiblis. En outre, la sécheresse de l'air permet un rayonnement intense. Ces circonstances créent un climat extrême qui va en s'accentuant depuis l'est de l'Europe jusqu'au pôle du froid situé dans l'est de la Sibérie (Voir page 5.)

Influence de la température sur l'organisme. — La température est le facteur climatique qui a de tout temps attiré le plus l'attention en climatothérapie, bien qu'il soit en vérité difficile de juger la part que le changement de température possède dans le changement de climat. En réalité, à ce moment-là, un grand nombre de facteurs agissent ensemble sur l'organisme, notamment l'humidité de l'air qui est tout aussi importante que la température elle-même. Cette dernière est plus facile à observer par des moyens accessibles à tous ; elle tombe sous les sens, et l'on comprend que ce soit elle qui ait pris la première place dans l'appréciation d'un climat.

Le froid augmente la production d'acide carboque, il en est de même de la chaleur (Pfluger, Voit). C'est l'indice d'une combustion plus considérable en hiver, quand le froid enlève de la chaleur au corps. En été, une ration qui suffit en hiver, devient une ration avec laquelle l'animal augmente de poids. Il est frappant de voir combien dans les pays chauds la ration des indigènes est faible en comparaison de la quantité de nourriture qu'absorbent les habitants des pays froids. Transporter un malade d'un pays froid dans un pays plus chaud, c'est lui permettre de faire, à ration égale, une épargne et de s'engraisser.

L'air froid enlève de la chaleur au corps, et constitue ainsi une incitation au mouvement et à l'absorption d'une plus grande quantité d'aliments. Le froid excite le système nerveux et musculaire chez les bien portants. Il agit aussi comme excitant sur les vaisseaux superficiels de la peau, qui se contractent, puis se dilatent. Les sujets délicats ou faibles souffrent du froid, leurs fonctions perdent leur énergie normale, car ils ne sont pas capables de fournir assez de chaleur; en outre, leurs muqueuses superficielles sont facilement envahies par les germes pathogènes et deviennent le siège d'inflammations (catarrhes, bronchites, etc.).

La chaleur exagérée de l'air agit tout différemment, elle a une action déprimante. Le corps assurément n'a plus à fournir autant de chaleur, l'appétit diminue. Mais les fonctions du système nerveux et des muscles sont amoindries. L'appareil digestif se trouve dans un état instable, ce qui se traduit par la fréquence des affections catarrhales. L'abondance de la transpiration nécessaire pour refroidir le corps est aussi une cause d'affaiblissement.

Ces températures très élevées ne viennent d'ailleurs pas en ligne de compte en climatothérapie.

Les climats les plus chauds que nous utilisions, ceux de Madère, de l'Égypte, sont encore loin de la température des tropiques. Mais il ne faut pas demander à ces stations une action très tonique. Ordinairement, les malades sont dirigés sur les stations de la zone tempérée, et ils les quittent au printemps, au moment où la température va s'élever d'une façon désagréable. En hiver, ils s'y trouvent à l'abri de l'influence d'un air trop froid aussi bien que de l'action nuisible de la forte chaleur. L'organisme peut consacrer à sa réparation, au meilleur fonctionnement des organes, tous les éléments qui servaient à faire du calorique dans les pays froids.

En général, les malades qui ont aisément des congestions, ceux dont le cœur est facilement excitable, les névropathes, supportent mal les climats chauds et se sentent mieux dans des stations fraîches. En revanche les anémiques, les sujets dont la peau travaille mal et qui sont sensibles au froid se sentent bien dans les stations chaudes (Kisch).

En général aussi (exception faite des stations d'altitude), les malades sont dirigés sur des stations plus méridionales et plus chaudes que leur habitat ordinaire. Plus il y a de différence entre la température et l'humidité de la résidence habituelle et celle de la station nouvelle, plus les effets du changement de climat seront prononcés. Cette différence est plus importante que la température absolue de la nouvelle station. Ainsi un Russe et un Anglais se trouveront dans une station du littoral méditerranéen, *Cannes, Nice,* dans des conditions toutes différentes, tout en étant plongés dans le même milieu, et ce fait est dû à la différence considérable qui existe entre les climats de leurs pays d'origine.

Des stations hivernales au point de vue de la température de l'air. — La température de la journée médicale (de 8-9 heures au coucher du soleil) a, dans les stations hivernales, une importance primordiale. C'est d'elle que dépend pour le malade la possibilité de stationner et de se promener à l'air libre une partie de la journée. A ce point de vue, Sigmund a classé les climats d'hiver comme suit :

1° *Stations chaudes avec un grand nombre d'heures chaque jour où le stationnement en plein air est possible, et où le chauffage des appartements n'est pas nécessaire :* Madère, le Caire, Alger, Malaga.

2° *Stations où l'on peut avoir chaque jour plusieurs heures de stationnement en plein air et où le chauffage des habitations n'est nécessaire que pendant les mois les plus froids, janvier et décembre :* Cannes, Nice, Hyères, Menton, San Remo, Nervi, Catane, Palerme, Ajaccio.

3° *Stations moins chaudes, où il faut chauffer plus longtemps et où l'on a moins d'heures de stationnement à l'air libre :* Pise, Venise, Pau, Arcachon.

4° *Stations ayant un véritable hiver, parfois très court, parfois très doux, suivant les années :* Montreux, Méran, Gries, Arco, Gœrz, Lugano, Locarno.

Dans les sanatoriums fondés depuis quelques années pour le traitement de la tuberculose, le jour médical n'a pas l'importance qu'il possède dans les stations du Midi, par exemple. La raison en est que les malades sont à l'abri du rayonnement et, jusqu'à un certain point, du vent. Étendus sur des couchettes et bien couverts, ils séjournent toute la journée de 8 heures du matin à 9-10 heures du soir dans des galeries couvertes, fermées d'un côté et convenablement orientées, et cela, non seulement à la plaine, mais même à la montagne (Davos, Leysin). Il faut des journées d'ouragan de neige ou de pluie pour les empêcher de suivre cette cure méthodique. Il est vrai que dans ces établissements, les malades se trouvent sous la surveillance immédiate et incessante du médecin qui détermine pour chacun d'eux la possibilité et la durée de la station journalière à l'air libre.

II — HUMIDITÉ DE L'AIR

Élément d'une importance considérable, si considérable même que Chiaïs a proposé de spécifier les climats d'après leur humidité plutôt que d'après leur température.

L'humidité absolue de l'air représente la quantité de vapeur d'eau que l'air contient à une température donnée. L'air est saturé d'humidité quand il renferme toute la vapeur d'eau qu'il peut contenir à la température considérée.

L'humidité relative est le rapport qui existe entre la quantité de vapeur d'eau que contient l'air à une certaine température et celle qu'il contiendrait s'il était saturé d'humidité. L'humidité relative ne saurait être utilement indiquée sans l'indication de la température de l'air. Ce rapport s'exprime en degrés, en partant de 0, absence totale d'humidité, pour aller à 100, point de saturation complète. Il faut savoir que 50, point moyen entre les deux extrêmes, représente une sécheresse de l'air très grande ; jusqu'à 70, l'air peut être qualifié de sec ; il est moyennement humide de ce point jusqu'à 80 ou 85 ; au delà, il devient très humide. Pour l'hygromètre à cheveu, le point de demi-saturation n'est pas à 50, mais à 72 environ.

L'humidité absolue, ou quantité de vapeur d'eau contenue dans l'air, varie avec la température, elle s'élève et s'abaisse avec elle ; elle est moins forte la nuit que le jour, l'hiver que l'été. L'humidité relative suit une marche inverse ; elle est faible l'été et le jour, quand l'air chaud pourrait contenir beaucoup plus de vapeur d'eau qu'il n'en possède ; elle est forte l'hiver et la nuit, quand l'abaissement de la température rapproche l'air du point de saturation.

L'altitude et le voisinage de la mer ont sur l'humidité de l'air une influence que nous examinerons plus loin à propos des climats de montagne et maritimes.

Outre l'influence de la température, il faut noter celle des vents ; suivant qu'ils sont océaniens (humides) ou continentaux (secs), ils modifient profondément l'humidité de l'air des régions qu'ils touchent.

La vapeur d'eau de l'air a une importance considérable d'abord par le fait qu'elle absorbe une grande quantité de chaleur solaire, 5 fois plus que l'air qui la contient (Violle). Plus il y a de vapeur d'eau dans l'atmosphère, plus les rayons solaires perdent de chaleur. A latitude et sérénité égales, l'absorption par l'atmosphère de la chaleur terrestre et de la chaleur solaire est en raison directe de la tension de la vapeur d'eau, la radiation terrestre en raison inverse de cette tension (Chiaïs). On peut dire qu'à sérénité égale, une forte quantité de vapeur d'eau empêche bien une grande quantité de chaleur solaire d'arriver jusqu'au sol, mais aussi conserve-t-elle mieux la chaleur que le sol émet à son tour par conduction et radiation ; la température du lieu devient supérieure à la température calculée théoriquement d'après la latitude et l'altitude. Il s'ensuit que, pour les zones tempérées du moins, si les pays à air humide reçoivent moins de chaleur parce que les rayons du soleil sont absorbés en grande quantité par la vapeur d'eau, d'autre part ils ont un rayonnement terrestre faible. Les minima de la température sont par conséquent moins importants, et en réalité, le climat gagne en égalité ce qu'il perd en luminosité. Chiaïs distingue à ce point de vue des climats locaux autochtones et d'importation. Pour les premiers, l'humidité de l'air est la conséquence des conditions géographiques et géologiques du lieu même ; pour les seconds, elle est due à des courants océaniens humides parallèles aux courants marins (ce sont eux qui relèvent pour une bonne part la température de l'ouest de la France et de l'Angleterre).

Nébulosité. — Les nuages interceptent les rayons solaires ; ils diminuent d'autre part le rayonnement terrestre. Leur fréquence varie suivant la proximité des côtes de la mer, des montagnes, la nature du sol, etc. En Europe la nébulosité est plus forte à l'ouest qu'à l'est. En reliant entre eux les points de même nébulosité moyenne on obtient des courbes dites *isonéphes* (Renou), analogues aux isothermes. Voici celles de ces lignes qui intéressent les stations médicales : Dans l'ouest de l'Europe, les lignes de nébulosité jusqu'à 60 (maximum 100) courent en général du S.-O au N.-E. La ligne de 50 touche le littoral du nord de la Méditerranée ; un minimum de nébulosité (30-25) se trouve sur la côte E. de l'Espagne (Valence, Alicante, Malaga) ; l'Italie est entre 40 et 50, le nord de l'Afrique entre 20 et 30. Le Caire a une nébulosité de 19.

Le brouillard peut être considéré comme un nuage en contact avec le sol ; il amène avec lui la saturation de l'air par la vapeur d'eau qui parfois se condense en gouttes sur les corps solides.

Le minimum possible de nébulosité et de brouillard est une condition de premier ordre pour une station climatique (Voir plus loin, *Insolation*).

Pluie. — Dans la zone moyenne de l'Europe, qui nous intéresse le plus, les vents du S.-O. et du N.-O. amènent la pluie en quantité variable suivant les pays. Il pleut davantage au bord de la mer que dans l'intérieur du pays, mais il se produit un nouveau maximum dans le voisinage des Alpes. La quantité de pluie y augmente avec l'altitude jusqu'à 2000 mètres (Hann), et diminue au-dessus. La conséquence de l'existence de vents du S.-O. et du N.-O., porteurs de pluie, et de vents de l'E. et du N.-E., secs, c'est que dans les Alpes, les chaînes de montagnes ont un côté relativement humide et un côté relativement sec. Il existe dans le Valais et dans l'Engadine, dans le centre des Grisons (Davos), dans le Tyrol du Nord, des zones avec minimums de pluie.

La pluie n'est pas nécessairement en rapport avec l'humidité de l'air d'une région, qui peut être forte sans qu'il y ait une abondante chute d'eau. De même, le nombre des jours de pluie n'est pas toujours en corrélation avec la quantité d'eau tombée; dans les pays méridionaux, elle tombe en masse considérable en quelques heures. Enfin, il faudrait pouvoir défalquer des totaux observés la quantité de pluie qui tombe pendant la nuit, et qui n'a pas d'intérêt pour les malades.

En revanche, le nombre des jours de pluie a une grande importance, car ils nuisent à la sortie des malades et à la station en plein air.

La distribution saisonnière de la pluie varie suivant les stations hivernales et estivales. Dans le S. et l'O. de la France, en Italie, en Grèce, il pleut plus souvent en automne que dans les autres saisons; l'été est l'époque la moins pluvieuse pour le S. de la France et l'Italie; dans les régions S. des Alpes et de l'O. les pluies d'automne l'emportent; dans les régions septentrionales, ce sont celles d'été (Weber).

La pluie refroidit l'air dans certaines régions. Dans les stations d'altitude, la présence des nuages qui amènent la pluie a pour conséquence un refroidissement considérable de l'air. Il n'est pas rare de voir la neige tomber en plein été dans les plus hautes stations des Alpes.

La pluie a l'avantage d'abattre la poussière des routes, si gênante en certains endroits. En outre, elle purifie l'air des poussières, germes et microbes qu'il contient.

Neige. — Ce pouvoir purificateur est encore plus prononcé pour la neige ; elle a en outre l'avantage de créer sur le sol un manteau protecteur qui prévient la production de nouvelles poussières, tandis qu'après la pluie, le sol se sèche et répand de nouveau la poussière dans l'air. L'importance majeure de la neige pour les stations hivernales d'altitude sera exposée plus loin.

Influence de l'humidité atmosphérique sur l'organisme. — Elle règle tout d'abord l'évaporation des corps humides, une faible humidité relative est la condition d'une forte évaporation. Aussi l'humidité relative a-t-elle une action directe sur la peau dont elle modifie les fonctions : plus elle est faible, mieux l'évaporation cutanée peut se faire ; plus elle est forte, moins la transpiration se fait normalement. La faiblesse de l'humidité absolue (ou de la tension de la vapeur d'eau) augmente l'évaporation pulmonaire ; l'air étant porté de n degrés à 35-37°, absorbe d'autant plus de vapeur d'eau qu'il en contenait moins à n degrés. D'après les observations de Chiaïs, faites à Menton, les maladies des voies respiratoires dites *à frigore* deviennent fréquentes dès que la tension de la vapeur d'eau tombe au-dessous de 4 millimètres ; elles sont très rares lorsque cette tension est supérieure à 6 millimètres.

Si l'air est froid et humide, la vapeur d'eau enlève au corps une grande quantité de chaleur, autrement importante que celle que le corps abandonne à un air froid et sec. Ce dernier est bien supporté par l'organisme, ainsi que l'expérience des stations hivernales d'altitude en fait foi : il est tonique et stimulant. Un air chaud et humide a une action sédative sur l'organisme, sur les muqueuses ; s'il est très humide, il fait naître de la diarrhée, et jette une surcharge sur la sécrétion rénale, la transpiration et l'évaporation pul-

monaire ne pouvant plus se faire normalement. C'est
un fait qu'il est bon de noter quand il s'agit de choisir
un climat dans les affections des reins (Weber). En
revanche, un air chaud et sec peut tarir les sécrétions
exagérées d'un catarrhe chronique.

Les changements rapides de l'humidité atmosphérique sont nuisibles. Si l'air reste chaud en devenant
plus humide, le corps doit subir une diminution notable de l'évaporation de la vapeur d'eau par les poumons et la peau, et de l'expulsion, par cette dernière
voie, de certains produits excrémentitiels importants.
Si l'air devient froid, le danger se trouve dans la perte
considérable de calorique que le corps est appelé
subitement à compenser.

**Des stations hivernales au point de vue de l'humi-
dité du climat.** — 1º *Climats très secs.* — Le Caire,
Hyères, Nice, Gœrz, Arco, Méran, Gries.

2º *Climats secs.* — Saint-Raphaël, Cannes, Menton,
San Remo, Nervi, Malaga.

3º *Climats plus ou moins humides.* — Ajaccio, Catane,
Montreux, Palerme.

4º *Climats très humides.* — Pau, Pise, Venise, Madère.

III. — INSOLATION, LUMINOSITÉ

La lumière du soleil, indispensable à la vie normale
des végétaux, agit aussi sur l'homme, mais il est difficile de la séparer de l'action de la chaleur solaire.
Elle est d'autant plus intense que l'atmosphère est
plus pure et moins chargée de vapeur d'eau. Moles-
schott, Bidder et Schmidt, etc., ont constaté que les
animaux dégagent plus d'acide carbonique et plus de
vapeur d'eau à la lumière que dans l'obscurité. L'influence déprimante des climats sans soleil se fait sentir
souvent chez les sujets non acclimatés, et se traduit
par la dépression physique et morale, l'ennui, la perte
de l'appétit, l'anémie. En revanche, une insolation

vive convient aux sujets faibles, anémiques, produisant peu de chaleur. Les populations des campagnes contrastent avantageusement avec les citadins. Il est vrai aussi que l'influence d'une lumière trop vive (Midi, montagne) sur les yeux d'un sujet venant du Nord produit à la longue une sorte d'agacement, une excitation nerveuse et cérébrale, que l'on cherche à tempérer par le port de lunettes à verres fumés, de l'ombrelle, etc.

La lumière a enfin une action microbicide réelle et importante : elle détruit certaines bactéries et leurs spores avec rapidité, et retarde le développement de certaines autres. A ce point de vue, la lumière solaire est un des facteurs les plus utiles de l'hygiène.

IV. — PRESSION ATMOSPHÉRIQUE

Elle est en moyenne de 760 millimètres au bord de la mer, et diminue à mesure que l'on s'élève à des altitudes de plus en plus fortes. Elle varie aussi sous l'influence de la chaleur, de l'humidité. Les variations périodiques journalières, saisonnières, annuelles sont étudiées par la climatologie pure. Plus importantes pour les malades, dans nos pays d'Europe, sont les variations accidentelles et irrégulières caractérisées par une baisse plus ou moins rapide du baromètre suivie de vents du S.-O., de l'O., et en général de mauvais temps.

Diminution de la pression barométrique. — Elle a un grand intérêt pour l'étude du climat d'altitude (Voir plus loin). A la montagne, la moyenne barométrique est basse, et les oscillations de la pression sont aussi moins fortes qu'à la plaine.

Trop rapide, la diminution de la pression atmosphérique peut être nuisible. Quand le baromètre descend très vite dans certaines stations, par exemple quand le fœhn, ou vent du S.-E., commence à souffler dans les vallées du versant N. des Alpes, les hommes et les animaux souffrent d'une fatigue très marquée (due aussi pour une bonne part au fait que la température s'élève très vite en même temps). Les malades ressentent aussi l'influence déprimante de ce phénomène et présentent parfois des troubles accidentels (hémoptysie).

Augmentation dé la pression atmosphérique. — Ses effets ont été étudiés soit dans les cloches à air comprimé de l'aérothérapie, soit dans les caissons employés dans l'art de l'ingénieur pour les fondations sous l'eau. Dans les premières on élève la pression de $2/5$ à $1/2$ atmosphère, dans les seconds on va jusqu'à 3 et même 4 atmosphères. Il n'y a donc pas de comparaison entre ces moyens thérapeutiques et la différence de pression que subit un malade en se rendant d'une station élevée, et même d'une station d'altitude, au bord de la mer. De 1500 à 0 m., par exemple, l'augmentation de pression n'est que 130 millimètres ou environ $1/6$ d'atmosphère, de 2000 à 0 m., d'un peu plus de $1/5$ d'atmosphère.

Quoi qu'il en soit, l'augmentation de la pression a, d'après de nombreux observateurs, l'action suivante : augmentation de la capacité pulmonaire, diminution du nombre des pulsations et de celui des respirations ; augmentation de la force du pouls, de la pression du sang. Les phénomènes chimiques de la respiration deviennent plus intenses, le sang absorbe plus d'oxygène et abandonne davantage d'acide carbonique. L'appétit augmente.

V. — VENTS

On peut distinguer des vents généraux et locaux, les premiers soufflant sur un pays, un continent, les autres naissant dans une région limitée et dus à la configuration locale du pays.

Vents généraux. — Un exemple de vents généraux, ce sont les vents alizés qui soufflent régulièrement en hiver du S.-O. sur l'ouest de l'Europe et qui contribuent avec le Gulf-stream à créer la dominante du climat des régions insulaires et côtières de l'ouest. En été, ces vents se modifient et tournent à l'O. et au N.-O. (Hann).

En outre, il existe des mouvements aériens accidentels sous la forme de tourbillons cycloniens qui se présentent plus ou moins fréquemment, accompagnant de profondes dépressions barométriques. Ils traversent en général le nord de l'Europe obliquement, du S.-O. au N.-E., et amènent dans le climat de ce continent des perturbations anormales. Parfois, le minimum barométrique se dirige de la région N.-O. obliquement vers le S.-E., faisant alors sentir son influence fâcheuse dans les stations du Midi.

Les vents du S.-O. sont en Europe humides et relativement chauds, ceux du N. et du N.-E. secs et froids. Les stations hivernales européennes n'ont un climat doux et régulier en hiver que grâce à la protection que les montagnes leur assurent contre ces vents froids. Le voisinage de la mer ou des lacs est aussi pour nombre d'entre elles un élément d'adoucissement de la température hivernale.

Les vents chauds et secs relèvent la température des couches d'air où ils arrivent et par là même augmentent le pouvoir d'évaporation de l'air, c'est-à-dire augmentent son humidité absolue et diminuent son humidité relative. Les vents chauds et humides contribuent à relever la température de certaines contrées (page 11). Les vents froids et secs abaissent la température de l'air; s'ils arrivent dans un milieu chargé d'humidité, ils la condensent en brouillards, nuages, pluie ou neige.

Vents réguliers locaux. — Au bord de la mer, on observe régulièrement un vent soufflant du large pendant le jour, remplacé pendant la nuit par un vent soufflant de la terre. Le vent *de la mer* se lève le matin et augmente de force jusque dans l'après-midi, pour se calmer après le coucher du soleil. Le vent *de terre* a une marche analogue pendant la nuit. La cause de ce phénomène gît dans la réaction inégale de l'eau et de la terre vis-à-vis de la chaleur solaire. La terre s'échauffe plus vite que l'eau, sa chaleur spécifique étant quatre fois plus faible; l'air échauffé à son contact s'élève et est remplacé par un courant venant du large. Au contraire, la nuit, la terre se refroidit plus vite par rayonnement que l'eau qui a absorbé davantage de chaleur et qui la retient mieux; le courant d'air s'établit donc en sens inverse. Ces vents réguliers s'observent aussi au bord des grands lacs.

Le vent *de la vallée* se produit dans la plupart des pays de montagne ; il souffle le jour en remontant la vallée et a son maximum de violence dans les vallées étroites, encaissées entre de hautes montagnes. Il se lève plus tard que le vent de mer, vers 9 à 10 heures du matin. Il est dû aussi à l'inégal échauffement du sol de la vallée et des sommités voisines. Il suffit parfois d'une haute paroi rocheuse pour créer un courant d'aspiration considérable dans la vallée à son pied. L'air s'élève, en vérité, mais cependant suit en même temps la direction de la vallée. Par exception, ce vent a une direction descendante dans certaines vallées. L'exemple le plus connu est le vent régulier qui souffle par le beau temps dans la Haute-Engadine, venant du S.-O., depuis la Maloja. Il en est de même à Davos.

Le vent *de la montagne* suit une marche inverse : il se lève le soir, souvent très rapidement, après le coucher du soleil, et descend des sommets dans la vallée.

C'est une véritable chute d'un air refroidi rapidement par le rayonnement intense des sommets, dès que le soleil a disparu, alors que le fond de la vallée n'a pas encore commencé à perdre sa chaleur par radiation. Ce vent froid, redoutable dans certaines stations, fait naître pendant un moment dans l'atmosphère de la vallée une très forte humidité. Aussi les malades font-ils bien, dans les stations de montagne, de rentrer au coucher du soleil, et de rester un certain temps à la maison.

De quelques vents en particulier. — Certains vents intéressent particulièrement le médecin au point de vue des stations climatiques.

La *bora* dans la mer Adriatique (la *tramontane* en Italie) est un vent du N. ou du N-.E., froid et sec, qui s'accompagne d'ascension du baromètre, de l'abaissement de la température et de l'humidité de l'air. Il en est de même de la bise, ou vent du N-.E., dans la Suisse Occidentale. Ces vents sont à juste titre redoutés par les malades, et seules les localités protégées contre eux par des montagnes peuvent prétendre à être des stations climatiques.

Le *mistral* du sud de la France (*maestro* des Italiens) est un vent du N.-O. qui se fait sentir en Provence et le long de la Riviera. Il est froid, sec, souvent violent; il ne s'accompagne pas de nébulosité et ne diminue pas l'insolation. Il souffle surtout de février en avril (Voir *Climats du Midi*).

Le *sirocco* est un vent du S. ou du S.-E., qui est sec, brûlant, et que l'on redoute dans les stations du sud de l'Italie et de la Sicile.

Le *fœhn* des Alpes est un vent chaud et très sec, qui s'accompagne de baisse de baromètre et qui souffle avec violence du S. et du S.-E. dans les vallées du versant N. des Alpes, entre Genève et Salzbourg. Il n'acquiert toute sa force que dans les vallées dirigées à

peu près du S. au N. Il est souvent suivi d'une saute
du vent au N.-O., avec production de pluie. C'est un
vent déprimant qui affaiblit les forces physiques et
cérébrales; les phtisiques ont parfois des hémoptysies
pendant qu'il souffle; il en est de même à la Riviera
pour le sirocco (G. Daremberg).

Effets du vent sur l'organisme. — D'une façon générale, le vent renouvelle et change la couche d'air
qui est en contact avec le corps et qui est en état d'é-
quilibre avec celui-ci. En ce faisant, il abaisse la température du corps et accélère en outre les processus
d'évaporation de la peau, seconde source de déperdition de calorique. Cette évaporation est d'autant plus
grande que le vent a plus de vitesse, qu'il est plus sec
et plus chaud. Les vents humides et froids, d'autre
part, enlèvent beaucoup de chaleur au corps par la
vapeur d'eau qu'ils contiennent; en même temps, ils
ralentissent les fonctions de la transpiration cutanée.
Ces deux propriétés font comprendre pourquoi ils sont
nuisibles et redoutés des malades, qu'ils soient rhumatisants, albuminuriques, ou atteints d'affections
des voies respiratoires. Les vents chauds et humides
sont difficiles à supporter, car ils enlèvent peu de chaleur au corps et ils nuisent aussi au fonctionnement
normal de la peau.

L'absence de tout vent est fâcheuse à certains
points de vue, car elle a une action déprimante sur
l'organisme. Un vent sec, ni trop froid ni trop violent,
a une excellente action tonique et fortifiante sur les
sujets suffisamment robustes; il fait travailler la peau,
la rend moins sensible aux changements de température, et, en enlevant du calorique, excite l'appétit et la
nutrition. Trop fréquents et trop violents, les vents
sont nuisibles surtout aux sujets faibles et délicats
qui ne peuvent présenter à cet élément la force de résistance nécessaire, c'est-à-dire fournir rapidement le

calorique enlevé par le vent ou par une évaporation cutanée plus intense. De là probablement la fréquence des maladies par refroidissement dans les pays où le vent est à la fois humide et fréquent.

Des stations hivernales au point de vue du vent. — Il n'est pas de station, si bien abritée soit-elle, qui n'ait à souffrir du vent soufflant dans une certaine direction, à une certaine période de l'année. Le Caire, Nervi, Pau, Gries, Méran comptent parmi les stations hivernales où l'air est le plus calme. Les stations du littoral méditerranéen et de la Rivière du Ponent sont plus ou moins visitées par les vents. Hyères, Nice, la Spézia, et, sur la rive africaine, Alger, en ont beaucoup; Cannes, Menton, Ospedaletti, San Remo, en ont moins.

VI. — PURETÉ DE L'AIR

L'air est composé de 79 volumes d'azote, environ 21 d'oxygène et 0,03 d'acide carbonique. La quantité d'oxygène, élément essentiel et vital, est à peu près constante. L'azote, sans action sur l'organisme, est considéré comme servant à diluer l'oxygène. L'acide carbonique, élément nuisible, ne se présente donc qu'en très faible quantité, qui varie peu d'ailleurs. Les recherches les plus récentes ont constaté notamment que la proportion d'acide carbonique contenue dans l'air des hautes montagnes différait à peine de celle de l'air de la plaine, contrairement à ce que l'on avait affirmé précédemment. Les plantes ont sur l'air une action purifiante, en fixant le carbone de l'acide carbonique sous l'influence de la lumière solaire. Les forêts ont donc, pour la vie animale, une utilité directe et majeure.

L'air contient enfin de l'ozone, cet oxygène exalté, doué de propriétés oxydantes bien plus énergiques que l'oxygène lui même. Il s'y trouve en quantité très faible (1/700 000, d'après Houzeau; à Paris-Montsouris, beaucoup moins encore, 1.3 millimètre cube sur 100 mètres cubes d'air). Il se montre en plus grande quantité dans les lieux où l'air ne contient pas de matières en décomposition, au bord de la mer, dans les montagnes, dans les forêts. La pluie, l'orage, la lumière du soleil le font naître. D'après Binz, l'ozone apparaît là où de grandes quantités d'eau s'évaporent sous l'action énergique du soleil (cascades au soleil, bâtiments de graduation, prés couverts de rosée côtes de la mer, etc.). On a cherché à attribuer à l'ozone les bons effets du changement de climat sur la santé, sans avoir pu établir ce fait d'une façon manifeste, bien que son action soit probable. Les méthodes employées pour déceler la présence de ce gaz sont d'ailleurs défectueuses, ce qui nuit à l'appréciation de ses effets.

Les expériences de laboratoire ont montré que l'ozone a un pouvoir désinfectant énergique. Pur, il détruit les microbes, infusoires, germes de tout genre. Mais à une dilution même inférieure à celle que nous lui connaissons dans l'air, il n'a aucune action sur les microbes (Binz). En somme, l'ozone est un agent énergique, mais dont la valeur en climatothérapie n'est pas encore établie d'une façon définitive.

Poussières de l'air. — L'air est souillé par les poussières les plus diverses. Tout d'abord, par les particules minérales qui s'élèvent du sol et qui sont d'autant plus nombreuses qu'il est moins dur (le calcaire donnant plus de poussière que le granit), le climat plus sec, l'air plus agité, la circulation plus active. Ensuite, par les poussières végétales, pollen, débris de cellulose, etc. Enfin, par les poussières provenant de l'habitation humaine, notamment par les particules de charbon. Les germes, moisissures, microbes, forment un contingent important par le nombre et par leur valeur pathogène. Les poussières de l'air sont fixées par les voies respiratoires (bouche, nez, bronches); l'air expiré est pur.

Les recherches classiques de Miquel (1), de Frendenreich, ont montré que ces germes sont absolument absents dans les hautes altitudes et augmentent progressivement en nombre avec la densité de la population jusqu'à figurer au nombre de 55 000 au décimètre cube dans l'air d'une rue de Paris. L'air de la haute mer a une pureté égale à celle des altitudes, mais à une grande distance des côtes (Voir *Climat maritime*).

Les germes organisés sont d'ailleurs plus nombreux dans l'air libre que dans l'air des appartements habités.

VII. — ÉLECTRICITÉ ATMOSPHÉRIQUE

Élément mal connu. Nous empruntons à Weber les indications suivantes : l'électricité terrestre est presque toujours négative, celle de l'atmosphère positive. Elle offre des variations régulières, possède deux maxima et deux minima journaliers; elle est plus forte en hiver qu'en été, dans les régions élevées que dans les régions basses. Jusqu'à présent, on n'a pas réussi à établir les effets physiologiques ou pathologiques de l'électricité atmosphérique sur l'organisme.

VIII. — LE SOL

Conditions topographiques. — Les plaines sont souvent humides et marécageuses; elles donnent lieu alors à la production de brouillards. Les collines, les pentes du sol ont beaucoup d'avantages au point de vue climatique : d'abord, l'écoulement des eaux s'y

(1) Miquel, *Étude sur les poussières organisées de l'atmosphère*, *Annales d'hygiène* (1879, 3ᵉ série t. II, p. 226).

fait plus facilement. Ensuite, le soleil frappe la surface inclinée moins obliquement qu'une surface horizontale; la première reçoit donc, à insolation égale, une plus grande quantité de chaleur que la seconde.

Les chaînes de montagne ont une signification capitale en leur qualité d'écrans arrêtant les vents. Que serait la Riviera Occidentale sans le rideau protecteur qui se dresse derrière cette région, la mettant à l'abri du vent glacé du N.-E., qui va plonger dans la mer à plusieurs kilomètres de la côte? Les montagnes se dressent en revanche comme des barrières devant les vents humides, et ceux-ci, en escaladant leurs pentes, perdent leur humidité sous la forme de pluie et se refroidissent. Ils redescendent de l'autre côté en tombant et en se réchauffant (1 degré par 100 mètres de chute, voir *Fœhn*, p. 20). Dans nos zones européennes, les chaînes de montagnes ont un côté humide (en général le S.-O. ou le S.) et un côté relativement sec (le N. et le N.-E.).

L'exposition du sol d'une station a donc beaucoup d'importance; la meilleure est celle des pentes tournées au S., S.-E., S.-O.; celles de l'O., puis de l'E. sont moins favorables. Les pentes les plus froides sont celles qui regardent le N., le N.-O. et le N.-E.

Influence du sol sur la température. — Le sol élève la température de l'air d'une quantité qui varie suivant sa nature. Weber a constaté que l'air au-dessus d'un terrain sablonneux avait de 40 à 44°, tandis qu'au-dessus d'une prairie il n'avait que 21 à 25°. La couverture du sol par les plantes a donc une influence modératrice sur l'élévation de la température d'un lieu. Le sol sec ou sablonneux d'une station s'échauffera davantage et élèvera la température de l'air. Mais en revanche, le rayonnement nocturne est plus intense sur les prairies que sur le sol nu.

Écoulement des eaux météoriques. — Le sol absorbe plus ou moins d'eau suivant sa nature. D'après Elliott, la terre glaise absorbe son poids d'eau, la terre végétale sèche, un peu plus de la moitié de son poids, le sable sec, un peu plus du tiers. Ces terrains mettent pour sécher de nouveau un temps proportionnel à la quantité d'eau absorbée.

Si le sol a une pente suffisante, l'écoulement de l'eau a lieu sur sa surface, quand le terrain est un peu perméable (granit, schiste). En revanche, les terrains perméables absorbent l'eau; quelques-uns ne la gardent pas (calcaires, moraines, cailloux, etc.); d'autres, au contraire, s'imbibent d'eau (argile, marnes). Les terrains d'alluvions ne sont pas salubres, car ils absorbent mal l'eau ou ne la rendent pas après l'avoir absorbée. Le sable est salubre s'il constitue une couche très épaisse, insalubre s'il est rempli de matières organiques et s'il repose sur de l'argile (Kisch).

S'il existe sous le sol une couche imperméable, il se forme à une profondeur plus ou moins grande une nappe d'eau souterraine (*Grundwasser*), dont les oscillations ont une importance considérable pour la salubrité d'une région. Les couches superficielles du sol, surtout s'il est composé de substances perméables ou meubles, contiennent aussi de l'air qui, par suite des variations de la température de l'air et de l'eau souterraine, se trouve sans cesse en échange avec l'air atmosphérique. L'air du sol, très riche en acide carbonique, contient aussi des produits gazeux provenant de la décomposition des matières organiques.

Les plaines marécageuses ont une influence particulièrement fâcheuse sur la qualité de l'air atmosphérique, en ce sens qu'au moment du desséchement de leur surface, par suite de la diminution de la couche d'eau, des miasmes ou effluves malsains, souvent chargés de germes pathogènes (affections paludéennes) s'en élèvent et sont transportés à distance par les vents régnants.

En résumé, la sécheresse du sol et sa porosité, la position d'une station sur une surface inclinée du côté du S., du S.-O. ou du S.-E., la présence d'un cours d'eau à proximité drainant le sol, telles sont les meilleures conditions pour une station climatique.

Forêts. — La forêt brise les vents et constitue pour plus d'une station un écran précieux. En outre, elle donne de l'ombre et offre une température moyenne plus basse que les surfaces non boisées. D'après Ebermeyer, cette différence est en moyenne de 1° au printemps, 2.2° en été, 0.6° en automne et presque nulle en hiver (maximum à midi, 5-6°). La forêt égalise la température moyenne. L'humidité relative y est plus forte (surtout dans les forêts de conifères) que sur les terrains non boisés. L'air de la forêt contient aussi davantage d'ozone, surtout à la lisière de la forêt, ozone qui serait la conséquence de la plus grande humidité du sol. En résumé, la forêt a une action régulatrice sur la température d'une région, en ce sens que son sol s'échauffe moins le jour et perd moins de chaleur par rayonnement nocturne.

Les forêts ont une grande valeur pour certaines stations climatiques d'été, les stations de montagne par exemple. Elles offrent un abri contre l'ardeur du soleil, et les émanations résineuses des conifères sont favorables aux malades atteints d'affections des voies respiratoires.

CHAPITRE III

CLASSIFICATION DES CLIMATS

J. Rochard (1) a classé les climats en plusieurs zones correspondant à certains isothermes :

(1) Rochard, art. CLIMAT du *Dictionnaire de médecine de Jaccoud*, 1868, t. VIII, p. 48.

1° *Zone torride*, de l'équateur à l'isotherme de + 25° ;
2° *Zone chaude*, entre les isothermes de 25° et 15° ;
3° *Zone tempérée*, entre ceux de 15° et de 5° ;
4° *Zone froide*, entre ceux de + 5° et de — 5° ;
5° *Zone polaire*, entre ceux de — 5° et de — 15°.

Quelques stations hivernales se trouvent dans la seconde zone ; la plupart, en revanche, dans la partie la plus chaude de la zone tempérée.

Une autre classification qui tient compte de certaines qualités variables du climat dues à l'altitude, à l'influence de la mer, etc., consiste, d'après Lombard, à déterminer dans une division par zones (climats torrides, chauds, tempérés, froids, glacés) des subdivisions en climats *continentaux, maritimes, de montagne*. Les premiers offrent les conditions de forte oscillation thermométrique ; les seconds, au contraire, une température constante; les troisièmes, enfin, ont des propriétés spéciales dues à l'altitude.

Weber a classé comme suit les climats non seulement par rapport à leur chaleur, mais aussi d'après leur humidité. C'est la meilleure classification, car nous avons vu que l'humidité de l'air a un rôle primordial, au point de vue climatologique aussi bien qu'à celui de l'action du climat sur l'organisme :

I. *Climats des îles et climats maritimes.*

1° Climats insulaires et côtiers humides :
    a) A température élevée ;
    b) A température modérée.

2° Climats insulaires et côtiers d'humidité moyenne:
    a) Climats plus chauds, de moyenne humidité ;
    b) Climats plus frais, de moyenne humidité.

3° Climats maritimes et côtiers chauds et secs.

II. *Climats de pays plats ou de pays éloignés de la mer.*

1° Climats de pays élevés ou de montagnes.
2° Climats de plaines.

CHAPITRE IV
DE QUELQUES CLIMATS EN PARTICULIER

Les stations estivales ou hivernales possèdent des climats qui peuvent être réunis en groupes naturels, basés sur certains caractères de premier ordre. Il est nécessaire d'étudier ici plus spécialement ceux des climats de la zone tempérée que le médecin utilise le plus fréquemment dans ses prescriptions, savoir le climat maritime, le climat du Midi, le climat d'altitude, le climat de plaine.

I. — CLIMAT MARITIME

Sur le littoral de la mer, la température moyenne est plus basse que dans l'intérieur des terres, les différences entre l'été et l'hiver, entre le jour et la nuit s'atténuent en raison du voisinage de la mer dont la chaleur spécifique est quatre fois plus forte que celle de terre, et qui emmagasine en été et dans le jour de la chaleur pour la rendre à l'air en hiver et dans la nuit. La pression atmosphérique est élevée, elle subit des changements rapides et considérables. L'humidité de l'air est forte, les vents de mer apportent un air saturé d'humidité : en revanche, les variations de l'humidité sont moins importantes que dans l'intérieur des terres. Il faut faire exception pour certaines régions, savoir le littoral de la Méditerranée (de Hyères à Gênes), où souffle fréquemment un vent du N., sec (qui passe par-dessus les stations), ou du N.-O., et où il fait chaud ; ces régions ont un climat sec, bien que maritimes.

Les vents sont fréquents et souvent violents. Outre les vents des hautes régions, il existe des courants réguliers soufflant de la mer pendant le jour, de la terre pendant la nuit ; dans ce dernier cas, ils apportent dans certaines stations des effluves marécageux malsains.

La nébulosité est souvent forte sur certaines côtes, les vents du large amenant avec eux des nuages. En outre, il y a souvent de la pluie sur les côtes de l'O. de l'Europe ; ces conditions se présentent surtout en hiver, ainsi que le brouillard. Il est aisé de comprendre qu'un air très humide arrive aisément au point de saturation.

L'insolation est forte au bord de la mer ; aux rayons directs du soleil s'ajoutent ceux qui sont réfléchis par la surface du sable blanchâtre et par celle de la mer. Cependant la chaleur solaire est parfois atténuée par la grande quantité de vapeur d'eau contenue dans l'atmosphère.

L'air se fait remarquer par sa pureté ; celui que la brise de mer amène avec elle n'a ni poussière ni germes. La pureté de l'air de la haute mer est aussi grande que celle de l'air des hautes montagnes. Fischer a trouvé un germe sur 40 litres d'air à 55 kilomètres de la côte, 1 sur 1522 litres à 222 kilomètres, au delà, absence totale de germes. On respire donc dans les voyages sur mer un air absolument pur, et notons-le, on le trouve avec moins de difficultés qu'à la montagne. Il faut en effet dans ce dernier cas s'élever beaucoup au-dessus des lieux habités pour trouver une pureté d'air égale à celle de la haute mer.

La quantité d'ozone de l'air est forte. Enfin, l'air contient sur la mer et sur la plage, dans le voisinage immédiat de la mer, du chlorure de sodium introduit mécaniquement par les vagues, lorsqu'elles se brisent fortement sur le rivage. Verhæge a trouvé 1 décigramme de chlorure de sodium dans un mètre cube d'air de la mer. Mais à une faible distance de la mer, l'air n'en renferme plus, sauf en cas de vent violent, de tempête (Casse, Lindemann).

Enfin, l'air contient des quantités infiniment petites d'iode et de brome.

Effets du climat maritime sur l'organisme. — Ce climat est souvent combiné avec l'action des bains de mer pour lesquels on séjourne sur le littoral. Le climat maritime a un effet excitant sur la peau, tant par son humidité que par l'agitation de l'air. La circulation cutanée doit faire face à une déperdition de calorique plus grande et à une évaporation plus forte. Un corps chaud perd davantage de chaleur au bord de la mer par rayonnement qu'à la plaine ou sur les montagnes (Beneke), par suite de l'agitation de l'air et de sa forte humidité. Lindemann a constaté un abaissement de la température de la peau exposée à l'air plus fort au bord de la mer qu'à la ville, pour une température de l'air égale. La réaction consécutive serait un peu plus forte au bord de la mer qu'en ville. Comme conséquence de cette déperdition de calorique, on note l'augmentation de l'appétit, du poids du corps, par suite de l'amélioration de la nutrition. Les échanges nutritifs sont modifiés favorablement; l'urine est plus abondante ; l'urée et l'acide sulfurique augmentent, les acides urique et phosphorique diminuent (Beneke). Le pouls diminue légèrement de fréquence, la respiration est un peu plus lente et un peu plus profonde.

L'effet fortifiant du climat maritime ne tarde pas à se faire sentir sur le système musculaire et nerveux. Cependant, chez certains sujets excitables, on voit se réveiller des névralgies ; d'autres dorment mal.

Au point de vue psychique enfin, notons que le spectacle de la mer a une influence favorable sur certains malades.

Le séjour dans le climat maritime, surtout sur les côtes de l'Atlantique et de la Manche, ne peut pas être conseillé indifféremment à tous les malades. Il faut que le sujet ait une force de résistance suffisante pour affronter le vent de la mer, l'humidité de l'air, parfois les brouillards ou la basse température, et en même temps que son système digestif soit en bon état pour qu'il puisse s'alimenter et fournir suffisamment de calorique. Les sujets faibles et délicats doivent sur le littoral s'abstenir de faire beaucoup d'exercice, prendre peu ou pas de bains, pour pouvoir consacrer tout ce qu'ils mangent à la réparation de leurs forces et à la production du calorique.

Indications du climat maritime. — Anémie, chlorose, convalescence. Disposition à la phtisie pulmonaire, débuts de cette affection. Affections chroniques des voies respiratoires, asthme, emphysème, bronchite. Dans ces derniers cas, il faut choisir une station avec un climat doux, et abritée contre les vents. Paralysies ; affections nerveuses de l'appareil digestif, dyspepsie nerveuse. Névroses, neurasthénie, hypocondrie, mélancolie. Scrofule ; rien ne vaut pour les enfants scrofuleux et chétifs un long séjour au bord de la mer. Weber conseille pour certains cas le séjour permanent sur le littoral. Rachitisme (1).

Contre-indications du climat maritime. — Grande faiblesse ou anémie. Affections cardiaques, artériosclérose grave. Tuberculose dans la période de fonte et d'excavation. État d'excitation psychique : hystérie, sujets très excitables. Affections de l'estomac graves, autres que les affections nerveuses.

Du choix d'une station maritime. — On distingue le climat insulaire (Corse, Madère, Canaries), et le climat côtier. C'est ce dernier qui est le plus fréquemment

---

(1) Pour les bains de mer, voir De la Harpe, *Formulaire des eaux minérales.*

utilisé ; le littoral de la France, de la Belgique, etc.,
offre un grand nombre de stations maritimes favorables où l'on prend des bains de mer. Les principales
d'entre elles ont été déjà mentionnées par nous (1).

Les stations de la Belgique et du nord de la France
présentent un climat plutôt frais, fortement excitant
et demandant une certaine force de résistance. Le
climat du golfe de Gascogne est plus doux et devient
chaud et plus sédatif dans sa partie méridionale
(Arcachon, Biarritz). Enfin la Méditerranée offre, le
long de la côte de la Provence et de la Rivière Italienne
jusqu'à Gênes, une série de stations caractérisées par
la douceur du climat et la sécheresse de l'air, et qui
sont excitantes (Voir *Climats du Midi*).

Classification des climats maritimes (Weber). —
1. *Climats insulaires ou côtiers chauds ou humides.*—Madère, Canaries, Açores.

2. *Climats côtiers et insulaires moyennement humides :*

a) *Chauds.* — Mogador, Tanger, Alger, Cadix, Ajaccio, Palerme, Pegli (?), Nervi, Venise, Lesina, Lissa,
Corfou, Biarritz ;

b) *Frais.* — Côtes d'Angleterre et d'Irlande : Torquay,
Teignmouth, Exmouth, Sidmouth, Bournemouth, île de
Wight ; en France, Dinard, Villers, Deauville, Trouville,
Le Havre, Étretat, Fécamp, Dieppe, Boulogne,
Berck, etc. ; côtes de Belgique, de Hollande, côtes allemandes de la mer du Nord.

3. *Climats insulaires ou côtiers chauds et secs.* — Hyères,
Cannes, Antibes, Nice, Monaco, Menton, Bordighera,
Ospedaletti, San Remo, Alassio, Capri, Ischia, Catane,
Malte, îles Baléares, Malaga, etc. Ce groupe est fort
important, à cause de son climat hivernal chaud, favorable aux malades. Nous lui consacrons le chapitre
suivant.

(1) Voir De la Harpe, *Formulaire des eaux minérales.*

Voyage sur mer. — Recommandé autrefois par Laënnec, plus près de nous par Peter, il représente l'utilisation la plus complète possible du climat maritime. Le malade se trouve exposé sur le navire en plein à l'action du vent, de l'humidité, du soleil, de la salure de l'air, de l'ozone, etc. L'air de la haute mer est absolument pur et le malade le respire toute la journée. La température est très uniforme (Voir page 5), l'air très humide et sédatif, mais le climat est cependant fortifiant. En outre, l'uniformité de la vie, le spectacle de la mer, l'absence de préoccupations, de soucis et d'excitations, le repos combiné avec un bon régime en font un traitement tonique et réparateur. Les meilleurs voyages se font sur des navires à voile, dans l'Atlantique : voyage à l'Amérique du Sud, voyage en Australie par le Cap (70-90 jours, avec retour par la même route pour éviter les climats trop froids du cap Horn).

Il faut seulement que le malade ne souffre pas du mal de mer ou du moins n'en souffre pas longtemps, et, en outre, que le navire présente le confort nécessaire en fait de nourriture et de logement. Enfin, le voyage doit être suffisamment prolongé si l'on veut pouvoir en recueillir de sérieux résultats.

Le voyage sur mer a des inconvénients. D'abord, le fait que le malade doit traverser successivement des climats fort différents les uns des autres, depuis la chaleur des tropiques jusqu'aux températures basses des hautes latitudes. Ensuite, et surtout, l'exiguïté des locaux destinés au logement. Par le mauvais temps, le malade est obligé de séjourner plus ou moins longtemps dans l'intérieur du navire. C'est alors remplacer l'air marin par l'air confiné.

Indications du voyage sur mer (Williams). — Pleurésie chronique, empyème chronique. Bronchite chronique. Scrofule. Phtisie scrofuleuse, phtisie hémorra-

gique. Tuberculose à la période d'excavation, quand la
cavité est peu considérable et l'affection unilatérale.
Névroses, insomnies, conséquence du surmenage.
Enfin, le voyage sur mer convient aux jeunes sujets
menacés par la phtisie pulmonaire.

Contre-indications du voyage sur mer (Hayem). —
Sénilité, grande faiblesse ; dyspepsies rebelles ; affections accompagnées de délire ; grande disposition au
mal de mer.

II. — CLIMAT DU MIDI

Le climat du Midi a exercé de tout temps une attraction puissante sur l'habitant du Nord. La température
plus élevée, la vivacité du soleil, la couleur plus intense et plus chaude de la lumière, l'abondance de la
végétation, tous ces éléments intensifs de la vie ont
attiré ceux qui passent leur existence dans un air plus
froid et brumeux et qui sont obligés de consacrer au
chauffage de leur organisme une grande partie des
éléments qu'ils absorbent. Les stations du Midi ont
une forte insolation, un hiver plus court et plus clé-
ment, pas ou peu de neige. L'air est sec ou humide,
mais doux. Pour plusieurs d'entre elles les vents froids
sont ou entièrement absents ou réduits à un minimum.
Assurément, la haute montagne offre en hiver un
soleil très chaud, mais il étincelle sur la neige, et bien
que celle-ci le réfléchisse, on sent bien qu'il n'échauffe
pas le sol comme le fait en hiver le soleil du Midi.

Nature du sol. — Le sol est essentiellement calcaire
le long du littoral méditerranéen, d'Hyères à Gênes.
Cependant le massif de l'Esterel, à l'ouest de Cannes,
est formé de roches primitives ; la ville de Cannes est
en partie bâtie sur ces roches. A partir du golfe Jouan,
on ne trouve plus vers l'est que du calcaire. Ce fait

contribue à donner sur les routes la poussière parfois si gênante pour les malades.

Température. — Les stations du Midi les plus fréquemment visitées (littoral français, Rivière du Ponent et du Levant) se trouvant entre 43° et 43° 30' de lat. N., on peut s'attendre *a priori* à ce qu'elles aient une température moyenne élevée. La végétation exceptionnellement vigoureuse et la présence d'arbres de zones plus méridionales est une preuve de la douceur de la température.

On recherche au Midi une température assez élevée pendant un certain nombre d'heures (*journée médicale*), pour que le malade puisse stationner à l'air libre ou se promener. Pour la promenade il faut au moins 8 à 10°, pour la station 12 à 14°.

Il se produit au coucher du soleil un rayonnement très intense, avec abondante humidité. Ce phénomène se présente surtout dans les stations du bord de la mer. Par exemple à Nice, le 1er janvier, 12 p. 100 d'humidité relative et 18° à midi; à 6 heures, 50 p. 100 et 5°; le 8 janvier, à midi 20 p. 100 et 17°; à 5 heures, au coucher du soleil, 60 p. 100 et 10°. Ce phénomène de rayonnement par un ciel pur se fait sentir déjà avant le coucher du soleil à l'ombre (Onimus), de telle façon qu'on a plus froid à 5 heures qu'à 10 heures, la température mesurée au thermomètre étant cependant égale. Ce fait provient probablement du refroidissement continuel qui a lieu à partir du moment où le soleil a passé le méridien. Ce rayonnement du corps humain, très sensible au coucher du soleil, doit engager les malades à être prudents ; ils doivent rentrer à la maison avant ce moment de la journée.

Humidité de l'air. — Certaines stations du Midi ont un air sec, d'autres ont un air humide. Le degré d'humidité agit sur les organes respiratoires, en ce sens qu'un air humide a une action douce et émolliente sur les muqueuses enflammées, tandis qu'un air sec des irrite. Cette action de la sécheresse de l'air se fait aussi sentir sur le tégument cutané, et devient ainsi l'origine d'une excitation réflexe perpétuelle à laquelle se joint l'excitation produite par la lumière si vive du soleil (état nerveux, insomnie, etc.).

La sécheresse de l'air de la Riviera est très remarquable pour une région maritime; elle tient à la nature calcaire du sol, à l'absence de cours d'eau importants et de forêts, et à la direction des vents (N.-E. N.-O.).

Le climat méridional le plus sec, c'est Le Caire, puis vient celui de la Riviera Occidentale ; celui de la Riviera Orientale l'est déjà moins; plus humides sont les stations de la Sicile, Alger, Madère; enfin Venise, Pise, Pau ont un maximum d'humidité.

Pression barométrique. — La plupart des stations du Midi étant au bord de la mer ou à une faible altitude, la pression barométrique est élevée.

Vents. — Les vents froids sont brisés dans la plupart des cas par des chaînes de montagne protectrices. «L'influence des montagnes est tellement considérable, dit Onimus, que nous la regardons comme la partie essentielle de toute climatologie. » Pour le littoral méditerranéen, en effet, l'écran élevé par les Alpes du côté du N.-E. est la condition fondamentale de leur existence. C'est d'abord l'énorme massif qui couvre la Savoie et le Dauphiné pour venir se souder aux Apennins, en décrivant un demi-cercle enfermant au N. les plaines de la Lombardie. En seconde ligne, une rangée de sommités de 1200 à 2000 mètres d'altitude, forme la protection immédiate des stations méditerranéennes. En troisième ligne, on voit des collines plus ou moins élevées sur lesquelles ou au pied desquelles les villes se trouvent logées. Ces collines constituent un abri précieux contre les vents qui passent par les échancrures des rideaux plus éloignés; elles assurent à certains quartiers favorisés une précieuse immunité contre les vents. On ne retrouve nulle part en Europe et au N. de l'Afrique une disposition aussi heureuse, sauf peut-être au S. de l'Espagne (Malaga), dans quelques parties de la Corse et de la Sicile. (Onimus.) Il faut dire d'ailleurs que si les vents du N. et du N.-E. sont brisés par l'écran et vont frapper la mer à plusieurs kilomètres de la côte (ombre du vent), le vent du N.-O. (mistral) constitue pour cette région un ennemi redoutable et trop fréquent qui se fait sentir depuis la vallée du Rhône jusqu'à San Remo, perdant d'ailleurs de sa force depuis Toulon à mesure que l'on s'avance vers l'est.

Le mistral est formé par un courant froid qui descend la vallée du Rhône et celle de la Durance. Par suite de la différence de température entre la terre et la mer, ou par suite d'une dépression barométrique existant dans le golfe de Gênes, ce vent s'infléchit et prend la direction du N.-O. Sur le littoral, il souffle avec force, surtout dans les vallées qui se creusent dans les montagnes. L'Esterel, les montagnes des Maures, le Mont Boron, le cap Martin, etc., sont autant de barrières efficaces qui atténuent sa force pour les stations situées à l'est de ces montagnes. D'une façon générale, le mistral diminue d'intensité à mesure que l'on s'avance de l'ouest à l'est le long du littoral français et de la Riviera italienne. Mais au delà de San Remo, on ne tarde pas à sentir le vent du N.-E.

La fréquence du vent d'est est en revanche plus grande pour les régions orientales de la Riviera que pour ses régions occidentales.

Les vents du S. et du S.-E. se font sentir sur le littoral, de Hyères à San Remo, comme des vents chauds et humides. Le sirocco notamment n'a plus ici, après avoir traversé la Méditerranée, la sécheresse qui le distingue en Sicile. Ces vents chauds amènent parfois la pluie. En revanche, il fait beau temps par les vents froids (perçus comme mistral, ou inaperçus comme ceux du N. et du N.-E.). S'il pleut ou neige par les vents du N., il faut qu'un temps très exceptionnellement mauvais de neige et de bourrasque règne sur toute la région S.-O. et S. de la France. Enfin le vent de l'E. se fait sentir sur le littoral, et parfois avec force ; il amène aussi la pluie.

Une des particularités du littoral, ce sont les vents qui viennent du S. et qui ne sont en réalité qu'un remous du vent du N. (Bennett). Celui-ci, passant par-dessus les montagnes, va frapper la mer à une certaine distance au large (ombre du vent), puis il est ramené vers la terre par suite de la raréfaction de l'air au pied de la montagne-écran. Dans ce cas, le vent du S. est plus frais et plus sec que le véritable vent du S. qui a traversé la Méditerranée.

Réserve faite du mistral, la Rivièra est très heureusement protégée contre les vents. D'autres stations du Midi ont un air plus agité. Mais au Midi pas plus qu'ailleurs, il n'y a pas de station climatique absolument à l'abri du vent. Sur le littoral, par exemple, des vents réguliers doivent nécessairement s'établir entre la terre et la mer (Voir page 19). Les conditions locales de chaque station, la hauteur des montagnes, et la nature du sol (boisé, nu), leur donnent plus ou moins de force. A la vérité, la présence d'un vent modéré est nécessaire et utile. Ce qu'il faut avant tout demander à une bonne station d'hiver, c'est d'être à l'abri des vents froids de la région.

Pureté de l'air. — Dans les stations méridionales à climat sec, il y a beaucoup de poussière dans l'air, d'autant plus que le trafic y est plus intense, les routes moins bien entretenues, moins arrosées, etc. Cette poussière est souvent un grand inconvénient. L'influence des vents de mer dans les stations du littoral est heureuse en ce sens qu'ils balayent les rues et remplacent l'air souillé par un air pur amené du large.

Nébulosité. — Le ciel est très pur dans la région du littoral méditerranéen. Les nuages y sont moins abondants que dans les régions de l'O. et du N.-O. de l'Europe (Voir page 12). Le ciel de Nice est un des plus clairs de la Riviera; à Monaco la nébulosité moyenne serait de 4 (Onimus).

Luminosité. — La lumière est d'une intensité considérable dans les pays du Midi, intensité qui égale celle de la haute montagne, sans la dépasser. Elle a d'autres caractères que celle des altitudes, caractères qui tiennent à la différence des teintes du sol, de la végétation, à la présence de la poussière, de la vapeur d'eau, au contraste avec le bleu de la mer, etc. La lumière a sur l'organisme une action distincte de la chaleur, et le littoral de la Méditerranée doit à la lumière la plus grande partie de ses qualités (Onimus).

Caractères d'une station du Midi idéale. — Si l'on pouvait grouper en un point tous les caractères les plus favorables des stations du Midi, on aurait le tableau suivant (Kisch) :

1. Température modérément élevée, mais régulière, ayant peu de variations journalières ou mensuelles ;
2. Humidité relative moyenne ;
3. Protection contre les vents;
4. Grand nombre de jours clairs avec soleil;
5. Promenades nombreuses et faciles;

6. Bonne nourriture, possibilité de distractions sociales et intellectuelles ;

7. Santé publique des indigènes satisfaisante.

Une station sera d'autant plus parfaite qu'elle présentera un plus grand nombre de ces caractères.

Classification des stations du Midi. — On peut les diviser en deux groupes :

1er Groupe. — *Climat plutôt humide :* Madère, Pau, Pise, Venise, Palerme, Ajaccio, Alger, Catane, Biarritz, Arcachon. Le climat de la plupart de ces stations se fait remarquer par une grande égalité et par un caractère sédatif bien prononcé.

2e Groupe. — *Climat plutôt sec :* Les stations du littoral français et de la Rivière de Gênes, Hyères, Saint-Raphaël, Cannes, Nice, Menton, Monaco, Bordighera, San Remo, Alassio, Pegli ; Le Caire, Malaga. Toutes ces stations ont un caractère tonique ou même excitant suivant leur situation, etc.

Voici la classification de de Valcourt, pour les stations françaises :

Climat sédatif : Pau.

Climat tonique, peu excitant : Le Cannet.

Climat tonique et passablement excitant : Amélie-les-Bains, Hyères, Cannes.

Climat tonique et excitant : Menton, Costebelle, Cannes.

Climat tonique et très excitant : Nice.

Des stations de la Riviera en particulier. — Elles sont pour nos régions les plus accessibles et les plus fréquentées. Voici les caractères généraux de leur climat d'hiver (Weber) : air pas trop sec (65 à 70 p. 100 d'humidité relative); 110 à 120 beaux jours dans les six mois d'octobre en avril, 12 à 20 jours tout à fait sombres, 40 à 50 jours de pluie. Air calme pendant 60 jours environ, agité et même frais pendant 80 jours, très agité pendant 40 jours. Mistral soufflant depuis la mi-février surtout.

Avantages des stations du Midi. — Température douce ; insolation prolongée et forte ; peu de pluie, rareté de la neige et du gel ; sécheresse de l'air pour les unes, humidité pour les autres ; possibilité de stationner en plein air ou de faire des promenades ; paysage grandiose (mer).

Inconvénients des stations du Midi. — Grande différence de température entre le soleil et l'ombre ; présence du mistral pour quelques-unes d'entre elles ; froid humide se produisant au coucher du soleil ; petit nombre de promenades en plaine (sur le littoral) ; poussière ; présence des moustiques (dans l'arrière-automne). L'abondance des distractions qui multiplie les sorties tardives des malades, et (en Italie) les visites aux églises, musées, etc., sont aussi une source de fâcheux inconvénients, refroidissements, etc.

Enfin on a reproché aux stations méridionales la défectuosité des installations au point de vue du confort et du chauffage pendant les journées humides et froides, reproche qui est de jour en jour moins fondé, grâce à la création de tous côtés d'hôtels bien organisés.

Choix d'une station du Midi. — D'après Sigmund, si l'on cherche un climat doux, c'est-à-dire réunissant une chaleur et une humidité moyennes, peu de vent et une certaine régularité de la température, il faut mettre en première ligne Madère et Le Caire (celui-ci, très sec), comme stations très chaudes, et comme stations plus tempérées, Menton, Cannes, San Remo, Catane, Ajaccio (ces deux dernières plus humides), Nervi, etc. Il existe d'ailleurs dans les stations les moins bien partagées des quartiers privilégiés que leur position abritée met à la hauteur des meilleures stations elles-mêmes.

Au point de vue du *vent*, Le Caire, Nervi, Pau, Gries, Méran ont un air tranquille, agité à la vérité de temps en temps par des vents plus ou moins forts durant quelques jours. Hyères, Nice, Alger ont souvent du vent; Cannes, Menton, San Remo en souffrent moins (il souffle surtout à certaines périodes de l'année, au début du printemps).

Au point de vue du *voisinage de la mer*, on peut citer Hyères, Grasse, Le Cannet, Valescure, Le Caire, Pise, Pau comme étant les plus éloignées de la mer. Très rapprochées de la mer au contraire sont Saint-Raphaël, Menton, Monaco, Bordighera, San Remo, Cannes, Nice; dans ces deux dernières villes, il existe des quartiers éloignés de la mer, dans d'excellentes expositions.

Au point de vue de la *facilité des communications*, toutes les stations de l'Europe se trouvent aujourd'hui à peu près sur le même niveau, et ce n'est entre elles qu'une question de quelques heures de chemin de fer en plus ou en moins. En revanche, Alger, Tanger, Ajaccio, Palerme, Catane, Le Caire, Madère, les îles Canaries ne peuvent être atteintes qu'au moyen de bateaux à vapeur, point important pour les malades délicats qui souffrent du mal de mer.

Stations hivernales chaudes des pays du Nord. — Outre les stations au Midi, il existe dans les latitudes plus septentrionales quelques stations hivernales qui doivent la douceur relative de leur climat à la protection que les montagnes leur assurent contre les vents froids, et qui peuvent être qualifiées de stations-abris. Leur hiver est assurément plus froid que celui du Midi, mais il est notablement plus chaud que celui des lieux de plaine de latitude égale. Citons Arco, Gœrz, Gries, Méran, Lugano, Locarno, Pallanza, Montreux, Gersau, etc. Quelques-unes de ces villes servent de stations de passage aux malades du nord de l'Europe : ils y font un séjour au printemps et en automne en allant au Midi et en en revenant, alors que la différence de température entre le Midi et le Nord est encore trop prononcée. En automne, ces stations-abris sont encore plus agréables qu'au printemps ; car en cette dernière saison, il y a souvent de la neige à proximité sur les montagnes, ce qui entraîne une certaine variabilité dans le climat. En automne, on fait dans plusieurs de ces stations la cure de raisin.

Époque où l'on peut utiliser les diverses stations hivernales. — Kisch a réuni en une sorte de calendrier les stations où un malade peut séjourner en hiver.

En *septembre :* Arco, Baden-Baden, Bex, Montreux, Saint-Beatenberg, Falkenstein, Gersau, Gœrbersdorf, Gries, Interlaken, Ischl, la Spezia, Lugano, Méran, Pallanza, Reichenhall, Soden, Vevey, Wiesbaden.

En *octobre :* Arco, Baden-Baden, Bordighera, Gries, la Spezia, Lugano, Méran, Pallanza, Pau, San Remo, Venise, Montreux, Vevey, Wiesbaden.

En *novembre, décembre, janvier* et *février :* Ajaccio, Acireale, Alger, Arco, Bordighera, Le Caire, Cannes, Catane, Gries, Madère, Menton, Méran, San Remo, Venise, Wiesbaden.

En *mars :* Acireale, Arco, Catane, Montreux, Gries, la Spezia, Méran, Nervi, Palerme, Pallanza, Pau, Pegli, Pise, Venise.

En *avril :* Arco, Baden-Baden, Bex, Bordighera, Cannes, Gersau, Gries, la Spezia, Menton, Méran, Montreux, Nervi, Nice, Pallanza, Pegli, Pise, Venise, Wiesbaden.

Indications du séjour dans les climats du Midi. — Quels sont d'une façon générale les malades à qui l'on doit conseiller le séjour dans le Midi? Sigmund répond à cette question par quelques remarques pleines de bon sens : On *devra* diriger sur le Midi les malades qui, pour leur guérison ou leur amélioration, ont absolument besoin d'un air plus doux que celui de leur domicile habituel, et qui possèdent *les moyens de s'y soigner d'une manière rationnelle*. On *peut* conseiller le Midi aux malades qui, ayant des moyens suffisants, désirent vivement s'y rendre. Mais il faut s'efforcer de détourner de ces projets de séjour dans le Midi les malades qui, ayant des ressources restreintes, seront obligés d'y faire des économies, en choisissant des logements médiocres ou mal situés ou une nourriture insuffisante, et qui ne peuvent ainsi se mettre dans les conditions où le climat du Midi leur ferait du bien.

Ce sont surtout les affections des voies respiratoires qui ont valu depuis longtemps aux climats du Midi leur réputation. Ils ont été en fait les seuls conseillés et utilisés jusqu'au moment de l'apparition en climatothérapie des climats d'altitude.

Indications spéciales. — Catarrhes chroniques des voies respiratoires depuis le naso-pharynx jusqu'aux bronches. Pour la laryngite chronique, il faut choisir un climat sédatif, pas sec, dans une station éloignée de la mer; l'air du littoral dans le voisinage immédiat de la mer ne convient pas en général à cette affection. Asthme bronchique nerveux. Reliquats des inflammations pulmonaires et pleurétiques. Phtisie pulmonaire. Affections du cœur, des reins. Faiblesse, anémie, scrofule, rachitisme, convalescence. Obésité. Albuminurie. Diabète. Catarrhe chronique de l'intestin. Rhumatisme. Goutte. Troubles nerveux de l'hypocondrie, de l'hystérie, quand ils ont le caractère de la dépression et non celui de l'excitation. Faiblesse générale, disposition aux refroidissements. Métrite chronique, fibromes.

3.

Enfin, on dirige sur le Midi un grand nombre de demi-malades, d'invalides, de sujets fatigués par le travail ou brisés par des événements douloureux, d'enfants délicats, de vieillards, qui veulent échapper aux intempéries des pays froids. Les stations méridionales sont admirablement adaptées à cette nombreuse catégorie de clients.

Indications spéciales au littoral méditerranéen et à la Riviera (Williams). — Cette région ayant un climat tout particulier, sec et excitant, il est bon de connaître ses indications spéciales : Bronchite chronique et emphysème. Pneumonie chronique avec ou sans bronchiectasie. Asthme bronchique. Phtisie ayant débuté par des inflammations pulmonaires. Phtisie scrofuleuse. Phtisie d'un seul poumon au premier degré ; les cas de ce genre se trouvent généralement beaucoup mieux du climat que ceux où les deux poumons sont atteints (la période d'infiltration s'améliore plus que la période cavitaire). Anémie.

Contre-indications des climats du Midi. — Affections tuberculeuses à la dernière période ; tuberculose aiguë.

Le climat du littoral méditerranéen ne convient pas aux personnes ayant un système nerveux très excitable, atteintes d'insomnie, de névralgies, d'hystérie. Ces affections s'aggravent surtout si les malades séjournent dans le voisinage immédiat de la mer. Dans tous les cas, qu'il s'agisse ou non de tuberculose, le littoral est contre-indiqué quand il y a de la fièvre, qui ne fait qu'augmenter sous son influence excitante (Williams).

Il faut d'ailleurs faire une distinction profonde entre les stations humides et les stations sèches. Les premières sont moins excitantes pour le système nerveux ; elles irritent aussi moins les muqueuses enflammées que les secondes. Celles-ci en revanche conviennent aux sujets de tempérament mou qui ont besoin de stimulant. Pour la tuberculose pulmonaire spécialement, il faut choisir les stations sédatives pour les sujets qui ont une affection active, un tempérament éréthique : les phtisies torpides, à forme lente, supportent en revanche des climats plus stimulants. Lindsay estime que ces derniers seuls peuvent espérer la guérison ; les cas qui exigent un climat sédatif ne peuvent espérer qu'une rémission temporaire.

Durée du séjour dans le Midi ; arrivée, départ. — Il ne faut pas arriver trop tôt dans les stations d'hiver du Littoral et de la Riviera, la chaleur étant encore élevée en automne et les moustiques nombreux. Après le milieu d'octobre, les nuits sont plus longues et plus fraîches, et c'est à ce moment qu'il convient de prendre ses quartiers d'hiver. Les malades ne doivent donc pas attendre, comme on le fait souvent, le mois de janvier pour partir.

Les malades quittent les stations du Midi souvent trop tôt, à la fin de mars, au commencement d'avril. A ce moment, le printemps est déjà avancé dans ces régions privilégiées, et ils en concluent à tort qu'il est déjà établi dans les pays du N. Il est vrai que tout dépend pour une bonne part du pays d'habitat du malade : réside-t-il en Angleterre ou dans l'O. de la France, il peut s'attendre à trouver chez lui un climat plus doux et plus égal que s'il vient de Suisse, d'Allemagne, ou du centre de l'Europe. Onimus conseille de ne quitter le Midi que vers le milieu de mai, une fois la « lune rousse » terminée. Il est certain qu'en quittant de bonne heure le Midi, le malade suit trop souvent l'exemple des personnes qui y sont venues pour leur plaisir pendant la période des fêtes (janvier à mars). Il faut dire d'ailleurs qu'à ce moment, vers la fin de février, le mistral devient beaucoup plus fréquent dans les stations qui sont exposées à ce vent. Il faudrait alors non pas regagner les pays du N., mais changer de station, en en cherchant une plus abritée. On peut aussi se diriger sur le S.-O. de la France ou sur la Touraine, dont le printemps est souvent très beau (Onimus).

Stations d'été dans le Midi. — Le Midi a un défaut capital, c'est d'avoir tout concentré dans la station d'hiver, et de ne pas posséder de stations d'été. Les malades qui doivent séjourner plusieurs hivers dans le Midi sont obligés, par la force des choses, de le quitter en été pour échapper à sa chaleur ardente, et de gagner quelque station balnéaire, une plage, une station de montagne. Les montagnes ne font cependant pas défaut dans la région du Littoral notamment, et y présentent de nombreux sites pittoresques et agréables, mais les installations pour la réception des étrangers et des malades ne sont malheureusement pas encore suffisantes. Dans le département des Alpes-Maritimes, depuis la création du chemin de fer du Sud, des hôtels s'établissent cependant en certains points : Cagnes, Vence, Tour-de-Beuil, Villeneuve-Loubet, les Moulinets (Onimus). Saint-Martin-Lantosque (950 m., à six heures au N.-E. de Nice) offre les conditions voulues pour l'été, fraîcheur de la température et air sain (Bennett). Les vallées de la Roya et de la Nervia, qui s'ouvrent à l'E. de Vintimille, présentent aussi de très agréables sites échelonnés jusqu'à 2000 mètres; on y trouverait, s'il y existait des hôtels, le climat pur et frais des hautes montagnes (Bennett).

III. — CLIMAT D'ALTITUDE

Il faut faire une distinction entre le climat d'altitude proprement dit (ou de la zone alpine) et le

climat de montagne (zone subalpine). Assurément,
le point de division entre ces deux zones varie
suivant la latitude ; dans les pays du N. on trouverait déjà à 500 ou 600 mètres certains caractères
du climat de montagne, tandis que dans les tropiques il faut s'élever très haut pour les rencontrer. Pour les pays de l'Europe moyenne, la limite
entre ces deux zones a été fixée arbitrairement par
les uns à 1000 mètres, par les autres à 1200, 1300 mètres (maximum). Il y a d'ailleurs des stations assez
basses qui possèdent, malgré leur faible altitude, un
air très vif, semblable à celui de stations bien plus élevées, fait qui est dû à des circonstances locales,
proximité de hautes montagnes, de glaciers, etc.

§ 1er. — Climat d'altitude proprement dit ou de la zone alpine.

Il possède les caractères suivants : diminution de
la pression barométrique, sécheresse de l'air, abaissement de la température moyenne, augmentation du
rayonnement nocturne, de l'insolation et de la luminosité, grande pureté de l'air.

Pression atmosphérique. — Elle diminue rapidement avec l'altitude ; cependant, pour nos régions de
l'Europe du moins, elle n'atteint jamais une importance comparable à celle que l'on observe sur les
montagnes de l'Asie ou de l'Amérique, ou dans les
ascensions en ballon. Le baromètre indique en
moyenne :

A 500 m.	1000 m.	1500 m.	2000 m.
714	670.5	629.5	591 millim.

A cette dernière altitude, déjà considérable, et qui,
dans nos climats européens, constitue une limite que
beaucoup de malades ne doivent pas même atteindre,

le baromètre n'a baissé que de 170 millimètres environ en comparaison de la pression moyenne du bord de la mer (c'est-à-dire un peu moins du quart). Ce fait mérite l'attention, comme nous le verrons plus loin. Dès à présent nous pouvons dire qu'il ne faut pas comparer le séjour dans les hautes altitudes d'Europe avec les ascensions de hauts sommets de montagne ou en ballon, où l'on a observé des dépressions considérables, jusqu'à 400 et 260 millimètres, et qu'il faut se garder de conclure des phénomènes observés en pareil cas à l'existence de phénomènes semblables dans les stations d'altitude.

Température moyenne. — Elle diminue avec l'altitude ; dans les Alpes, de 0.58° pour 100 mètres d'ascension verticale, ou d'un degré par 170 mètres (Hann). La faible couche d'air qui se trouve au-dessus des montagnes, la faible quantité de vapeur d'eau contenue dans l'air, permettent un rayonnement nocturne intense qui abaisse considérablement la température de l'air pendant la nuit. Ce fait de l'abaissement de la température moyenne n'exclut pas une insolation très considérable.

Le climat des hautes vallées offre souvent en hiver une exception intéressante ; la température y est parfois en cette saison à la fois plus froide que celle des sommets plus élevés et plus chaude que celle de la plaine. Les hautes vallées sont plus chaudes que la plaine quand il existe entre elles et celle-ci une couche de brouillard, laquelle intercepte les rayons solaires pour le pied de la montagne, tandis qu'ils arrivent avec toute leur intensité dans les altitudes supérieures. En revanche, le climat des hautes vallées peut être pendant l'hiver, pendant une série de jours, plus froid que celui de points plus élevés qu'elles. Cela tient à ce que les sommets élevés reçoivent en hiver plus de soleil que le fond des vallées, et à ce que, par un temps calme, l'air froid coule au fond des vallées et s'y amasse pendant la nuit. La moindre colline dans une vallée est parfois plus chaude que le fond du thalweg.

Sécheresse de l'air. — L'humidité absolue diminue rapidement à mesure que l'on s'élève à des altitudes de plus en plus fortes. A 2000 mètres, d'après Hann, il n'y a plus dans l'air que la moitié de la vapeur d'eau contenue dans l'atmosphère à 0 mètre, ou à la pression normale de 760 millimètres, tandis que cette pression n'est encore réduite que d'un quart environ. Cette sécheresse absolue a une grande importance pour les processus de la respiration, et l'air sec peut enlever au poumon une quantité d'eau bien autrement considérable que l'air même moyennement humide. En outre, elle rend l'air, à température égale, moins froid que celui de la plaine et permet de mieux supporter en hiver de très basses températures. L'humidité relative suit une marche analogue à celle qu'elle a dans la plaine. Elle lui est inférieure dans certaines régions, même avec une basse température moyenne. Voici par exemple les moyennes de la température et de l'humidité relative à Saint-Moritz (1756 m.), pour les quatre mois d'été, à 1 heure du jour :

	Juin.	Juillet.	Août.	Sept.
Température	13.0	16.0	15.3	11.5
Humidité	47	46	48	57

Mais si l'air est souvent très sec dans les altitudes, il est soumis aussi à des changements considérables et rapides, en été surtout. Il n'est pas rare, en cette saison, de voir l'humidité passer en peu d'heures d'un taux extrêmement faible à la saturation.

D'une façon générale, l'humidité de l'air des altitudes suit une marche inverse de celle de la plaine : en hiver, sécheresse ; en été, plus ou moins grande humidité.

En hiver, de tous les facteurs du climat d'altitude, cette sécheresse de l'air est un des plus caractéristiques et des plus importants (Voir p. 14, le rôle de l'humidité atmosphérique d'une façon générale).

L'évaporation de l'eau des corps humides est beaucoup plus considérable pour une même humidité relative de l'air, un même vent, une même température, dans les altitudes qu'à la plaine, à cause de la diminution de pression (Hann). On s'en aperçoit surtout au début du séjour à la montagne ; les mains, les lèvres sont desséchées, la sueur sèche rapidement, la soif est vive. La momification des cadavres (Saint-Bernard), la possibilité de sécher la viande à l'air libre sans qu'elle se gâte (Valais, Engadine), en sont des conséquences bien connues.

Nébulosité. — Élément variable à la montagne. Pour la même altitude, on constate dans un endroit une faible nébulosité, dans une autre, au contraire, beaucoup de nuages. La topographie locale, le versant de la montagne (exposé au vent, ou abrité du vent), ont une influence considérable sur la nébulosité. Dans les hautes vallées des Alpes, on a en général en hiver un ciel clair ; la nébulosité la plus faible s'y présente en cette saison, tandis qu'à la plaine, l'hiver offre le ciel le plus couvert (d'après Hann, nébulosité en hiver dans les hautes Alpes 4.6, à la plaine 7.3 ; en été, hautes Alpes 5.6, plaine 5.2). Une faible nébulosité est un élément indispensable et vital du climat pour les stations hivernales d'altitude. Elle se traduit pratiquement par un grand nombre d'heures de soleil, qui sera d'autant plus grand (absolument) que les conditions topographiques de la région seront plus favorables (éloignement des montagnes-écrans, forme évasée de la vallée). L'insolation observée, exprimée en p. 100 de l'insolation possible, donne une idée de la nébulosité. Par exemple, voici ce rapport

à Davos pour les cinq mois d'hiver (moyenne de
5 ans) :

Nov.	Déc.	Janv.	Fév.	Mars.
40	55	63	65	52

Insolation et luminosité. — La conséquence de
cette faible nébulosité, c'est l'augmentation de l'intensité de la lumière et de la chaleur solaires à la
montagne. Elles s'accroissent dans la mesure où l'on
s'élève, ce qui est dû tant à ce que la couche d'air qui
couvre les montagnes devient de plus en plus mince à
mesure que l'on s'élève, qu'au fait de la minime quantité d'eau qu'il contient. D'après Hann, 25 à 30 p. 100
de la chaleur solaire sont absorbés à l'altitude de
Paris (60 m.) par l'atmosphère, 15 p. 100 au glacier
des Bossons (1210 m.) près de Chamonix, et seulement 6 p. 100 au sommet du Mont Blanc (4810 m.).
L'intensité de l'action chimique de la lumière solaire
augmente aussi avec l'altitude (de 5 p. 100 à 1270 m.,
de 11 p. 100 à 2600 m.) (Hann).

L'intensité de la chaleur solaire est appréciée au
moyen de l'actinomètre ou thermomètre à boule noircie
dans le vide : il marque souvent entre 40 et 50°, et au
delà, tandis que la température de l'air est voisine
de 0°. Cette insolation si forte n'est pas limitée à
l'hiver seulement, bien qu'en cette saison la faiblesse
de l'humidité atmosphérique soit très favorable à une
forte insolation. En toute saison, l'échauffement du
sol est considérable vis-à-vis de l'échauffement du sol
de la plaine, tandis que l'air des altitudes conserve
une basse température, comparée à celle de l'air des
stations de plaine.

Composition de l'air. — Voir page 22. Il faut rappeler ici seulement qu'il y a beaucoup d'ozone dans
l'air des altitudes.

Pureté de l'air. — L'air des hautes montagnes n'a

ni poussières ni germes, dans les lieux inhabités du
moins. Dès que l'agglomération devient un peu importante, les poussières, les parcelles de charbon y
abondent comme ailleurs, auprès des habitations.
En revanche, à peu de distance de celles-ci, on trouve
dans les prairies, dans la forêt, un air d'une pureté qui
n'a de supérieure que celle de l'air de la haute mer.

Brouillard. — Le brouillard visite souvent certaines
hautes vallées. Mais il est très fréquent de le voir se
cantonner en hiver dans une zone intermédiaire entre
la plaine et les hautes altitudes (pour la Suisse,
vers 1000 m., d'après Muhry). En pareil cas, celles-ci
sont baignées par le soleil et séparées de la plaine
par une couche de nuages ; c'est là un spectacle aussi
curieux que grandiose.

Chute d'eau météorique. — La chute d'eau atmosphérique augmente avec l'altitude jusqu'à un certain
point (2000 m. dans les Alpes, d'après Hann), puis
diminue au delà de ce point. Une grande partie de
cette eau tombe sous la forme de neige. La quantité
d'eau varie d'ailleurs avec la position topographique
d'une station (versant humide, versant sec, page 13).
Il existe, par suite de la configuration des chaînes de
montagnes, des zones de sécheresse bien marquées
dans certaines vallées (ainsi en Suisse, l'Engadine, la
vallée de Davos, le Valais depuis Martigny, etc.). C'est
dans ces zones de sécheresse relative qu'il convient de
chercher les stations pour certains malades, notamment pour les tuberculeux.

Neige. — A partir d'une certaine altitude, la neige
tombe en abondance et couvre longtemps le sol (de
novembre à mai, par exemple, dans l'Engadine).
La neige a dans les altitudes une heureuse influence :
1° en ne s'échauffant pas aux rayons du soleil comme

le ferait le sol, ce qui diminue les vents de la vallée
(page 19); 2° en couvrant le sol et supprimant les
poussières; 3° en réfléchissant la lumière et la chaleur solaires.

La période de la grande chute de neige au début de
l'hiver et celle de la fonte au printemps sont deux
moments désagréables à traverser pour les stations
d'altitude. Les dangers de la période de la fonte des
neiges ont été fort exagérés au début de la climatothérapie par les altitudes. Il est certain qu'il y a à ce
moment plus d'humidité absolue dans l'air que pendant l'hiver, et que les chemins sont difficilement
praticables par la boue et le dégel. Mais l'air étant
plus chaud, l'humidité relative n'est guère plus élevée
qu'en hiver. Ce qui rend cette période désagréable
et redoutable à la montagne, c'est que le temps, au
lieu d'être régulier comme au gros de l'hiver, offre
des alternatives de froid, de chaud, de vent, de
calme, de pluie, de neige, etc. Mais le nombre des
malades qui séjournent malgré cela d'une façon permanente dans les stations d'altitude est considérable.
Il vaut mieux passer quelques jours sans sortir, pendant la période de fonte, que de courir les risques
d'un voyage pendant cette saison critique, en cherchant une station où le printemps est déjà établi.

Vents. — Les vents généraux d'une région sont le
plus souvent brisés à la montagne par les sommités
qui entourent les vallées, et, dans les stations bien
choisies, ils se font moins sentir qu'on ne le croirait
à priori. Les sommets isolés sont en revanche très
exposés aux vents. Dans les vallées, ces vents généraux sont remplacés par les vents de la vallée et de
la montagne (page 19), qui soufflent régulièrement
chaque jour. Ils sont surtout forts en été, car en
hiver la couche de neige du sol ne s'échauffe pas et
par conséquent l'air ne se met pas en mouvement.

D'autre part, en cette saison, l'air du fond des vallées est parfois plus froid que les sommités.

En résumé, en hiver, les vallées où l'on a installé des stations de malades sont très à l'abri du vent (Davos, par exemple). En été, l'air est bien plus agité.

Le *fœhn*, dont il a été question page 20, est surtout à craindre dans les vallées des Alpes dont la direction et la pente vont du S. au N., surtout au printemps, depuis le mois de février.

Effets du climat d'altitude sur l'organisme. — Pour juger sainement de ces effets, il faut faire abstraction des déductions que l'on a tirées des voyages en ballon ou des excursions sur les hautes sommités. Tous deux dépassent de beaucoup les limites d'altitude dans lesquelles le médecin doit placer les malades ; dans les ascensions de montagne, en outre, l'homme fournit un travail énorme et prolongé.

D'une façon générale, le climat d'altitude est tonique, excitant même. Voici, d'après Weber, le résumé de ses effets physiologiques : — 1° augmentation de l'activité de la peau, amélioration de la nutrition et de la vigueur de cet organe ; — 2° probablement, augmentation de l'énergie du corps et des fibres contractiles du système vasculaire avec augmentation au début du nombre des contractions cardiaques ; après acclimatation, retour des pulsations à leur nombre normal, avec persistance de l'énergie acquise ; — 3° augmentation du nombre des respirations au début, puis retour à la norme, la respiration restant probablement plus profonde ; muscles respiratoires et fibres élastiques des bronches deviennent plus vigoureux, le sang est plus abondant dans les poumons ; — 4° élimination d'une plus grande quantité de vapeur d'eau par les poumons ; élimination de l'acide carbonique plus facile et plus abondante ; — 5° en général, augmentation de l'appétit et de la quantité de nourriture absorbée ; — 6° amélioration de l'hématopoïèse et de la nutrition des organes ; — 7° énergie plus grande de l'activité nerveuse et musculaire ; — 8° en général, amélioration du sommeil ; — 9° probablement, augmentation des échanges nutritifs.

Ajoutons à ce tableau que les phénomènes de la respiration dans les altitudes sont modifiés en ce sens qu'il y a élimination d'une plus grande quantité d'acide carbonique. Le défaut d'oxygène, que l'on redoutait *à priori* dans les altitudes, n'existe pas pour celles dont on fait usage dans un but thérapeutique, dans notre zone européenne du moins. Paul Bert a démontré en effet que la diète oxygénique ne commence à se manifester que lorsque la pression de l'air a diminué de 190 millimètres ; il faut pour arriver à cette dépression gagner des altitudes de 2300 à 2500 mètres, altitudes qui se trouvent en Europe au-dessus des stations de malades.

Le dégagement plus grand d'acide carbonique donne au corps plus de vitalité et de force, et contribue à expliquer le bien-être qu'un sujet en bonne santé ressent dans les montagnes.

Le thorax est très développé chez les habitants des montagnes, et les malades qui séjournent dans les altitudes voient leur périmètre thoracique s'accroître. On a attribué avec raison pour une part cette augmentation à l'engraissement du sujet. Mais d'après les observations de Sorgius, la capacité pulmonaire a augmenté de 800 à 3000 centimètres cubes en 4 à 13 mois, en général de 1100 à 1300. Le thorax aplati et mal conformé s'élargit et se fortifie, la ventilation pulmonaire devenant plus profonde. Il s'agit probablement de sujets faisant de l'exercice par l'ascension sur les pentes.

Une autre action de l'altitude, c'est son effet globuligène sur le sang, mis récemment en lumière par Viault, Egger, Miescher, etc. Paul Bert avait déjà

constaté que le sang d'animaux des hautes montagnes
des Andes absorbe 8 à 10 p. 100 d'oxygène de plus que
celui des animaux de Paris. Le sang subit rapidement
dès l'arrivée du sujet à la montagne une augmentation du nombre des globules (entre 7 et 25 p. 100).
Les indigènes d'Arosa (1892 m.) ont 28 p. 100 de
globules de plus que les sujets non anémiques arrivant de la plaine. Il n'est pas nécessaire d'ailleurs
d'aller si haut pour observer cette action curieuse ;
elle a été constatée à 1000 mètres d'altitude, et après
une dénivellation de 800 mètres seulement. L'hémo-
globine suit une marche à peu près parallèle à celle
des globules.

L'altitude a donc sur le sang une influence importante en cas d'anémie, mais, il faut le dire, passagère ;
l'augmentation des globules ne dure que le temps où
le sujet séjourne dans les altitudes. Après le retour à
la plaine, le nombre primitif des globules ne tarde pas
à reparaître.

Enfin, l'humidité si faible des altitudes a une action
des plus intéressantes sur le corps. Non seulement
elle favorise l'évaporation cutanée, mais la faible humidité absolue permet à l'air d'enlever aux poumons
dans l'acte de la respiration une quantité notable
d'eau. L'air très froid, ayant peu de vapeur d'eau,
ressort du poumon chaud et saturé d'humidité. Il y a
là un processus qui compte parmi les plus certains et
probablement parmi les plus utiles du climat d'altitude.

La faible humidité de l'air permet de supporter de
basses températures sans difficulté.

L'altitude excite l'appétit, stimule les forces, excite
les fonctions cérébrales. Le sommeil en revanche
n'est pas toujours bon à la montagne ; dans un grand
nombre de cas, il est même mauvais, soit que le
sujet ait moins sommeil qu'à la plaine, soit qu'un
sommeil normalement engagé soit interrompu ou

troublé par des périodes de veille. En général, en pareil cas, les sujets s'acclimatent peu à peu et dorment mieux au bout de quelques jours; sinon, ils sont obligés de regagner les altitudes inférieures.

D'ailleurs, il y a des personnes qui ont besoin de moins de sommeil à la montagne qu'à la plaine. D'autres malades, enfin, y retrouvent le sommeil qu'ils avaient perdu dans les basses altitudes. En résumé, il y a là un élément individuel qui échappe à toute appréciation avant l'expérience même du climat par le malade.

Immunité phtisique. — C'est un des effets les plus intéressants de l'altitude, et nous devons en dire quelques mots, vu l'importance de cette question au point de vue du traitement de la tuberculose. L'immunité phtisique n'est pas absolue, mais relative, c'est-à-dire que, même dans les hautes altitudes, on note quelques cas de phtisie. Voici pour la Suisse la marche décroissante du nombre des décès phtisiques à mesure que l'on considère des régions de plus en plus élevées. On compte sur 1000 décès de tous genres :

200 à 400 mètres..............	112	décès phtisiques.
400 à 700 —	105	—
700 à 900 —	106	—
900 à 1200 —	92	—
1200 et au-dessus............	71	—
(Moyenne générale de la Suisse.	105)	—

L'avant-dernier chiffre s'abaisserait encore sans doute si l'on pouvait en soustraire les nombreux cas de phtisie non autochtones chez des habitants du pays tombés malades à l'étranger et qui reviennent mourir dans leur pays (Engadine). Dans certaines hautes vallées, où ce retour d'émigrés n'a pas lieu, l'immunité est bien près d'être absolue : ainsi dans la vallée d'Urseren (1450 m.), la tuberculose n'a causé (d'après Neukomm) que deux décès sur cent décès totaux en dix ans. Cette diminution de la mortalité phtisique est la conséquence des facteurs climatiques eux-mêmes, et non pas de la faible densité de la population des montagnes. En effet, en examinant en Suisse les populations agricoles vivant à des niveaux différents, on a constaté que la mortalité par phtisie a son maximum entre 200 et 500 mètres, et diminue avec l'altitude. En Angleterre, nous voyons (d'après Lindsay) la mortalité phtisique être plus élevée chez les paysans (122 sur 1000 décès), chez les fermiers (103) qu'elle ne l'est chez les habitants des montagnes de la Suisse, et pourtant ce ne sont pas là des populations denses comme les populations urbaines et ouvrières. On ne peut manquer de remarquer aussi la diminution parallèle du nombre des germes dans l'air et de la mortalité par la phtisie.

La limite inférieure où commence l'immunité est d'autant plus basse que l'on considère des pays plus septentrionaux : Suède 500 mètres, Riesengebirge 500, Alpes 800, Mexique 2000, Himalaya 2200, Cordillères 2600, Thibet 3000 à 4000 (Sorgius).

Inconvénients des altitudes. — La faible pression de l'air peut être nuisible à certains sujets. La variabilité de la température et de l'humidité relative en été, les basses températures de l'hiver ont aussi leurs mauvais côtés. D'une façon générale, le climat d'altitude demande donc une certaine force de résistance aussi bien en été qu'en hiver. Enfin, il excite le système nerveux de certains malades (insomnie).

Indications du climat d'altitude. — Essentiellement tonique et fortifiant, le climat d'altitude convient dans les états où il existe une diminution d'énergie dans un ou plusieurs systèmes de l'organisme, ou bien quand le manque d'oxygénation, la vie dans l'air confiné, le surmenage ont altéré les fonctions digestives et hématopoïétiques. Faiblesse, chlorose, anémie. Impaludisme. Neurasthénie, névroses à forme non excitable, hypocondrie. Surmenage intellectuel avec insomnie. Asthme nerveux sans complications cardiaques ni emphysème. Troubles circulatoires dans l'abdomen, hémorroïdes. Prédisposition à la tuberculose pulmonaire; développement insuffisant du thorax. Tuberculose pulmonaire. Affections pulmonaires chroniques : bronchite chronique sans bronchiectasie; pneumonie chronique; pleurésie chronique où l'expansion pulmonaire n'a pas eu lieu normalement après la guérison.

Contre-indications du climat d'altitude. — D'une façon générale, le climat étant stimulant, il faut éviter d'envoyer dans les altitudes les sujets à tempérament facilement excitable, au système nerveux et circulatoire très sensible, tandis qu'elles conviennent aux sujets plus ou moins mous et lymphatiques. Contre-indications (Weber) : Affections organiques du cœur et des artères ; artériosclérose sénile ou prématurée (ces malades font mieux de se diriger sur les stations plus basses ; voir *Climat de montagne*); bronchite chronique avec emphysème ou bronchiectasie; épilepsie, troubles psychiques. Rhumatismes, convalescence du rhumatisme aigu. Grande faiblesse. Age avancé. Enfin, sujets ne possédant pas une force de résistance suffisante vis-à-vis des éléments atmosphériques (variations de l'humidité et de la température). Pour les contre-indications relatives à la phtisie pulmonaire, voir à la IIIᵉ partie de ce *Formulaire : Phtisie pulmonaire.*

Cure d'été, cure d'hiver. — Les stations d'altitude présentent un tableau bien différent suivant la saison: en hiver, air très froid, calme, sol couvert de neige, humidité faible, uniforme, nombre élevé de jours clairs. En été, végétation vivace, forêts à émanations aromatiques ; air agité, vents réguliers ; fort rayonnement nocturne, température sujette à des variations importantes, humidité variable. En hiver, les altitudes ont un climat plus rude, mais plus égal qu'en été. Pour la tuberculose pulmonaire, le séjour permanent en hiver et en été, prolongé jusqu'à guérison ou à cessation de l'amélioration, est le système par excellence (Jaccoud). La chaleur de l'été n'oblige pas, comme au Midi, les malades à changer de résidence pendant cette saison. La durée du séjour n'est pas aussi longue qu'on pourrait le croire *à priori* pour les cas pris au début de la maladie et qui guérissent. Ainsi la moyenne du séjour à Davos de 17 malades guéris et dont les observations ont été résumées par L. Spengler, est d'un peu plus de 4 mois. Cependant Williams indique une durée moyenne de 10 mois (deux hivers en général).

Époque où l'on doit arriver dans les stations d'altitude. — Il est important que le malade arrive avant la période de la chute de neige, qui a lieu à la fin d'octobre et au commencement de novembre. Il est désirable qu'il se soit acclimaté avant cette période fâcheuse, qui est suivie de beaux jours. Il faut donc arriver si possible en été, ou au mois de septembre.

Quand le sujet est très faible ou très malade, il est nécessaire de faire un séjour intermédiaire entre la plaine et les hautes altitudes. Ce séjour se fait dans les stations d'altitude intermédiaire (Voir plus loin *Climat de montagne*), entre 800 et 1000 mètres, et permet au malade d'adapter ses organes circulatoires et pulmonaires aux conditions nouvelles qui lui sont faites par le climat d'altitude.

Principales stations d'altitude. — En hiver : Leysin 1450 mètres, Davos 1560, Arosa 1892, Wiesen 1454, Saint-Moritz-Village 1856, Andermatt 1444.

En été : Très nombreuses :

En France : le Mont-Revard 1454 mètres, au-dessus d'Aix-les-Bains.

En Suisse : les stations ci-dessus, et en outre : dans la Suisse Occidentale, Champex 1465 mètres, la Comballaz 1364, Évolène 1378, Louèche-les-Bains 1411, les Mayens de Sion 1300, Morgins 1343, Randa 1444, Ried 1509, Saas-Fee 1778, Saas-Grund 1561, Saint-Luc 1670, Zermatt 1620, Belalp 2137, Bérisal 1526. Dans la Suisse Centrale, Andermatt 1444 mètres, Murren 1650, Rigi-Kaltbad 1444, Rigi-Scheideck 1648, Schimberg 1425. Dans la Suisse Orientale (Grisons et Engadine) : Fettan 1647 mètres, Maloja-Kursaal 1811, Pontresina 1803, Saint-Moritz-Bains 1756, Samaden 1728, Sils-Maria 1811, Splügen 1450, Zuoz 1748. Dans le Tessin, Piora 1829 mètres.

En Italie : Bormio 1335 mètres.

Dans le Tyrol : Obladis 1380 mètres, Brennerbad 1326.

Dans la Carinthie : Flattnitz 1390 mètres, etc.

§ 2. — Climat de montagne.

Ce climat correspond à la zone intermédiaire entre la plaine et les collines d'une part, et les hautes altitudes de l'autre, à ce que l'on a appelé la zone des *stations montueuses moyennes*, entre 500 et 600 mètres, et 1000 à 1200 mètres. Les caractères excitants du climat d'altitude s'atténuent à mesure que l'on s'approche de la plaine. A cette élévation moyenne, les vallées sont couvertes de prairies ou d'épaisses forêts de conifères, les rochers dénudés de la haute montagne ont disparu et avec eux la forte chaleur qu'ils absorbent et leur forte radiation nocturne. Le climat est moins sujet à d'importantes variations que dans les hautes altitudes, l'air est plus humide, plus doux, moins pur, le soleil moins intense, la lumière moins vive, le rayonnement nocturne moins fort, la température moyenne plus élevée. Il y a souvent des vents locaux réguliers, mais on peut trouver sans peine des stations à l'abri des vents froids et secs. En comparaison de la plaine, l'air a une température plus basse, moins de poussière, plus d'ozone; la température possède une plus forte oscillation journalière. La chute d'eau est en plusieurs endroits plus forte que dans la plaine et dans les hautes altitudes. Enfin le brouillard est plus fréquent dans certaines régions. En général, sauf quelques exceptions, ces stations sont des stations d'été seulement ; l'air plus frais et plus vif que celui de la plaine les rend particulièrement agréables en cette saison ; le voisinage de belles forêts est précieux.

L'effet des altitudes se fait déjà sentir même dans ces stations peu élevées; on en a la preuve dans l'augmentation des globules rouges, constatée comme nous l'avons vu précédemment (page 58) à des altitudes variant entre 900 et 1000 mètres. Mais l'action générale est douce, plus fortifiante qu'excitante. Lombard qualifie ce climat de tonique et vivifiant. Le climat demande moins d'effort à l'individu malade, moins de force de résistance. Il convient aux affections cardiaques, aux affections nerveuses, dans tous les cas où la forte stimulation de la haute altitude et sa température basse sont à redouter. Ces stations intermédiaires ont donc une grande utilité.

Principales stations d'altitude moyenne. — *En France :* dans les Vosges: Bussang 600 mètres, Gérardmer 670, la Schlucht 1150 ; dans les Pyrénées : Eaux-Bonnes 748 mètres, Eaux-Chaudes 674, Cauterets 932, Barèges 1232, Bagnères-de-Bigorre 579 (recommandé aux tuberculeux comme séjour d'été par Daremberg), Bagnères-de-Luchon 628, Le Vernet 629, sanatorium de Canigou, 700; dans le centre : le Mont-Dore 1050, la Bourboule 846, Saint-Nectaire 784; dans les Alpes-Maritimes : Saint-Martin-Lantosque 950, etc. La plupart de ces localités possèdent des eaux minérales et sont fréquentées surtout comme stations balnéaires (1).

En Suisse, dans le S.-O : les Avants 985 mètres, Glion 724, Caux 1100, Château-d'Œx 990, Chesières 1210, Villars 1275, Leysin-Village 1254, Les Plans 1101, Saint-Cergues 1046, Macolin 900, Chaumont 1128, Weissenstein 1284 (ces 4 derniers, dans le Jura). Dans le Valais : Champéry 1052 mètres, Fins-Hauts 1237, Salvan 925. Dans le centre : Engelberg 1019 mètres, Grindelwald 1057, Saint-Beatenberg 1148, Schoeneck 760, Schoenfels 937, Seelisberg 845, Axenstein 711. Dans l'E. : Gais 934 mètres, Heiden 806, Schuls 1210, Seewis 950, Waldhaus-Flims 1130, Weissbad 817. Dans le midi : Monte-Generoso 1209 mètres, etc.

En Autriche : Aussée 650, Gmünden 425 mètres, etc.

IV. — CLIMAT DE PLAINE

Un certain nombre de stations hivernales se trouvent dans la plaine, ainsi Pise, Pau, Le Caire, Gœrz, Arco, etc. Leur climat a un caractère sédatif en général, en comparaison des climats que nous venons d'étudier. La direction et la fréquence des vents régnants, l'humidité et la nature du sol, la présence de forêts ou de lacs dans le voisinage sont ici les facteurs primordiaux du climat. Les malades éviteront d'ailleurs avec soin tous les climats de plaine froids et humides. Ceux qui sont froids et secs peuvent être utilisés dans un but thérapeutique, comme l'a fait Weber pour le climat du Labrador ; mais en général on cherche ces climats de préférence dans les stations d'altitude (à cause de la protection contre les vents). Il existe enfin des climats de plaine chauds et humides

(1) Voir De la Harpe, *Formulaire des eaux minérales.*

4.

et d'autres chauds et secs, dont les premiers ont une action calmante très marquée (Pau, Pise).

Ces climats conviennent aux sujets excitables, ou faibles et excitables, aux affections irritatives des voies respiratoires, du larynx spécialement, à la tuberculose pulmonaire à forme éréthique.

Dans les parties montueuses des plaines, on a créé plusieurs sanatoria pour le traitement de la phtisie pulmonaire, dans le voisinage des forêts.

Les stations de plaine doivent être avant tout abritées contre les vents froids. Si elles se trouvent dans le voisinage de la mer, ce fait contribue à adoucir leur climat, et à rapprocher les extrêmes de la température, mais aussi à leur donner beaucoup de pluie.

Stations au pied des montagnes. — Une catégorie spéciale de stations doit comprendre celles qui sont situées dans les vallées au pied des premiers contreforts des montagnes jusqu'à 500 et 600 mètres, et qui possèdent un climat qualifié par Lombard de plus doux que tonique. En France : Allevard 465 mètres, Saint-Gervais 630, Brides 570, Gréoulx 354, Divonne 475, etc.; en Suisse : Montreux 377-439 mètres, Vevey 377, Bex 435, Sierre, 541, Beckenried 440, Gersau 440, Vitznau 440, Interlaken 568, Thoune 565, Locarno 210, Lugano 275; en Tyrol : Méran 360 mètres, Gries 250; en Autriche, Ischl 484 mètres, Gmünden 417, Aussée 650; en Allemagne, Falkenstein 400, Gœrbersdorf 540 mètres, etc.

Dans ces stations, le climat se trouve modifié par le voisinage des montagnes; en hiver, celles-ci contribuent à élever la température en protégeant les stations contre les vents du nord, et par le fait que leurs pentes s'échauffent fortement aux rayons du soleil; en été. elles font naître des courants d'air régulier, entre la plaine et leurs sommets, courants qui renouvellent et vivifient l'air. En revanche, le voisinage des montagnes a un défaut pour quelques-unes de ces stations, celui d'augmenter la quantité de pluie.

Plusieurs de ces stations sont des stations-abris hivernales déjà mentionnées page 43.

DEUXIÈME PARTIE

LES STATIONS HIVERNALES ET ESTIVALES
DESCRIPTION, CLIMAT, INDICATIONS

Abbazia (Autriche, Istrie).
Station d'hiver et d'été.

ITINÉRAIRE. — A 5 kil. de Malluglie, stat. de ch. de fer, ligne de Laibach (ou de Trieste) à Fiume. — ALTITUDE : au bord de la mer. — SAISON : Toute l'année. Bains de mer du 15 mai au 1ᵉʳ novembre.

DESC. — Dans la partie septentrionale de l'Adriatique, un golfe profond se creuse vers le N., entre la presqu'île triangulaire de l'Istrie à l'O. et la Croatie à l'E. Ce golfe porte le nom de Quarnero : à son extrémité N. se trouve la ville de Fiume ; il contient plusieurs grandes îles, bizarrement découpées. Sur la côte N.-O. de ce golfe, tout près de son extrémité N., se trouve Abbazia, à 12 kilomètres à vol d'oiseau de Fiume, et à peu près à la même latitude que cette ville (45° 20′).

A l'O. et au N.-O. s'élèvent des montagnes qui se dirigent au S. et atteignent une altitude considérable (Monte Maggiore, 1396 m.). Abbazia est allongé sur le rivage, cherchant l'abri de la montagne qui vient plonger dans la mer en formant un étroit rivage. Les hôtels et les villas s'étagent sur les premières pentes. Tout autour se trouvent des bois de chênes, châtaigniers et lauriers. La côte a une direction N.-E.—

S.-O. ; Abbazia regarde donc le S.-E. La vue est très pittoresque, sur les îles de Cherso et de Veglia, et au loin sur Fiume. Agréables promenades dans les environs.

Abbazia est une station de création récente, mais qui a pris un grand développement dans ces dernières années. Les hôtels et villas sont munis, en vue de la saison d'hiver, de bons appareils de chauffage et de ventilation. En été, bains de mer très appréciés. Hydrothérapie, petit lait, etc. Les pentes voisines ont été classifiées et jalonnées pour permettre le traitement des affections cardiaques et de l'obésité par la méthode d'Oertel.

Climat (d'après Glax). — Doux ; les arbres du Midi y prospèrent. Température moyenne de l'année 14° ; de l'hiver 9-5° ; des mois d'hiver :

	Oct.	Nov.	Déc.	Janv.	Févr.	Mars.
Temp. moy....	14.5	11.9	7.7	7.4	5.3	7.8
Hum. rel. moy.	85	78	79	—	62	—

Pression barométrique 761. Il pleut fréquemment, 108 jours dans l'année, dont 65 d'octobre en mai ; la pluie est répartie sur deux saisons, printemps et automne, avec une période de sécheresse entre deux (été) ; la neige tombe rarement. Vents fréquents, se présentant pendant deux périodes bien distinctes. Le sirocco ou vent du S. ou du S.-E. est chaud, il amène la pluie ; il souffle par périodes de 10 à 15 jours, élève le thermomètre à 14 et 20° au milieu de l'hiver ; il souffle principalement d'octobre à décembre. Pendant le reste de l'hiver, le vent vient surtout du N.-E. ou de l'E.-N.-E. (la *bora*) ; c'est un vent sec et froid, mais qui abaisse rarement le thermomètre au-dessous de 0. Abbazia ressent ce vent le plus souvent d'une manière affaiblie, de sorte qu'il n'y a guère en hiver que 6 à 9 jours pendant lesquels la bora empêche les malades de sortir.

En été, une période de sécheresse s'étend du milieu de mai jusqu'au mois d'août; elle est suivie depuis la mi-août par des pluies. Pendant cette saison, d'ailleurs, les vents réguliers de mer et de terre rafraîchissent et renouvellent l'air.

En résumé, Abbazia possède un climat tempéré en hiver, assez humide, avec un air agité par le vent et sujet à des réchauffements considérables sous l'influence du vent du S. C'est pour l'Autriche une sorte de Riviera, à peu de distance de Vienne, mais possédant un air humide.

INDICATIONS. — Catarrhe chronique du pharynx, du larynx; bronchites chroniques (période de vent humide, d'octobre à décembre). Débuts de la phtisie pulmonaire, bronchite du sommet. Maladies inflammatoires du poumon (période tonique, de janvier à mai). Les sujets porteurs d'affections pulmonaires qui n'ont ni fièvre ni éréthisme circulatoire peuvent séjourner tout l'hiver à Abbazia. Les affections du cœur, surmenage, cœur gras, affections valvulaires, s'améliorent dans ce climat (Glax). Anémie, chlorose, scrofule, paludisme.

Acireale (Italie, Sicile, province de Catane).
Station d'hiver.

ITINÉRAIRE. — Stat. de ch. de fer, ligne de Messine à Catane. — ALTITUDE : 160 mètres.

DESC. — Ville de 25 000 hab. (par 37° 37' de latitude N.), à 81 kilomètres au S. de Messine et 14 au N. de Catane, sur la côte E. de la Sicile. Bâtie sur les dernières pentes S.-E. de l'Etna, la ville est à 1 kilomètre de la mer, sur un massif de lave. Cette position entre une haute montagne et la mer l'expose aux vents qui se forment normalement dans ces conditions. Acireale possède des eaux subthermales sulfureuses, à peu de distance du principal hôtel, utilisées dans un bel établissement thermal. Hydrothérapie. Cure de raisin.

Climat. — Semblable à celui de Catane, chaud et modérément humide, mais cependant moins humide, d'après Peters, que les autres stations de cette côte. L'air est plus pur qu'à Catane. Le brouillard et la neige sont inconnus. Température moyenne :

Oct.	Nov.	Déc.	Janv.	Fév.	Mars.
12.7	13.	12.5	10.8	11.4	13.7

Indications. — Catarrhe chronique des bronches et du larynx, phtisie pulmonaire chez des sujets à constitution éréthique. Disposition à la phtisie. Emphysème. Asthme.

Aigle-les-Bains Suisse, canton de Vaud).
Station d'été.

Itinéraire. — A 2 kil. de la stat. d'Aigle (omnibus), ligne de Lausanne à Brigue. — Altitude : 540 m. — Saison : 15 avril à fin d'octobre.

Desc. — Le Rhône reçoit dans ces régions plusieurs affluents du côté de l'E. L'un d'eux, la Grande-Eau, après avoir arrosé la vallée des Ormonts (Voir *Leysin*), traverse la ville d'Aigle. C'est au point où la vallée de la Grande-Eau débouche dans celle du Rhône, à un quart d'heure à l'E. d'Aigle, qu'est situé l'établissement d'Aigle-les-Bains (hydrothérapie), sur une terrasse élevée de la rive gauche du torrent. Des forêts de sapins, sillonnées de sentiers, arrivent du côté de l'E. jusque dans le voisinage immédiat de l'hôtel. De l'autre côté du torrent, le sol, couvert de vignes et de rochers, se relève rapidement à l'O. en formant les premières assises du Luisset (Voir *Leysin*).

Climat. — Rafraîchi en été par le voisinage du torrent, qui entraîne un courant d'air relativement froid le long de son eau vive. En outre, les montagnes qui se dressent à l'E. de l'établissement retardent pour lui le lever du soleil. Les vents frais du N.-E., descendant la vallée des Ormonts, se font sentir aussi. Le voisinage de la forêt tend enfin à diminuer la température de l'été, qui est élevée dans la vallée du Rhône. L'air est très pur, mais il est agité tantôt par le courant qui descend de la vallée, tantôt par un courant ascendant venant de la plaine du Rhône.

INDICATIONS. — Station très agréable en été pour les gens fatigués, pour les malades qui doivent faire un traitement hydrothérapique. En automne, cure de raisin. Station de passage pour les malades qui vont au Midi, ou en reviennent.

Ajaccio (France, Corse).
Station d'hiver.

ITINÉRAIRE. — De Marseille, par les bateaux de la Cie Transatlantique, en 17-18 h. Pour réduire au minimum possible le voyage sur mer, on s'y rend aussi par Livourne, d'où la traversée sur Bastia ne demande que 5 à 7 h. De Bastia à Ajaccio, ch. de fer, présentant malheureusement encore une lacune entre Corte et Vivario (service de diligence). — ALTITUDE : au bord de la mer. — SAISON : De la fin d'octobre en mai.

DESC. — Ville de 18 000 habitants, située par 41°55' de latitude N. sur la rive N. d'un golfe (g. d'Ajaccio), creusé dans la côte occidentale de la Corse et ouvert du côté du S.-O. Le rivage de ce golfe s'étend de l'O. à l'E., depuis le cap della Parata, en face des îles Sanguinaires, jusqu'à l'E. de la ville, à l'embouchure du fleuve Gravone, pour se recourber de là vers le S.-O. et aller aboutir au cap Muro. La ville est entourée de collines. Elle est bâtie sur un promontoire qui se dirige de l'O. à l'E., portant la citadelle à son extrémité, et séparant deux plages exposées l'une au N.-O., l'autre au S. Cette dernière, qui se recourbe le long d'une petite baie secondaire jusqu'à la Batterie, possède une promenade le long de la mer, et plus en arrière le boulevard Granval, se dirigeant vers le S. depuis la place du Diamant, centre de la vie d'Ajaccio.

La partie de la ville au N.-O. de la citadelle est celle qui sent le moins l'air de la mer. En revanche, plus on se dirige vers l'O. vers le cap della Parata (14 kilom.), plus on est exposé à l'air marin.

Ajaccio a l'avantage de ne pas avoir de poussière, vu son sol granitique; sur ce sol imperméable les eaux de pluie s'écoulent avec facilité. Il n'y a pas non plus de moustiques. La fièvre intermittente et les affections paludéennes, qui sont un des inconvénients de la Corse en été, depuis le mois de mai, ne sont plus à craindre à partir du mois d'octobre; le meilleur moment pour arriver, c'est le mois de novembre.

Les promenades sont nombreuses, surtout si l'on ne craint pas de monter. Excursions nombreuses aussi; depuis l'ouverture du chemin de fer de la vallée du Gravone, on arrive aisément dans la région magnifique du centre de l'île, où se dressent le Monte Rotondo, le Monté d'Oro, etc.

CLIMAT. — Doux; température plus élevée de 1.5° que celle du Littoral entre Nice et Gênes. Les arbres sensibles au froid, comme l'olivier, n'ont jamais souffert. Des montagnes, traversant l'île du N. au S., forment à l'E. une barrière très élevée qui arrête les vents de ce côté comme de celui du N.-E. (Monte Cinto 2710 m., Monte Rotondo 2624 m., Monte d'Oro 2392 m.). Les vents du N.-O. et du S.-E. sont aussi brisés par des montagnes. Il s'ensuit que le vent du S.-O. pénètre seul par le golfe jusqu'à la ville sous forme de brise de mer régulière, chaque jour entre 10 et 3 heures. Le courant inverse se fait sentir par la vallée du Gravone, la nuit. Éléments du climat d'hiver (Reimer) :

	Oct.	Nov.	Déc.	Janv.	Fév.	Mars.	Avril.
Temp. moyenne...	19.0	14.1	11.8	9.8	11.8	12.4	14.8
Jours avec pluie...	5.9	6.3	5.0	5.5	3.7	3.3	4.3

L'oscillation journalière de la température est peu étendue, au plus 5-6°, même en novembre et décembre

(Kisch). L'humidité atmosphérique est élevée, entre 74 et 88 et presque toujours vers 80 (Valentiner), ce qui n'a rien d'étonnant, les vents ne pouvant arriver à la ville qu'en passant sur la mer. La rosée est abondante. Certains auteurs indiquent 40-45 jours de pluie pour l'hiver.

En résumé, Ajaccio possède un ciel pur; elle est à l'abri des vents froids. La température y est fort douce le soir, la journée médicale y est longue ; cependant on y sent un refroidissement important de l'air au moment du coucher du soleil, suivi d'une soirée chaude. « Le climat d'Ajaccio tient le milieu « entre celui d'Alger et celui des côtes de la Provence. « Il produit une action à la fois tonique et sédative et « mériterait d'être mieux connu et plus exploité. » (Hayem.)

INDICATIONS. — Scrofule. Bronchite chronique sèche. Disposition à la phtisie pulmonaire; phtisie pulmonaire au premier degré chez des sujets éréthiques, disposés à l'inflammation. Affections du larynx craignant un air trop sec.

Valentiner fait ressortir la grande analogie d'Ajaccio avec Madère comme climat, terrain, vents, etc. Ajaccio pourrait être utilisé pour savoir si un malade peut supporter le climat de Madère, et comme station intermédiaire pour un malade rentrant en Europe après un long séjour dans cette île. Le climat est recommandable aussi au premier printemps, quand le mistral sévit en plusieurs stations de la Riviera.

CONTRE-INDICATIONS (Reimer). — Bronchite avec sécrétion abondante, rhumatisme, goutte; extrême faiblesse.

Alassio (Italie, province de Gênes).
Station d'hiver.

ITINÉRAIRE. — Stat. de ch. de fer, ligne de Vintimille à Gênes. — SAISON : D'hiver, d'octobre à la mi-mai. De juin en septembre, saison de bains de mer

Desc. — Ville située par 44° de latitude N. sur la baie peu profondément creusée de Porto Salvo, qui se trouve à 46 kil. à l'E. de San Remo et à 90 kil. à l'O. de Gênes. La baie est limitée au N. par le cap de Santa Croce, au S. par celui della Mele, au-devant duquel se trouve la petite île Gallinaria. D'un cap à l'autre, s'étend une chaîne de collines de 400 à 600 m. d'altitude, le mont Piciavino au N. de la ville (qui forme le cap Santa Croce), le mont Pagliasso à l'O. Ces collines forment à peu près un arc de cercle ouvert du côté du Midi, circonscrivant une plaine où se trouve la ville. Elles sont couvertes d'oliviers, et plus haut de pins. Le fait qu'Alassio est ainsi adossé à des collines a pour conséquence que la plupart des chemins sont plus ou moins en pente, parfois même fort inclinés. Cependant, il existe une promenade le long de la mer. Belle plage de sable, excellents bains de mer. Alassio est encore une station modeste et tranquille, fréquentée surtout par des Anglais.

Climat. — La protection contre les vents est bonne du côté de l'O., du N.-O. et du N., mais le vent de N.-E. se fait sentir, spécialement dans la région immédiatement voisine du littoral. La température est douce, réserve faite des jours où règne ce vent du N.-E. D'après Foster, la température des trois mois d'hiver est de 9°.

	Nov.	Déc.	Janv.	Fév.	Mars	Avril.
Temp. moyenne.	12.5	9.8	8.6	9.0	11.3	13.6
Jours avec pluie.	8.6	5.6	4.3	4.8	6.6	10.8

Six hivers ont présenté 14 jours de brouillard. D'après Schneer, on compte pour les sept mois ci-dessus, 111 jours clairs, 51 à demi couverts, 43 couverts et 29 de pluie. En somme, le climat est sec, tempéré, et possède beaucoup de soleil, peu de brouillard et peu de pluie.

Indications. — A celles du Midi en général,

(page 45), il faut ajouter qu'Alassio a un caractère tonique qui convient aux sujets à la circulation faible et alanguie. Certains rhumatisants se trouvent bien de son climat.

CONTRE-INDICATIONS. — Hystérie, mélancolie, insomnie. Le climat aggrave plutôt les affections à forme excitable (Foster).

Alger (Algérie, province d'Alger).
Station d'hiver.

ITINÉRAIRE. — De Marseille en 26-27 h. de bateau à vapeur. — ALTITUDE : de 0 à 150 m. — SAISON : De novembre à fin avril.

DESC. — Ville située sur la baie de même nom, sur la côte septentrionale de l'Algérie, par 36°47' de latitude N., c'est-à-dire à peu près la même que celle de Malaga et de l'extrémité S. de la Sicile ; 50 000 hab. Alger est bâtie sur une pente sur laquelle les maisons s'étagent pittoresquement ; au bord de la mer, la ville a une étendue de près de 2 kilomètres ; et plus elle s'élève, plus elle diminue de largeur jusqu'au fort de la Casbah (150 m. au-dessus de la mer), de façon qu'elle a la forme d'un triangle dont la base s'étend sur la plage. Le quartier européen est voisin de la mer, le quartier arabe occupe la partie supérieure de la ville. Au S. s'élèvent des collines boisées, ramifications de l'Atlas. Alger est ouvert du côté du N. sur la mer Méditerranée, à l'O. et au S. se trouve l'Atlas, à l'E. la plaine de la Mitidja, les collines de Sahel et le cap Matifou, et au delà, les sommets neigeux du Djurjura. La vue est fort belle depuis la région élevée au-dessus de la ville. La baie d'Alger a une forme circulaire ; elle est largement ouverte au N. entre la pointe Pescade à l'O., et le cap Matifou à l'E. La ville fait face au N.-E. ; au N. elle se termine par le faubourg Saint-Eugène, au S. par le faubourg de Mustapha, étagé

comme la ville sur des pentes et regardant la mer
et le N.-E. Mustapha Supérieur constitue le quartier
le plus fréquenté par les étrangers ; il se trouve à
l'abri de la poussière soulevée parfois par le sirocco.
Il a un inconvénient, c'est qu'en hiver le soleil s'y
couche de bonne heure. De nombreuses villas sont
d'ailleurs éparses sur les collines autour de la ville.

Le terrain autour d'Alger est sablonneux et poreux ;
la végétation est belle et puissante. Intéressantes
promenades soit en ville, soit dans les environs, où
l'on arrive facilement par de nombreuses lignes de
tramways.

CLIMAT. — Alger a un air fréquemment agité par les
vents. La ville et Mustapha sont battus directement
par le vent d'E., l'abri montagneux du Djurjura étant
fort éloigné ; les vents du N. et du N.-E. les prennent
de profil. Le sirocco arrive par la plaine de la Mitidja,
amenant avec lui la poussière du désert, mais il souffle
rarement en hiver (surtout au printemps et en automne). Le vent d'O. se fait sentir aussi et même fortement. Mais c'est le vent de mer qui domine, surtout
le vent du N.-O., qui est moins froid et moins sec que
sur les côtes de la Provence, modifié qu'il est par son
passage sur la mer. Éléments du climat d'hiver
(Reimer) :

	Oct.	Nov.	Déc.	Janv.	Fév.	Mars.	Avril.
Temp. moyenne..	22.2	17.9	14.8	13.0	14.1	15.2	17.5
Jours avec pluie..	5.8	8.7	8.0	7.4	5.7	5.1	3.5

D'après Angot, les moyennes mensuelles de la température seraient beaucoup moins élevées (pour les
années 1860-1879), soit pour ces mêmes mois : 15.8,
12.6, 12.1, 12.6, 13.9. Les éléments du climat ne semblent pas encore fixés avec une exactitude définitive.
D'une façon générale, la température est douce, spécialement le soir et la nuit. Mais il se produit des variations
de la température subites et très étendues au milieu de

la journée, avec oscillations importantes du baromètre. Pour l'humidité de l'air, Bennett considère Alger comme presque aussi humide et sédatif que Madère. Mitchell le classe parmi les climats secs et fortifiants, Yeo le place entre Madère et la Riviera. Les jours de pluie sont peu nombreux, la pluie tombe à torrents quand elle survient. Le brouillard est rare et la neige encore plus (une fois en sept ans).

On range le climat d'Alger entre celui du Caire et celui de Madère ; s'il s'en rapproche par la température, il ne possède ni l'extrême sécheresse du premier, ni l'égalité presque uniforme du second. D'ailleurs les opinions varient beaucoup à son sujet : pour Jaccoud, l'uniformité de la température de Mustapha est très grande, l'oscillation diurne du thermomètre ne dépassant pas en hiver 4.5°, l'oscillation mensuelle 1.9°; pour Daremberg, au contraire, il n'y a pas de station hivernale où les changements de la température, de la pression atmosphérique et de l'état hygrométrique soient aussi fréquents et aussi brusques qu'à Alger.

Indications. — Les malades qui doivent rechercher le climat d'Alger sont ceux qui n'ont pas à craindre l'action d'un air agité par le vent. Bronchites chroniques, scrofule torpide, chlorose, anémie. Asthme. Maladie de Bright. Pour la phtisie pulmonaire les avis diffèrent comme pour le climat : Jaccoud recommande Alger dans la phtisie pneumonique, pour laquelle il le place à côté de Madère, et dans la phtisie à forme éréthique (degrés moyen et faible d'éréthisme). Lindsay, en revanche, conseille Alger spécialement aux phtisiques à tempérament lymphatique, à fibres musculaires molles et sans irritabilité nerveuse.

Contre-indications. — Sujets excitables, très sensibles aux variations de température, rhumatisants, ayant de la fièvre, souffrant de dyspepsie, d'affections du foie ou des reins.

Amélie-les-Bains (France, Pyrénées-Orientales).
Station d'hiver.

ITINÉRAIRE. — A 10 kil. de Céret, station terminus d'une ligne venant de Perpignan. — ALTITUDE : 220 m. — SAISON : Automne et hiver.

DESC. — Village au S. du département, par 42° 28' de latitude N., sur un affluent du Tech, dans une vallée dirigée du S.-O. au N.-E., entourée de montagnes, les plus élevées au S. Le Canigou (2850 m.) s'élève à une certaine distance au N.-O. Les hautes montagnes du S. diminuent l'insolation de la station.

CLIMAT (Labat). — Cette vallée possède un climat doux, la moyenne hivernale atteint 7 à 8°, 1 à 2° seulement au-dessous de la température de Nice et de Cannes. Hayem indique 9.55° pour moyenne de novembre à mars. Le vent du N.-O. est beaucoup moins violent que dans la plaine, mais il pénètre quand même jusque dans la vallée. Les journées sont belles et chaudes, bien ensoleillées, le ciel est souvent clair ; le rayonnement du soir se fait assez fortement sentir. Les pluies sont moins fréquentes que dans la région S.-O. de la France, sans atteindre la rareté qu'elles ont dans le littoral de la Provence. Cependant le printemps amène souvent des pluies abondantes et des vents violents (Daremberg).

INDICATIONS. — Amélie est surtout utilisée en été pour ses eaux thermales (Voir De La Harpe, *Formulaire des Eaux minérales*). Vu sa faible altitude, c'est un climat sédatif et doux ; on l'utilisera surtout en octobre et novembre, parce qu'en hiver, le soleil se couchant de bonne heure, la journée médicale est forcément courte.

Andermatt (Suisse, canton d'Uri).
Station d'altitude.

ITINÉRAIRE. — Stat. de ch. de fer de Goeschenen, sur la ligne du Gothard. De là en voiture, 1 h. 10. — ALTITUDE : 1444 m. — SAISON : Été et hiver.

Desc. — Village situé dans la haute vallée d'Urseren, au cœur de la Suisse, au S. du lac des Quatre-Cantons, à 1,5 kilom. du point où la Reuss quitte la vallée par son extrémité orientale. La vallée est courte, elliptique, entourée de toutes parts de montagnes qui la dominent de 1000 à 1500 mètres, ce qui la fait ressembler à une vaste cuvette. Elle n'a presque pas d'arbres ; une seule forêt de quelque importance se trouve au-dessus du village d'Andermatt, qu'elle protège contre les avalanches. Il existe un Kurhaus avec les installations nécessaires pour l'hivernage. La route de Coire par l'Oberalp, qui s'élève en zigzags derrière le Kurhaus, peut servir aux malades de promenoir bien exposé. Andermatt à le grand avantage de ne pas présenter l'encombrement de Davos.

Climat. — Pression barométrique 640. Température moyenne de l'année (10 ans d'observations) 2.9° ; des six mois d'hiver :

	Oct.	Nov.	Déc.	Janv.	Fév.	Mars.
Temp. moy....	2.9	—1.5	—5.5	—6.3	—4.0	—1.9
Hum. rel. à 1 h.	60	59	59	52	45	51

Le calme de l'air est noté dans 70 p. 100 des observations ; les vents les plus fréquents sont ceux du S.-O. et de l'O., puis ceux du N., N.-O. et N.-E. Le fœhn se fait sentir, parfois avec une grande violence, au printemps. Le ciel est clair pendant 57 jours, pendant ces six mois, soit un jour clair sur trois. Le brouillard est rare, deux jours par mois (de novembre à mars). Il y a une plus forte quantité de pluie et de neige qu'à Davos, 126 jours de chute d'eau par an et 1256 millimètres. En revanche, le nombre des jours de pluie (neige) est le même pour les deux stations, de novembre à mars, 49.

En résumé, air sec, tranquille dans les trois quarts des observations, et pour le resté agité surtout par les vents d'O. ; un jour clair en hiver sur trois ;

beaucoup de neige; température basse; fœhn au printemps. La meilleure période de l'hiver est celle de janvier à mars.

Indications. — Voir *Davos*. Andermatt souffre de la fréquence du fœhn au printemps. A cette période de l'année, les malades devront gagner une autre station. Andermatt est si proche de la grande ligne du Gothard que ce changement est très facile ; en peu d'heures, on se trouve à Lugano, Locarno, ou encore à Gersau.

Antibes (France, Alpes-Maritimes).
Station d'hiver.

Itinéraire. — Stat. de ch. de fer, ligne de Marseille à Vintimille.

Desc. — Ville de 7500 hab., à 11 kilom., à l'E. de Cannes, sur le littoral oriental de la presqu'île d'Antibes ou de la Garoupe. A l'extrémité S. de ce promontoire se trouve l'hôtel du Cap d'Antibes, avec quelques villas (un service d'omnibus le relie à la gare d'Antibes). Belle situation en vue des îles de Lérins et du golfe Jouan qui se creuse vers le N., pour se terminer à l'O. par le cap de la Croisette.

Arcachon (France, Gironde).
Station d'hiver et d'été.

Itinéraire. — Stat. de ch. de fer, ligne de Bordeaux à Dax, embranchement de Lamothe. — Altitude : 20 m. (ville d'hiver). — Saison : Toute l'année.

Desc. — Ville de 8000 hab., au fond du golfe de Gascogne, par 44° 40' de latitude N., sur la rive méridionale du bassin de même nom. Ce rivage est bordé d'une ligne de dunes parallèle à la mer, courant de l'O. à l'E. Une autre ligne de dunes très importantes et très hautes s'étend parallèlement au rivage de l'Océan, c'est-à-dire du N. au S. La ville d'été est bâtie au bord du bassin, entre celui-ci et ses dunes ; la ville d'hiver se trouve sur le versant méridional des dunes du bassin, et sur le versant oriental de celles de l'Océan. Ces versants sont couverts d'une vaste forêt de pins. Près de 200 villas sont éparses dans ces arbres, dans une excellente position, à la fois abritées contre les vents et bien ensoleillées. Il existe des villas dans différentes expositions, les unes dans le fond, très abritées, les autres plus près de la crête de la dune, plus exposées aux vents de mer.

CLIMAT (Lalesque). — Température moyenne de l'année 13.1°, des mois d'hiver :

Oct.	Nov.	Déc.	Janv.	Fév.	Mars.
13.7	10.3	7.6	7.	9.4	11.2

La température a peu d'oscillation, les écarts thermométriques dans une même journée sont minimes et rarement brusques. Cette constance uniforme de la température est très remarquable. L'air est très humide, 90 d'humidité relative moyenne. Jours de pluie dans l'année 86, principalement en automne. L'eau des pluies est absorbée par le sol de la ville d'hiver, qui est composé de sable fin jusqu'à une profondeur de 50 mètres au-dessous du niveau de la mer (Lalesque). Il neige tous les quatre ans. Jours de brouillard 26, dont 10 en hiver, en général des brouillards du matin. Les vents du S. et de l'E. sont rares. Le vent du N. est froid, mais il est moins senti dans la ville d'hiver que dans celle d'été, grâce à l'abri que lui donnent les dunes. Les vents dominants sont ceux d'O., ils sont tièdes et humides, et soufflent en tempête à certaines époques de l'année. Ils sont d'ailleurs amortis aussi par les dunes et la forêt de la ville d'hiver. Pression barométrique en moyenne 760.5.

En résumé, climat maritime, océanien, caractérisé par la douceur de la température, son uniformité, l'humidité de l'air, mais où l'agitation de l'air est diminuée par un abri local. Grâce à son sol sablonneux, la forêt de pins ne donne point à l'air des propriétés humides et froides ; ses arbres répandent des émanations résineuses utiles aux malades.

INDICATIONS (Lalesque). — Climat à caractère sédatif. Tuberculose à forme éréthique, fébrile, congestive. Bronchite chronique, emphysème, coqueluche ; reliquats de pneumonie et de pleurésie. Affections nerveuses, surmenage intellectuel, névralgies. Convalescence, débilité. Pour nombre de tuberculeux, Arcachon peut être une résidence fixe d'hiver et d'été, cette dernière saison n'étant pas trop chaude. Cependant, Arcachon est surtout en cette saison un bain de mer (Voir De La Harpe, *Formulaire des eaux minérales*).

Arco (Autriche, Tyrol méridional).
Station d'hiver.

ITINÉRAIRE. — Stat. de ch. de fer, ligne Mori-Riva ; Mori est stat. du ch. de fer du Brenner. — ALTITUDE : 91 m. — SAISON : 15 septembre à la fin de mai.

DESC. — Au N. du lac de Garde se trouve une plaine fertile arrosée par la Sarca, rivière qui débouche au N. par une étroite vallée et coule directement au S. pour se jeter dans le lac à l'ouest de Riva. Arco (3000 hab.) se trouve dans la partie N. de cette plaine, par 45°52' de latitude N. La ville est adossée aux parois méridionales de la colline du Château, de 120 mètres de hauteur, qui lui assure le calme de l'air et la chaleur. La plaine a environ 5 kilomètres de longueur du lac de Garde à Arco, et autant de largeur. A l'E., à l'O. et au N., elle est entourée de montagnes de 1500 à 2000 mètres d'altitude qui brisent les vents. Vers le S., la plaine est ouverte ; cependant il existe près du lac une colline, le Monte Brione (364 m.), qui divise les vents du S. et les rejette sur les flancs de la vallée. Si les montagnes assurent le calme de l'air, elles sont d'autre part assez éloignées les unes des autres, de l'O. à l'E., pour permettre une bonne insolation (au minimum de 9 à 4 h.). De toutes façons, Arco est placé de manière à posséder le minimum de vent et le maximum de soleil; les parois de la colline à laquelle il est adossé lui donnent en outre beaucoup de chaleur réfléchie.

La ville est divisée en vieille ville, la plus rapprochée de la colline, et en nouvelle ville, s'étendant au S. de l'ancienne et du côté de l'O., toujours à l'abri de cette colline. De ce côté aussi se trouvent des chemins qui servent de promenoir aux malades. Cures de raisin, de petit-lait. Traitement des affections cardiaques et de l'obésité par la méthode d'Oertel, sur les pentes voisines de la ville.

Climat. — Température d'hiver élevée relativement à la latitude, ce qui est dû au voisinage du lac et à l'abri des montagnes. Éléments du climat d'hiver (Reimer) :

	Oct.	Nov.	Déc.	Janv.	Fév.	Mars.
Temp. moyenne..	14.0	7.8	3.9	2.2	5.0	8.1
Hum. rel. moy...	—	77	67	72	73	72
Jours avec pluie..	8.7	7.2	5.9	5.5	4.6	9.1

Pression barométrique 754. L'humidité relative est faible, et le climat semble tenir le milieu entre un type humide et un type très sec. La neige tombe deux ou trois fois dans l'hiver, et ne reste pas sur la terre.

Les vents sont arrêtés par les montagnes et assurent en hiver à Arco un calme réel et très remarquable. Il n'y a guère que deux vents qui puissent avoir accès, celui du N. (*sover*), sortant de la vallée de la Sarca, celui du S. (*ora*), venant du lac de Garde. Le premier est arrêté par la colline du Château; le second se fait en revanche sentir, mais en été, du mois de mars à celui de septembre, quand la vallée se réchauffe fortement aux rayons du soleil. Il souffle régulièrement chaque jour à la même heure (10-3 h.).

En résumé, Arco possède en hiver un climat doux, un air calme, sec, peu de pluie et une bonne insolation, ce qui permet une longue cure d'air en hiver.

INDICATIONS. — Affections catarrhales du nez, du pharynx, du larynx ; bronchite chronique, emphysème ; reliquats d'inflammation pulmonaires ou pleurétiques. Tuberculose pulmonaire. Neurasthénie, hystérie. Affections cardiaques et vasculaires, faiblesse cardiaque, affections valvulaires, dégénérescence du muscle, artério-sclérose.

Arosa (Suisse, canton des Grisons).
Station d'altitude.

ITINÉRAIRE. — Stat. de ch. de fer de Coire, terminus d'un railway venant de Zurich. De là, 6 h. en diligence. — ALTITUDE : 1700 à 1892 m. — SAISON : Toute l'année.

DESC. — Arosa est situé dans la partie supérieure de la vallée de la Plessur, torrent qui se jette dans le Rhin à Coire. Cette vallée se dirige en ce point du N.-E. au S.-O., parallèlement à la vallée de Davos, dont elle est séparée par une chaîne de montagne (qui forme le versant E. de la vallée de la Plessur et le versant O. de celle de Davos). Dans sa région la plus haute, la vallée de la Plessur est divisée en deux par une arête montagneuse, le Schafrücken (2378 m.), qui s'avance du S. au N. comme un éperon. Arosa se trouve à l'ouest de ce dernier, dans une vallée arrondie, dont la forme générale est celle d'un demi-entonnoir elliptique ouvert au N.-E. Elle est fermée de tous côtés par de hautes montagnes, sauf dans cette direction. Un renflement du versant O. de la vallée, le Tschuggen, offre sur son flanc S. le maximum d'abri contre le vent et le maximum d'insolation. La partie inférieure de cette vaste cuvette est couverte de belles forêts de sapins, et ornée de deux petits lacs. La région supérieure est dépourvue d'arbres ; elle a en hiver beaucoup de soleil, mais en revanche plus de vent que la région inférieure, qui doit aux forêts un air plus calme. Le terrain est en général très incliné, les chemins ont de fortes pentes; il en est un ou deux à peu près horizontaux.

Arosa est utilisé depuis longtemps comme station d'été, et comme station d'hiver, depuis une dizaine d'années. Le Dr Herwig y a créé un petit sanatorium à 1856 mètres d'altitude, sur le flanc du Tschuggen, à proximité de la forêt. La maison est dans une bonne exposition, avec beaucoup de soleil. Une terrasse couverte, du côté du Midi, est disposée pour la cure d'air. Le traitement est conduit d'une façon analogue à celui des sanatoriums de Goerbersdorf, Falkenstein, Davos (Voir ces noms).

CLIMAT. —. L'altitude élevée de cette station, plus considérable encore que celle de l'Engadine, fait comprendre que le climat d'été y est plus rude que doux; les variations de la température y sont rapides et fortes, et au bout de peu de temps, la pluie s'y change en neige. Pression moyenne, 610 millimètres. Air très sec. Les forêts de sapins, les lacs font d'Arosa un très agréable séjour d'été, bien que la vue soit limitée par des sommités rocheuses sans grand charme. L'air est d'une pureté incomparable, la poussière réduite au minimum possible, grâce aux forêts de sapins et aux prairies.

Un grand avantage d'Arosa, c'est sa proximité de Coire. Il faut, pour arriver à cette forte altitude, la moitié du temps qu'exige le voyage de Coire en Engadine.

CLIMAT D'HIVER. — En cette saison, Arosa n'est pas aussi froid qu'on le croirait *à priori* d'après son altitude.

La température moyenne y est plus élevée, les oscillations du thermomètre sont moins considérables qu'à Davos, situé à 300 mètres plus bas, ce qui tient à ce qu'Arosa est sur la pente, tandis que Davos est au fond d'une vallée (Egger). Éléments du climat d'hiver (1889 à 1891) :

	Oct.	Nov.	Déc.	Janv.	Fév.	Mars.
Temp. moyenne	3.0 —	4.5 —	5.3 —	6.1 —	.5.5 —	3.1
Hum. rel. moyenne	65	63	58	65	57	67
Jours avec pluie ou neige.	12	12	7	12	3	15

La nébulosité est faible (3.2 pour les mois de décembre, janvier et février), il y a un grand nombre de jours clairs et d'heures de soleil. Total des heures du soleil : oct. 160, nov. 102.4, déc. 132.6, janv. 115.4, fév. 206, mars 140.3. Ce sont là de bonnes conditions pour une station hivernale d'altitude. Quant aux vents, la vallée est protégée par les sommités environnantes. Cependant, l'air paraît être plus agité à Arosa que dans d'autres stations analogues, notamment par des vents venant de l'O. et du N.-O. Il existe un vent régulier, qui descend chaque jour de beau temps des montagnes à l'O. d'Arosa. Les brouillards sont rares. La neige reste longtemps sur la terre, ce qui est une conséquence de la haute altitude.

En résumé, Arosa satisfait aux desiderata d'une station d'hiver. L'air y est très vif, plus excitant encore que celui de Davos, et peut être comparé à celui de l'Engadine. Le seul inconvénient grave, c'est la déclivité du terrain qui rend la promenade difficile ou impossible pour certains malades. Point important à noter : les habitations et hôtels ne sont pas encore agglomérés, mais sont disséminés, échelonnés sur les pentes de la vallée, ce qui assure à l'air son maximum de pureté. Mais aussi, on ne rencontre pas en cette station les distractions et la vie de société d'endroits plus peuplés. C'est assurément un bien pour les malades qui cherchent sérieusement leur guérison.

INDICATIONS. — Voir *Davos*. Egger recommande Arosa dans la neurasthénie, l'insomnie nerveuse. Il convient aussi aux jeunes gens menacés par la tuberculose ou au début de cette maladie. Il faut bien noter que l'altitude de cette station est considérable, égale ou supérieure même à celle de l'Engadine, et que son air très excitant peut ne pas convenir à des sujets trop faibles, trop anémiques, ou encore à tempérament éréthique.

Aussée (Autriche, Styrie).
Station d'été.

ITINÉRAIRE. — Station de ch. de fer, ligne d'Attnang-Ischl-Steinach. — ALTITUDE : 650 m. — SAISON : 15 mai au 1er octobre.

DESC. — Bourg situé dans une vallée traversée par la rivière la Traun, qui reçoit en ce point plusieurs affluents. De hautes montagnes, dont les flancs sont couverts de forêts de sapins, donnent à la station une protection efficace contre les vents. Les maisons et hôtels sont disséminés dans la verdure, sur un terrain accidenté et boisé.

CLIMAT. — Doux et humide. Température moyenne de l'été : 15.2°, avec une faible oscillation journalière. Température des mois d'été :

Mai.	Juin.	Juillet.	Août.	Sept.	Oct.
10.2	14.7	16.0	15.0	12.4	7.4

Les vents dominants sont ceux du S. et du S.-O., ceux du N. et de l'E. sont brisés par les montagnes. Mais en général, l'air est très calme. Air très pur, sans poussière. Pluies d'été fréquentes. Humidité de l'air assez élevée, en moyenne 77-81.

INDICATIONS. — Climat doux et sédatif, convenant dans les affections pulmonaires ou nerveuses ayant un caractère d'irritation. Aussée possède en outre une eau chlorurée sodique forte, utilisée en bains, etc.

Avants (Les) (Suisse, canton de Vaud).
Station d'été et d'hiver.

ITINÉRAIRE. — Stat. de ch. de fer de Montreux, ligne de Lausanne à Brigue. De là, 3 h. en voiture, par une excellente route. — ALTITUDE : 985 m. — SAISON : Toute l'année.

Desc. — Petit hameau situé dans la partie supérieure de la vallée du torrent la Baie de Montreux, à 3 kilomètres seulement en ligne droite du pont de Montreux-Planches, mais aussi à 636 mètres plus haut. La pente des montagnes est donc très raide. Grand hôtel bien organisé, aussi bien pour la cure d'été que pour celle d'hiver.

Les Avants sont protégés du côté du N.-E. par des montagnes, la Dent de Jaman et les Verreaux ; du côté de l'O., par le mont Cubli, dont des pentes boisées arrêtent les vents du S.-O. d'une manière efficace. La vallée est ouverte au S. et au S.-E. Il existe des forêts de sapins à proximité. Vue splendide. En hiver, l'insolation est considérable. En cette saison, il n'est pas rare que la station soit en plein soleil, au-dessus des nuages qui cachent sa lumière aux habitants de la plaine.

Climat. — Beaucoup de soleil, température douce, peu de vents, air très sec. Le climat d'hiver est spécialement intéressant ; en voici les éléments (Buhrer) :

	Oct.	Nov.	Déc.	Janv.	Fév.	Mars.
Temp. moyenne............	6.3	2.4	— 1.6	— 2.9	— 2.1	0.0
Hum. rel. moyenne.......	58	67	59	54	55	51
Jours avec pluie ou neige.	13	12	6	6	0	12

Le baromètre est en moyenne à 678 millimètres. On compte en hiver 75 jours clairs, 25 couverts, 57 avec pluie ou neige. Le calme de l'air est noté dans le 92 p. 100 des observations. Quand il y a du vent, il souffle le plus souvent du N. ou du N.-E. ; les vents du S.-O. et du S.-E. sont rares. Moyenne journalière des heures du soleil : oct. 3 h. 20 min., nov. 3.05, déc. 3.40, janv. 3.20, fév. 2.20, mars 3.30.

La sécheresse considérable de l'air des Avants en hiver, telle qu'elle ressort des moyennes ci-dessus, est un fait intéressant ; d'après d'autres évaluations, elle serait en hiver de 58 à 7 heures du matin, 57 à 1 heure,

·et 60 à 9 heures du soir. Ce sont des chiffres exceptionnellement bas pour une altitude faible en somme. En les comparant avec ceux de Montreux, on voit qu'il suffit d'un faible changement de niveau à la montagne pour produire une grande différence hygrométrique. La cause de cette sécheresse doit être cherchée dans l'absence d'un torrent et dans l'abri excellent que possède la station contre le vent humide du S.-O.

INDICATIONS. — Ce climat sec, avec beaucoup de soleil et un air calme, est très favorable à la cure d'hiver, bien que Les Avants n'aient cependant pas assez d'altitude pour échapper complètement aux changements de température de la région du lac Léman. Ils n'ont plus le caractère sédatif de Montreux, qui se trouve à une si faible distance, sans posséder encore le climat excitant de la haute montagne. C'est donc une station intermédiaire, qui convient dans nombre de cas où l'on veut fortifier sans exciter. Anémie, faiblesse, convalescence, prédisposition à la tuberculose; tuberculose chez des sujets qui doivent éviter les hautes altitudes; reliquats de pleurésie ou d'inflammations pulmonaires. Asthme.

Axenstein (Suisse, canton de Schwyz).
Station d'été.

ITINÉRAIRE. — A 5o min. en omnibus de Brunnen, stat. de ch. de fer, ligne du Gothard, et débarcadère des bateaux à vapeur du lac des Quatre-Cantons. — ALTITUDE : 630 m. — SAISON : Mai à octobre.

DESC. — Station d'altitude modérée, dans la zone des forêts. L'établissement, parfaitement installé, se trouve sur la rive droite du lac des Quatre-Cantons, à peu de distance du point où il s'infléchit vers le S. (lac d'Uri), au-dessus d'une paroi de rochers qui plonge abruptement dans le lac. Tout autour de l'hôtel s'étend un vaste parc, limité par de grandes forêts de sapins où l'on trouve de nombreux sentiers pour la promenade. La vue est splendide. La tranquillité de cette région est complète ; elle se trouve au-dessus de la route du Gothard, qui est en ce point taillée dans le roc.

CLIMAT. — Doux (moyenne de l'été, 22°) ; la protection contre les vents du N. et du N.-E. est bonne ; en revanche, la station est exposée à ceux du S. et du S.-E. qui, sous le nom de fœhn, sont fréquents dans cette région, au printemps surtout. Ces courants d'air chaud donnent aux rives du lac des Quatre-Cantons une végétation superbe (châtaigniers), que ne comporterait guère sa latitude. Le voisinage des forêts assure à Axenstein un air d'une grande pureté et offre en été un asile contre la chaleur du jour.

INDICATIONS. — Climat sédatif, empruntant au voisinage des forêts et des montagnes des qualités fortifiantes. Affections nerveuses, surmenage physique et intellectuel, mélancolie ; anémie, faiblesse, dyspepsie.

Badenweiler (Allemagne, grand-duché de Bade).
Sanatorium.

ITINÉRAIRE. — A une heure en voiture de Müllheim, stat. de ch. de fer, ligne de Bâle-Heidelberg (à 43 kil. au nord de Bâle). — ALTITUDE : 548 m. — SAISON : Toute l'année.

DESC. — Village situé à l'extrémité S. de la Forêt-Noire, sur le versant N. du mont Blauen, contrefort de la montagne qui s'avance du côté de l'O. La vallée, dirigée de l'E. à l'O., est à l'abri des vents froids du N. et du N.-E. ; elle jouit aussi d'une absence totale de vents locaux.

CLIMAT. — C'est un type de climat de faible altitude, extrêmement favorable pour les malades. Air très pur, sans poussière, moyennement humide ; température égale avec faible oscillation thermométrique ; le soir et la nuit sont assez doux pour que les malades n'aient pas à redouter de sortir après le coucher du soleil. Les forêts de sapins, qui sont voisines, brisent les vents. Température moyenne de mai à septembre 16.1°. L'hiver est court et doux, le printemps commence de bonne heure ; généralement à la fin de février, il y a des journées chaudes (Moeller).

INDICATIONS. — Le sanatorium du Dr Leiser est destiné surtout aux tuberculeux. Installations rationnelles, terrasse pour la cure d'air. Le climat convient aux enfants faibles, aux femmes anémiques, aux bronchites chroniques avec sécrétion abondante, aux reliquats de pneumonies et de pleurésies.

Beaulieu (France, Alpes-Maritimes).
Station d'hiver.

ITINÉRAIRE. — Stat. de ch. de fer, ligne de Marseille à Vintimille. — ALTITUDE : au bord de la mer.

DESC. — A 6 kilomètres à l'E. de Nice, sur la côte orientale d'une presqu'île très étroite et curieusement découpée, qui ferme la rade de Villefranche du côté de l'E. Beaulieu est situé sur un large promontoire planté d'oliviers, regardant le S.-E., limité par deux baies, l'une au S., l'autre au N. Bains de mer.

CLIMAT. — Localité très abritée contre les vents, et ayant peu de poussière, chose précieuse sur le littoral méditerranéen. En suivant la côte vers le N.-E., on arrive à un endroit appelé la Petite-Afrique, tant la température des rochers, chauffés par le soleil, est élevée.

Beckenried (Suisse, canton d'Unterwald).
Station d'été et d'automne.

ITINÉRAIRE. — En bateau à vapeur depuis Lucerne ou Fluelen. — ALTITUDE : 440 m. — SAISON : Juin à octobre.

DESC. — Village heureusement placé sur la rive gauche ou méridionale du lac des Quatre-Cantons, à peu près au milieu de la section centrale de ce lac qui s'étend de l'O. à l'E. jusqu'à Brunnen. Le village est situé sur des pentes douces, exposé au N., entouré de beaux noyers et de vertes prairies.

CLIMAT. — Doux, pas aussi chaud que celui de la rive opposée, ce qui tient à l'absence de hautes montagnes, à l'exposition toute différente (au N.), au vent du N.-E., qui rafraîchit la température. Les vents provenant des autres directions sont arrêtés par les montagnes voisines.

Belalp (Suisse, canton du Valais).
Station d'altitude.

ITINÉRAIRE. — Station-terminus de Brigue, ligne de ch. de fer venant de Lausanne. De là, 4 h. 1/2, à pied ou à cheval. — ALTITUDE : 2137 m. — SAISON : Juin à septembre.

DESC. — Hôtels placés au milieu d'une nature alpestre grandiose, à 500 mètres au-dessus du glacier d'Aletsch. Excursions et promenades nombreuses. Dans la direction du S.-O. notamment, du côté du village de Belalp, le sol est peu en pente et offre la possibilité de promenades faciles pour les sujets faibles.

CLIMAT. — A cette altitude, il est variable, même au cœur de l'été, et l'on peut s'attendre à des changements de température rapides et considérables. Belalp est cependant situé dans la zone de sécheresse du Valais qui arrive jusqu'à Brigue.

INDICATIONS. — Séjour qui peut être conseillé à des sujets robustes, momentanément fatigués, aux surmenés de l'intelligence ne craignant pas le bruit du passage des touristes.

Bérisal (Suisse, canton du Valais).
Station d'altitude.

ITINÉRAIRE. — A 3 h. en diligence de la stat. de ch. de fer de

Brigue, terminus d'une ligne partant de Lausanne. — ALTITUDE :
1526 m. — SAISON : Juin à septembre.

DESC. — Village et simple résidence d'été sur la route
du Simplon, à mi-chemin entre Brigue et l'hospice.
Forêts à proximité du village.

CLIMAT. — Climat de montagne, atténué par le voisinage de la vallée du Rhône, qui est très chaude en
été. Bérisal rentre encore dans la zone de sécheresse
relative qui s'étend de Martigny à Brigue, et qui fait
du Valais le pays le plus sec de la Suisse.

Bex (Suisse, canton de Vaud).
Station de printemps, d'été et d'automne.

ITINÉRAIRE. — Stat. de ch. de fer, ligne de Lausanne à Brigue.
— ALTITUDE : 435 m. — SAISON : 1er avril au 1er novembre.

DESC. — Grand village de la vallée du Rhône, sur le
rive droite et à 2 kilomètres 1/2 de ce fleuve, au pied de
montagnes escarpées qui se dressent du côté de l'E.
Le village est traversé par l'Avançon, torrent aux
eaux vives, qui apporte avec lui la fraîcheur. Au N. du
village, le Montet, colline boisée haute de 200 mètres,
ferme la vallée; à l'O. se dressent les Alpes de la
Savoie. La vallée du Rhône s'ouvre largement au N.-O.
et au S. Il existe, il est vrai, au S. une barrière peu
élevée formée par les coteaux boisés de Chiètres. Le
sol est très fertile, couvert de prairies, de noyers, de
vergers et de nombreux châtaigniers. Les environs
sont pittoresques et offrent un grand nombre de promenades et d'excursions. Un inconvénient de Bex en
été, ce sont les moustiques.

La plupart des hôtels sont dans le village. Celui des
Salines, à 1 kilomètre 1/2 du village, est situé auprès de
l'Avançon, au point où la vallée de ce torrent débouche dans celle du Rhône, sur une terrasse regardant l'O., dans le voisinage immédiat de la montagne.

CLIMAT. — Fort doux, grâce à l'abri contre les vents que forment les montagnes. Seuls les vents du S.-O. du S. et du S.-E. (le fœhn, appelé *vaudaire* sur le lac Léman), se font sentir, ce dernier au printemps et en automne parfois avec une grande violence. Les vents froids du N. sont inconnus. Température moyenne des mois d'été :

Avril.	Mai.	Juin.	Juillet.	Août.	Sept.	Oct.
10.7	15.4	17.5	19.4	17.2	15.5	9.6

La chaleur est sensible au milieu du jour, surtout en juillet et août, mais le soir et le matin sont frais, grâce à l'air des montagnes qui descend sur la plaine. Humidité moyenne 79, clarté du ciel 5.8, brouillard fort rare. La pluie est notablement moins fréquente et moins abondante que sur les bords du lac Léman : dans l'année, 938 millimètres, répartis sur 108 jours avec chute d'eau.

Le caractère général du climat, c'est d'être modérément humide, sédatif, plus calmant qu'excitant, sans cependant manquer de qualités fortifiantes.

Si, avec ces éléments incontestablement favorables, Bex n'est pas devenu une station d'hiver, c'est à cause du peu d'insolation qu'il possède en cette saison, le soleil étant caché longtemps derrière les montagnes et se couchant de bonne heure. Mais le printemps, l'automne sont fort agréables, et dans les années favorables, le beau temps se prolonge fort avant dans les mois d'octobre et novembre.

INDICATIONS. — Lebert a fortement recommandé le séjour de Bex aux tuberculeux, aux prédisposés à la tuberculose. Le caractère sédatif du climat convient souvent à des sujets qui ont été excités en été par un séjour dans le climat d'altitude. Cure de raisin depuis le mois de septembre. (Pour les eaux chlorurées sodiques de Bex, voir De La Harpe, *Formulaire des Eaux minérales.*)

Biarritz (France, Basses-Pyrénées).
Station d'hiver et d'été.

ITINÉRAIRE. — Stat. de ch. de fer de la Négresse, ligne de Bayonne à St-Sébastien; de là, 20 min. en voiture. Il existe aussi depuis Bayonne un ch. de fer d'intérêt local et un tramway à vapeur sur la route nationale (8 kil.). — ALTITUDE : 40 m. — SAISON : Toute l'année.

DESC. — Petite ville de 9850 hab., située par 43°29′ de latitude N. au bord du golfe de Gascogne, sur un promontoire qui s'avance à l'ouest sur une côte d'ailleurs peu découpée, au S. de l'embouchure de l'Adour et à l'O. de Bayonne. L'extrémité du promontoire rocheux appelé Atalaye sépare les plages du N. (Grande-Plage) de celle du Port-Vieux (au N.-O.) et de la côte des Basques, au S. Une série d'îlots, de rochers bizarrement découpés entoure ce promontoire. Au N. de la Grande-Plage se trouve le cap Martin avec un phare. Entre la Grande-Plage et le rocher de l'Atalaye, des avenues s'élèvent graduellement depuis la mer jusqu'au plateau sur lequel se trouvent une série d'édifices, Casino, chapelle Sainte-Eugénie, hôtels, etc., dominant la mer. La ville s'étend en arrière, sur une largeur de 1200 mètres environ ; les maisons sont étagées sur une pente qui atteint 65 mètres d'altitude, de telle façon que l'on voit la mer de nombreuses maisons éloignées de la plage. Cette disposition a pour conséquence que les maisons de l'E. masquent le vent de ce côté à celles qui sont plus près de la mer, tandis qu'elles sont toutes plus ou moins exposées aux vents de l'O., venant du large.

CLIMAT. — Climat agréable, ciel pur ; en été, température modérée par les grands vents venant de la mer (moyenne 19.2°). Une période de tempêtes et de pluies coïncide avec l'équinoxe d'automne.

En hiver, la douceur de la température persiste; la neige est rare et ne tarde pas à fondre. Les vents d'O. et de S.-O. sont fréquents en cette saison; en février et en mars seulement, les vents de l'E. et du N.-E. se font sentir. Éléments du climat d'hiver (Elevy) :

	Oct	Nov.	Déc.	Janv.	Fév.	Mars.
Temp. moy....	15.3	10.2	7.9	7.5	8.4	9.9
Hum. rel. moy.	68	70	72	73	71	67

Il y a dans l'année 158 jours de pluie, dont 40 en hiver et 35 en automne.

INDICATIONS. — En résumé, climat sédatif et pourtant tonique (Burney Yeo), mais dont l'air est agité par les vents, trop agité pour certaines formes d'affections pulmonaires. On habite Biarritz toute l'année ; beaucoup de malades s'y sont créé une résidence fixe. En été de nombreuses familles espagnoles viennent s'y fixer. On y vient en cette saison pour les bains de mer (Voir De La Harpe, *Formulaire des Eaux minérales*). En hiver, la colonie anglaise s'accroît chaque année.

Principales indications (Elevy) : Valétudinaires, sujets affaiblis ; épuisement et irritabilité nerveux ; hypocondrie. Tuberculose dans la période d'accalmie consécutive aux poussées congestives. Scrofule, notamment chez les enfants atteints d'adénopathie bronchique et de granulations adénoïdes du pharynx. Diabète.

Bordighera (Italie, province de Porto Maurizio). *Station d'hiver.*

ITINÉRAIRE. — Stat. de ch. de fer, ligne de Vintimille à Gênes. — ALTITUDE : Du bord de la mer à 40 m. — SAISON : Novembre à avril.

DESC. — Petite ville de 3400 hab., à 40 kilom. à l'E. de Nice et 146 kilom. à l'O. de Gênes, par 43° 46' de latitude N. Première station italienne que l'on rencontre en quittant Vintimille et en se dirigeant vers l'E. La vieille ville s'étage pittoresquement sur une colline. Le quartier des étrangers s'étend à l'O. sur la plaine

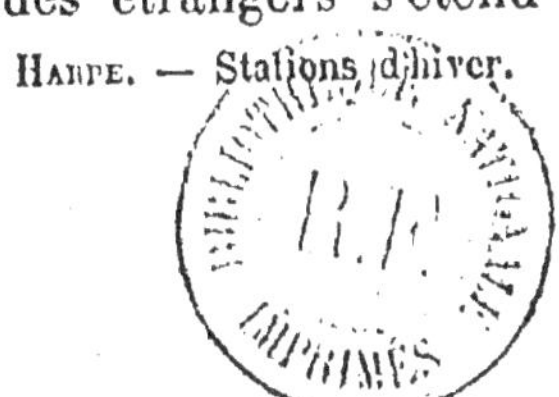

entre la mer et les collines, et en partie sur celles-ci.
Derrière ces collines s'élèvent de plus hautes sommités
appartenant au système des Alpes Liguriennes. Bordighera est placé entre deux ravins, sur un promontoire
arrondi, le cap Sant'Ampeglio; du côté de Menton,
la côte est droite et suit jusqu'à Vintimille une direction N.-O.-S.-E.; du côté de Gênes, elle s'arrondit au
contraire et se creuse vers le N. pour former un golfe
au fond duquel se trouve Ospedaletti. Tandis que du
côté de l'O. il existe entre mer et collines une plaine
d'un demi-kilomètre de largeur, du côté de l'E., les
pentes des montagnes viennent tomber plus ou moins
abruptement dans la mer.

Les hôtels et villas se trouvent dans la plaine, le
long de la route. Un nouveau quartier s'est établi sur
les premières pentes des collines, le long d'une voie
récemment élargie, la Strada Romana. Ce quartier,
plus éloigné de la mer, dans une position plus tranquille, est plus à l'abri du vent et de la poussière que
les autres régions et deviendra sans doute, peu à peu,
le quartier par excellence des malades.

Le sol de Bordighera est calcaire dans la région des
collines; la plaine est composée de sable laissé par la
mer.

Bordighera a une position saillante dans la mer,
contrairement à la plupart des stations du littoral, qui
sont situées dans des baies plus ou moins profondes.
L'aspect général de la station est très agréable. On peut
difficilement voir quelque chose de plus champêtre
que les maisons du quartier des étrangers, disséminées
au milieu des jardins, des oliviers, des eucalyptus.
Des bois d'oliviers couvrent les collines sur lesquelles
on peut faire de charmantes excursions. Les promenades horizontales ne manquent pas non plus. La végétation, sans avoir le brillant d'autres endroits de
la Riviera, est vigoureuse. Les collines plantées d'oliviers, plus haut les pentes couvertes de pins, s'échauf-

fent moins au soleil et donnent moins lieu au rayonnement nocturne que les rochers dénudés d'autres
stations. Du côté de l'E., dans le ravin du torrent
Sasso, croissent les célèbres palmiers qui ont fait la
réputation de Bordighera ; ils sont cantonnés dans un
espace limité où ils trouvent les éléments favorables
à leur développement normal, beaucoup d'eau et
beaucoup de chaleur.

Bordighera possède une eau potable de bonne qualité : il existe aussi une source d'eau sulfureuse.

CLIMAT. — Doux, d'une façon générale. La position
de Bordighera, dépourvue d'abris rapprochés du côté
de l'O. et du N.-O., le fait qu'elle est bâtie sur un
promontoire, lui donnent un air plus agité que celui
des autres stations de la rivière du Ponent. Les vents
de l'O. et du N.-O., le mistral, se font sentir, ce dernier principalement au mois de mars. En revanche, la
station est bien à l'abri des vents du N.-E. Dans la
partie supérieure, le long de la Strada Romana, la
protection contre les vents est la meilleure. Température moyenne (Christeller) :

Nov.	Déc.	Janv.	Fév.	Mars.	Avril.
12.9	8.3	8.9	9.4	9.6	14.8

Moyenne générale de l'hiver 10.6°. Minimum moyen
de 6 années — 1.5° (Hamilton). Baromètre en moyenne
763. Humidité moyenne pour les six mois d'hiver
64 à 68 ; la chute d'eau est de 443 millimètres, avec
45 jours de pluie par an (Semeria) ; la neige est très
exceptionnelle. On compte, d'après Hamilton, sur les
six mois d'hiver, 81 jours entièrement clairs, 25 jours
entièrement couverts ; les jours de vent violent sont
au nombre de 24, de vent moyennement fort 23, de
vent faible 49, de calme complet 87. L'insolation est
prolongée à Bordighera, car il n'y a pas de montagne
à l'O. qui hâte le coucher du soleil.

En résumé, si le climat est doux, il a un caractère

moins sédatif, moins amollissant que d'autres stations de la même région.

Indications (Christeller). — Les affections qui conviennent à Bordighera sont celles qui n'ont pas un caractère actif, éréthique. Catarrhe chronique du larynx avec toux grasse et sécrétion abondante ; bronchite chronique. Pneumonie chronique. Tuberculose pulmonaire lente. Disposition à cette affection. Reliquats d'exsudats pleurétiques. Rhumatisme et goutte chroniques. Affections chroniques des reins et de la vessie. Anémie, chlorose, scrofule, convalescence.

Contre-indications. — Caractère fébrile et excitable de certaines affections, notamment de la phtisie pulmonaire. Disposition à l'hémoptysie. Affections cardiaques graves. Affections nerveuses ayant pour caractère une excitabilité anormale du système nerveux ; hystérie, neurasthénie ; insomnie. Asthme nerveux.

Bormio (Italie, province de la Valteline).
Station d'altitude.

Itinéraire. — A 44 kil. de Tirano (6 h. en diligence). On arrive à Tirano depuis Colico, sur le lac de Côme (en ch. de fer jusqu'à Sondrio et en diligence depuis ce point (27 kil.). — Altitude : 1535 m. (Anciens Bains), et 1340 m. (Nouveaux Bains). — Saison : Juin à septembre.

Desc. — Bien que Bormio soit avant tout une station thermale (Voir De La Harpe, *Formulaire des Eaux minérales*), c'est aussi une station d'altitude intéressante, parce qu'elle se trouve sur le versant S. des Alpes, dans un air et un climat bien différents de la plupart des stations de montagne du côté N. Les Nouveaux Bains, surtout, sont placés dans une situation fort agréable, dans la vallée de l'Adda, sur les dernières pentes S.-O. du massif de l'Ortler, à peu de distance du point où l'Adda reçoit un affluent venant de l'E., par le Val

Furva (où se trouve *Santa Caterina*, petite station d'altitude et d'eaux minérales, 1737 m.).

Climat. — A proximité immédiate d'un massif important de hautes montagnes couronnées de glaciers, Bormio a un climat d'altitude caractérisé par la fraîcheur de la nuit et du matin et du soir, malgré la chaleur du jour, qui est élevée.

Botzen (Autriche, Tyrol).
Station d'hiver.

Itinéraire. — Stat. de ch. de fer, ligne du Brenner. — Altitude : 262 m.

Desc. — Ville de 10 000 hab., sur le versant méridional des Alpes du Tyrol, dans une vallée qui a déjà tous les caractères des pays italiens et qui s'ouvre largement du côté du S. Des collines verdoyantes entourent la ville ; plus loin de hautes montagnes ferment l'horizon. Malheureusement, Botzen est exposée aux vents de tous côtés, vents du N. et de l'E., sirocco remontant la vallée du l'Adige, vent du N.-O. descendant celle de Méran. Le calme de l'air est rare, et les variations subites de la température sont fréquentes. Aussi cette ville ne constitue-t-elle pas une station climatique ; le véritable séjour destiné aux malades, c'est Gries, localité qui n'est qu'à un quart d'heure de distance du côté de l'E. (Voir ce nom).

Brennerbad (Autriche, Tyrol).
Station d'altitude.

Itinéraire. — Stat. de ch. de fer du Brenner. — Altitude : 1326 m.

Desc. — Grand hôtel situé dans la vallée de la Sill, qui s'ouvre au S. d'Innsbrück (Voir ce nom), et se dirige à peu près du N.-O. au S.-O. Forêts de mélèzes voisines. Établissements de bains utilisant deux sources

tièdes (23°). L'air est souvent agité par les vents (Reimer). Séjour d'été d'accès facile et très apprécié.

Bürgenstock (Suisse, canton d'Unterwald).
Station d'été.

Itinéraire. — Bateau à vapeur de Lucerne à Kehrsiten
(35 min.); de là, ch. de fer funiculaire (15 min.). — Altitude :
870 m.

Desc. — Le lac des Quatre-Cantons est étrangement
découpé et ses rives forment plusieurs lacs secondaires. Au S. de la ville de Lucerne notamment, le lac
se creuse en un golfe profond qui donne lui-même
naissance par un chenal étroit au lac d'Alpnach.
A l'E. de ce chenal se trouve le Bürgenstock, arête
montagneuse qui forme la rive méridionale du lac des
Quatre-Cantons, s'étendant à l'E. jusqu'au promontoire appelé le Nez Inférieur. Les pentes de la montagne du Bürgenstock plongent à pic dans le lac.
Le Kurhaus est bâti près de l'extrémité O. de cette
arête, à proximité des forêts; vue splendide.

Climat. — Tempéré. Insolation prolongée. On y
sent cependant le vent, notamment celui du N.-E.;
mais à cette faible altitude, il n'est pas à craindre, car
il amène le beau temps, renouvelle et rafraîchit l'air.
Le fœhn, brisé par les montagnes, n'arrive pas au
Kurhaus avec la force redoutable qu'il a en certains
points de cette région. La température est douce, les
nuits d'été spécialement sont chaudes et tranquilles,
les brouillards rares. Les forêts de sapins, très rapprochées, permettent aux malades de rester longtemps
en plein air.

Indications. — Station d'altitude moyenne, d'un
accès très facile, de climat doux. Convient aux sujets
faibles, délicats, nerveux, aux convalescents, aux dyspeptiques et aux surmenés, toutes les fois que l'on
redoute pour eux l'air plus excitant d'altitudes
élevées.

Bussang (France, Vosges).

ITINÉRAIRE. — Stat.-terminus d'une ligne de ch. de fer partant d'Épinal. — ALTITUDE : 674 m. — SAISON : Juin à septembre.

DESC. — Bussang est avant tout une station balnéaire (Voir De La Harpe, *Formulaire des Eaux minérales*); mais c'est aussi une très agréable station d'été, dans une altitude moyenne, entourée de vallées pittoresques et de montagnes boisées.

INDICATIONS. — Son altitude modérée en fait un séjour plus sédatif qu'excitant, mais cependant fortifiant, grâce à son air pur et au voisinage des forêts.

Caire (Le) (Égypte).
Station d'hiver.

ITINÉRAIRE. — De Marseille à Alexandrie, 4 jours 1/2 en bateau à vapeur ; de Brindisi, 3 jours. D'Alexandrie au Caire, ch. de fer, 3 h. 1/2. — ALTITUDE : 23 m. — SAISON : Novembre à mars.

DESC. — Ville de 450000 hab., sur la rive droite du Nil, à une demi-heure de ce fleuve, par 29°59′ de latitude N. Du côté de l'E., le terrain aride et sablonneux se relève pour former des collines peu élevées (Djebel Mokattam, altitude maximum, 195 m.) qui s'avancent jusque dans le voisinage immédiat de la ville. A l'ouest, le sol est planté de palmiers, d'acacias, de sycomores, ombrageant des avenues qui vont jusqu'au Nil ; au N. le pays est couvert de prairies, de cultures. La ville elle-même est constituée par d'étroites rues, remplies de poussière, parfois de boues, et qui constituent un milieu peu hygiénique. Plusieurs larges places se trouvent dans la ville, notamment au N.-O. celle de l'Esbekièh, entourée de maisons bâties à l'européenne et centre du quartier des étrangers. On trouve au Caire des hôtels de premier ordre présentant tout le luxe et le confort désirables. Le mouvement et la poussière de la ville sont proportionnels à sa grande population. Les malades qui veulent y échapper se logent dans les faubourgs, au Vieux-Caire ou encore à Hélouan (Voir ce nom). La poussière est en effet un grand inconvénient de la ville. Sites et monuments très intéressants à visiter en ville et dans les environs.

Climat. — Il est avant tout sec, et il offre en outre une égalité remarquable dans la température moyenne des divers mois ; à l'époque la plus froide de l'année, le thermomètre ne descend guère dans le jour, entre 10 et 5 heures, au-dessous de 12°. En revanche, l'oscillation journalière de la température est considérable par suite du fort rayonnement, le matin et le soir étant très frais relativement au milieu du jour ; en janvier, le thermomètre descend jusqu'à + 2 ou 3°. La température de la nuit dans le désert est de 12 et même 20° plus basse que celle du jour. Au coucher du soleil, il se produit toujours un fort refroidissement, contre lequel les malades doivent être en garde. Éléments du climat d'hiver (Hann) :

	Nov.	Déc.	Janv.	Fév.	Mars.
Temp. moyenne......	18.5	13.7	11.6	12.7	15.9
Hum. rel. moyenne...	76	70	70	69	62.

Pression barométrique 761. Jours de pluie très peu nombreux, environ 12 pour les mois d'hiver, d'octobre en avril, dont 3 en décembre, 2 en janvier, 5 en février : le total d'eau tombée par an s'élève à 30 millimètres (Hann). Le ciel est toujours clair ; en janvier et février la nébulosité est à son maximum, 4. Le vent est en général celui du N.-O. ou du N. ; il souffle régulièrement le jour depuis 9-10 heures du matin et augmente de force vers le soir ; il renouvelle et rafraîchit l'air. Parfois, il est remplacé par le vent du S.-O. En mars et avril commence le *chamsin* (sirocco), vent du désert venant du S.-E. et soufflant par périodes de 2-3 jours ; il est chaud, chargé d'une poussière fine. Pendant qu'il souffle, le thermomètre monte à 35-40° et la sécheresse arrive à son maximum. A ce moment, les malades traversent une période critique très pénible; aussi certains d'entre eux doivent-ils quitter Le Caire au mois de mars.

La sécheresse de l'air de l'Égypte en général et du Caire en particulier est très considérable. Voici l'humidité relative de l'air du désert, d'après *Jordan* : 6 heures du matin : 66 p. 100 ; 10 heures : 51 ; 2 heures : 34 ; 6 heures du soir : 39. Les moyennes indiquées ci-dessus pour Le Caire ne donnent pas même une idée réelle de la sécheresse de l'air pendant la journée, car elles sont faites en comprenant les observations du matin et du soir, et, à ces moments-là, l'humidité augmente beaucoup et se traduit par de fortes rosées. Des brouillards se montrent cependant le soir en décembre et en novembre, pour se dissiper le matin entre 8 et 9 heures aux rayons du soleil (Reimer).

En résumé, Le Caire a un climat chaud le jour, frais la nuit, beaucoup de soleil, un air très sec, agité par le vent, parfois par celui du désert. On peut séjourner longtemps en plein air. L'insolation est considérable, et l'on doit faire attention aux dangers du coup de soleil. Vu les oscillations de la température, qui sont d'autant plus sensibles que la chaleur du milieu du jour est forte, les malades doivent apporter avec eux des vêtements chauds. Ils ne doivent pas quitter Le Caire trop tôt au printemps pour regagner les climats européens plus froids et surtout plus humides ; les rhumatisants en particulier doivent rester au Caire jusqu'en mai. En revanche, il ne faut pas arriver avant le mois de novembre, à cause de la chaleur du mois d'octobre et des moustiques, nombreux en cette saison. Jaccoud qualifie le climat du Caire de très excitant et en même temps de débilitant. Les écarts de sa température, l'agitation de l'air et la poussière sont redoutables pour les malades.

INDICATIONS. — Surtout le rhumatisme chronique, l'arthrite rhumatismale, la goutte, les affections pulmonaires. Les malades doivent nécessairement être en état de supporter le long voyage sur mer. Les malades atteints d'affections nerveuses, les neurasthéniques et hypocondres, se trouvent bien du climat et des distractions que leur offre une si grande ville. L'état des cardiaques est amélioré au commencement par le climat, mais, d'après Winkler-Bey, ils meurent en définitive plus rapidement qu'ils ne le feraient en Europe. Diabète ; néphrite chronique.

Parmi les affections pulmonaires, le climat du Caire convient en cas de bronchite chronique avec expectoration abondante ou emphysème, d'asthme, de pneumonie chronique, de pleurésie chronique sèche. D'après Williams, le climat est très utile dans la phtisie, à condition que les lésions pulmonaires soient localisées et qu'il n'y ait pas de fièvre. « On attribue au climat du Caire, dit Hayem, une action à la fois tonique et stimulante. Il détermine assez souvent chez les nouveaux arrivés une grande excitation, parfois même une véritable excitabilité nerveuse. Ces effets, qui se calment au bout d'un certain temps, sont attribuables à la verticalité des rayons solaires et à la grande sécheresse de l'air. Le Caire ne peut guère convenir que dans certains cas de phtisie débutante. » Il s'agit surtout ici de bronchites du sommet du poumon, de pneumonie chronique, de phtisie pulmonaire lente, avec lésions peu étendues.

Contre-indications. — Diarrhée chronique ; tempérament nerveux très excitable, affections du cœur valvulaires, congestion à la tête ou abdominale. Tuberculeux avancés, avec de grandes cavernes, ou une infiltration très étendue, ou ayant de la fièvre hectique, de la diarrhée (Reimer).

Voyage sur le Nil. — Moyen dispendieux, il est vrai, mais intéressant et fort recommandable au point de vue thérapeutique. On remonte le Nil en barque (*dahabieh*), jusque dans la Haute-Égypte. Le malade profite ainsi de tous les avantages du climat, tout en jouissant du maximum de tranquillité, de l'absence de poussière, et en pouvant faire la cure d'air tout le jour sur le pont de la barque.

Canaries (Iles) (Afrique).
Station d'hiver et d'été.

ITINÉRAIRE. — A 7 jours de bateau à vapeur de Liverpool, 2 jours de Cadix. — ALTITUDE : Stat. échelonnées du bord de la mer à 600 m.

DESCR. (d'après Taylor). — Groupe de treize îles, au N.-O. de la côte d'Afrique, à la hauteur du cap Juby (entre 27 et 29° de latitude N.). Les principales, en allant de l'O. à l'E., sont Palma, Ténériffe, la Grande Canarie. Ces îles sont couvertes de hautes montagnes, et plusieurs possèdent d'anciens cratères volcaniques. L'île de la Palma est bien cultivée ou couverte de forêts ; elle est traversée du N. au S. par une chaîne de montagnes qui dépasse 2100 mètres. La partie N.-O. de l'île de Ténériffe est plus fertile et mieux arrosée que la partie orientale. Ces deux régions sont séparées par une chaîne de montagnes, dirigée du N.-E. au S.-O., et se terminant au S. par le pic de Ténériffe, 3715 mètres. L'île de la Grande-Canarie est arrondie; le sol s'élève de tous côtés de manière à former un cône dont le sommet au centre de l'île a 1952 mètres d'altitude (Pico del Pozzo).

On peut donc s'attendre à trouver des stations climatiques à diverses altitudes dans ces îles, dont le relief est si prononcé en proportion de leur faible étendue. Santa Cruz (la Palma), Santa Cruz de Ténériffe, Puerto Orotava (Ténériffe), Las Palmas (Grande-Canarie), sont au bord de la mer. Icod 305 mètres, Guimar 330 mètres, Villa Orotava 390 mètres, la Laguna 540 mètres, tous dans l'île de Ténériffe ; Monte 305 mètres, dans celle de la Grande-Canarie. Tous ces endroits possèdent des hôtels, dont plusieurs confortablement installés. Des villages beaucoup plus élevés se trouvent sur les flancs du pic de Ténériffe, jusqu'à Vila Flor 1500 mètres, mais ils n'ont pas d'hôtels.

Ces montagnes, qui se dressent ainsi au milieu de l'Océan, sont souvent couvertes d'un nuage qui se cantonne sur leurs pentes à la hauteur de 800 à 1000 mètres au-dessus de la mer (le *parasol*), surtout en été, sous l'influence des vents du N.-E.

Ténériffe et Grande-Canarie ont de bonnes routes par lesquelles on arrive facilement du port aux stations élevées. La principale station de malades c'est Puerto Orotava, sur la côte N.-E. de Ténériffe, à 38 kilomètres à l'O. de Santa Cruz, au bord de la mer, et Villa Orotava à 430 mètres. Ces deux stations se trouvent dans une magnifique vallée, de forme évasée, dirigée vers le N. et le N.-O., dont les flancs atteignent 1200 à 2100 mètres à l'E. et a l'O., et 2100 à 2400 mètres au S. Cette vallée est cultivée dans sa partie inférieure et couverte de pins dans sa partie supérieure. Villa Orotava se trouve plus haut et plus près du parasol de nuages; Icod, à 25 kilomètres à l'O. de Puerto Orotava, subit moins l'action de ces nuages, mais les chemins qui y conduisent sont défectueux. Les environs de Santa Cruz sont en revanche secs et stériles; la ville est bien abritée au N., au N.-O. et à l'O. par des montagnes de 1000 mètres d'altitude.

En résumé, les Canaries offrent des stations tout à fait maritimes, d'autres d'altitude modérée, abritées contre les vents. Jaccoud reproche à l'île de Ténériffe la poussière et les moustiques « qui règnent en maîtres permanents dans cette merveilleuse contrée ». Villa Orotava, Puerto Orotava, Monte, Las Palmas, Santa Cruz offrent des hôtels confortables.

CLIMAT. — Chaud. Les îles Canaries ne sont qu'à 5° au N. de la tone torride. Température moyenne annuelle 21.1°. Humidité de l'air jamais excessive. En été, les vents du N. tempèrent la chaleur et l'on peut facilement changer de résidence, les routes étant excellentes, et gagner une altitude où le climat est plus frais qu'au bord de la mer. Éléments du climat d'Orotava (Taylor) :

	Janv.	Fév.	Mars.	Avril.	Mai.	Juin.
Temp. moyenne	15.2	16	17	17.7	18.8	20.5
Hum. rel. 9 h. du mat.	73	70	69	69	67	71
Jours de pluie	6.5	6.3	8.4	5.0	3.0	0.6

	Juillet.	Août.	Sept.	Oct.	Nov.	Déc.
Temp. moyenne	22.4	22.6	22.2	21	18	16.4
Hum. rel. 9 h. du mat.	70	74	76	75	78	77
Jours de pluie	0.4	0.2	1.4	5.7	7.1	7.2

A Vila Flor (1200 m.), la température moyenne de janvier a été en 1891 7.4°, le minimum, 2.2°.

Voici quelques indications complémentaires concernant Las Palmas (Taylor) : La pluie est abondante en hiver, rare de juin à septembre. L'insolation est égale à la moitié environ de l'insolation possible, ce qui est dû à ce nuage-parasol dont il a été déjà question. La pression barométrique est élevée et a peu de variations. Les vents sont principalement ceux du N.-E. (secs) en été, ceux du S. et du S.-O. en hiver (humides et chauds) : le vent de l'E., venant d'Afrique, est rare ; il souffle en hiver par périodes de un à deux jours, mais il n'est pas violent. L'humidité de l'air s'abaisse depuis Madère, passant par Orotava, Santa Cruz, et arrivant à son minimum dans le climat plus sec et plus stimulant de la côte E. de la Grande-Canarie (Las Palmas). La température de la mer, au minimum 18-19°, permet le bain en toute saison.

En résumé le climat est chaud, égal, modérément humide, et tempéré en été par les vents du N.

Indications (Taylor). — Affections du système nerveux (stations élevées), des reins. Affections du système respiratoire : laryngite (Puerto Orotava)), asthme (Santa Cruz de Ténériffe, Las Palmas), bronchite chronique, reliquats de pneumonie ou de pleurésie. Phtisie pulmonaire ; les cas au début, sans destruction pulmonaire, iront dans les stations élevées ; les formes plus avancées, dans la vallée d'Orotava. Anémie (stations élevées). Rhumatisme et goutte (Santa Cruz et Las Palmas). Rachitisme. En résumé, ce sont les indications de Madère, mais le climat de Las Palmas en particulier est moins humide et plus tonique que celui de cette île.

CONTRE-INDICATIONS. — Affections des voies digestives, diarrhée ; affections des reins avec complications du côté du foie ou du système digestif ; phtisie hémorragique.

Canigou (Le) (France, Pyrénées-Orientales). *Sanatorium.*

ITINÉRAIRE. — A 1 h. 35 en voiture de Prades, stat. terminus d'une ligne de ch. de fer partant de Perpignan. — ALTITUDE : 640 à 700 m. — SAISON : Été et hiver.

DESC. — Le Canigou est une montagne élevée (2850 m.), qui se dresse entre les vallées du Tech, au S., et de la Tet, au N. A ses pieds, sur son flanc N., se trouve le Vernet, par 42°34' de latitude N. et 620 mètres d'altitude, dans la jolie et fertile vallée du Cadi, tributaire de ce dernier fleuve. Le Vernet est une station balnéaire (Voir De La Harpe, *Formulaire des Eaux minérales*).

La vallée du Cadi a une direction N.-S. et débouche dans celle du Tech, qui s'étend du S.-O. au N.-E. Les collines s'abaissent à l'E. et à l'O. de façon que l'insolation est longue au Vernet ; la montagne forme du côté du N.-O. un abri qui tempère et brise le vent ; cependant on le perçoit encore d'une façon sensible au Vernet (Labat). La vallée est ouverte, couverte de châtaigniers et bien cultivée. Au-dessus et à peu de distance du village, entre 640 et 700 mètres d'altitude, se trouve une série de vérandahs ouvertes d'un côté, et de kiosques vitrés, reliés par des chemins en lacets, qui constitue le sanatorium du Dr Sabourin. Il est établi dans une excellente position, en plein soleil, ayant la vue sur le Vernet et les pentes abruptes du Puig de Falgouras. Les malades viennent chaque matin passer la journée dans ces galeries et logent la nuit dans les hôtels du Vernet. La galerie la plus importante possède un salon, une salle d'hydrothérapie, le cabinet du médecin, etc.; elle ouvre sur un jardin d'hiver bien abrité. Les galeries sont orientées au S.-O.; le soleil les frappe en plein, mais les malades ne s'exposent pas à ses rayons. Ils doivent, au contraire, l'éviter avec soin, et à la promenade avoir toujours un parasol. Le soleil est nuisible au tuberculeux, d'après le Dr Sabourin; il peut entretenir la fièvre ou la faire naître, produire de la congestion à la tête ou aux poumons (poussées congestives, hémoptysies). Le tuberculeux doit voir le soleil et non le sentir. La vie du malade doit se passer dans l'aération permanente. Pendant la nuit, la fenêtre reste ouverte, le lit étant protégé par un paravent. Toute la journée, de 9 heures du matin à 10 heures du soir, les malades doivent se reposer dans les galeries, étendus sur des chaises longues. Une promenade dosée a lieu après le repas. On ne cherche pas au Canigou l'alimentation intensive du malade par la multiplication des repas, le lait, le cognac et le vin, comme en Allemagne; on y prend un petit déjeuner le matin et deux repas de table d'hôte. Une des particularités du traitement, c'est la prescription de chaussons fourrés et de galoches de bois, genre de chaussures auxquelles le Dr Sabourin attribue l'absence de rhumes et de refroidissement chez ses malades, même pendant le grand froid de l'hiver.

Climat. — La vallée du Cadi a un climat doux; pendant quelques années, des malades ont séjourné en hiver au Vernet. Les journées y sont belles en cette saison, le ciel souvent clair, le soleil chaud, les pluies peu fréquentes (Labat). Le climat se rapproche de celui de la Provence, mais il faut bien se représenter que la grande différence, c'est qu'ici la chaîne protectrice de la montagne est au midi, et non pas au N., et que les vallées creusées dans ses flancs du côté du N., comme celle du Cadi, sont plus ou moins accessibles aux vents froids. La clarté du ciel est en hiver un grand avantage du Vernet ; s'il fait froid, le ciel est bleu et l'insolation longue. L'air est sec et le brouillard fort rare. D'après Hayem, le climat du Vernet a plusieurs inconvénients : il est inconstant et inégal ; la station est mal abritée des vents et repose sur un sol humide.

INDICATIONS. — Le Canigou est un sanatorium destiné aux tuberculeux ; on l'a recommandé aussi aux anémiques, aux dyspeptiques, aux neurasthéniques, etc.

Cannes (France, Alpes-Maritimes).
Station d'hiver.

ITINÉRAIRE. — Stat. de ch. de fer, ligne de Marseille à Vintimille. — ALTITUDE : au bord de la mer. — SAISON : Novembre à avril.

DESC. — Ville de 19 000 habitants, située par 43° 34' de latitude N. au bord du golfe de la Napoule. Ce golfe est délimité à l'E. par la pointe de la Croisette, qui le sépare du golfe Jouan, et à l'O. par la pointe de l'Aiguille. Au sud du cap de la Croisette se trouvent les îles de Lérins, Sainte-Marguerite et Saint-Honorat. Les rues de la ville courent pour la plupart parallèlement au rivage. Du côté de l'O. le mont Chevalier, couvert de maisons et se terminant par une jetée et un phare, divise la plage en deux parties, l'une orientale, qui s'arrondit vers la pointe de la Croisette, l'autre occidentale, plus droite. Du côté du N. se trouve une vallée ayant la direction S.-E.-N.-O. Le flanc oriental de cette vallée est formé par de hautes collines qui commencent au cap de la Croisette et se dirigent vers le N.-O. A l'O., le flanc de la vallée est formé par des collines de moindre importance. A l'extrémité de cette vallée se trouve le village du *Cannet*.

A l'O. de Cannes se dresse la chaîne de l'Esterel, qui arrive jusqu'à la mer et sépare la contrée de Cannes de Saint-Raphaël et de Fréjus. Au N.-O. le massif de l'Esterel s'abaisse de façon que, de ce côté-là, il ne garantit pas complètement la ville contre les atteintes du mistral.

On peut distinguer à Cannes trois zones : 1º la plage et son voisinage immédiat, sans arbres, en plein dans le soleil et le climat maritime, avec nombre de grands hôtels, et une belle promenade le long de la mer; 2º la ville, avec des rues courant parallèlement au rivage et d'autres qui les coupent à angle droit, et qui paraît froide en comparaison de la première région; 3º la zone des collines, en arrière de la ville, au N. vers le Cannet, ou à l'E. (la Californie), ou à l'O. (la Croix des Gardes), où les maisons sont plus clairsemées, accompagnées de beaux jardins et d'arbres en abondance, et qui est le plus à l'abri de la brise de mer.

La partie ancienne de Cannes, qui a dû autrefois son essor à la colonie anglaise et à lord Brougham, se trouve à l'O. du mont Chevalier; elle est très protégée contre le vent par la colline de la Croix des Gardes (152 m.), qui s'élève au N.-O. La partie la plus récente est à l'E.; les pentes de la Californie se couvrent peu à peu de nombreuses villas; on y jouit d'une belle vue et d'une bonne protection contre les vents du N.-E., mais aussi on y a le soleil plus tard que dans les autres régions.

L'aspect général de Cannes est très riant et très ouvert, et plaît d'emblée au promeneur. Soit que l'on s'élève sur les pentes de la Californie, soit que l'on gravisse celles de la Croix des Gardes, soit enfin qu'on se dirige vers le N. du côté du Cannet, on trouve une grande variété de sites agréables, de la verdure, de jolis chemins, que la fureur de bâtir menace de transformer trop tôt en rues bordées de maisons.

Le Cannet, à 3 kilomètres environ de Cannes, lui est relié par un boulevard grandiose, qui attend il est vrai encore les villas et les maisons. Il se trouve dans une cuvette allongée dont le flanc oriental est formé par la prolongation des collines de la Californie et les flancs N. et O. par des collines moins importantes. Plus on s'approche du Cannet, plus la protection contre les vents devient complète, et il est clair que, n'était l'invincible attraction de la mer et de la plage, le Cannet serait devenu déjà un centre important pour les malades désireux d'avoir le plus doux climat possible dans cette région.

Cannes a un grand avantage, en effet, c'est celui de posséder une excellente plage de sable fin et doux. On y prend des bains de mer en avril déjà. Les enfants de l'hôpital Dollfus se baignent pendant tout l'hiver, sauf les jours de pluie ou de grand froid.

CLIMAT. — Éléments du climat d'hiver, d'après de Valcourt (1865-1879) :

	Oct.	Nov.	Déc.	Janv.	Fév.	Mars.	Avril.
Temp. moyenne...	16.7	11.6	10.5	8.9	9.9	11.3	13.5
Hum. rel.........	64	66	64	69	66	63	64
Jours avec pluie...	6	7	7	7	4	8	5

Température moyenne de l'hiver 9.7°; pendant la journée médicale, le thermomètre ne descend guère au-dessous de 12° (de Valcourt). Le climat est donc très doux. Le baromètre indique en moyenne 760. L'air est sec, la moyenne de l'hygromètre est inférieure à 70. Quand le mistral souffle, cette sécheresse peut devenir pénible à supporter. Toutefois, elle n'est pas aussi considérable qu'en d'autres stations de la Riviera. Cannes, dit Daremberg, possède un climat relative-

ment humide parce qu'elle repose sur un sol granitique et imperméable. La pluie n'est pas fréquente ;
en revanche, il tombe beaucoup d'eau à la fois. La
neige se voit rarement, le brouillard aussi. L'insolation est forte et longue, mais le rayonnement au coucher du soleil est intense et s'accompagne de la production d'une humidité très pénétrante ; aussi les
malades doivent-ils éviter avec soin d'être dehors à ce
moment-là. La rosée aussi est abondante.

Le vent du N. n'est pas senti, étant brisé par les
Alpes, qui étendent une haute barrière de ce côté. Le
vent du N.-E. se fait sentir rarement. Cannes est exposée aux vents de mer, soit par le beau temps au vent
local régulier, soit aux vents généraux du S., S.-E.,
S.-O. Enfin, le mistral, bien qu'affaibli par l'Esterel,
souffle par périodes de un à trois jours, surtout au
mois de mars.

Il faut bien distinguer entre le climat du voisinage
de la mer et celui de l'intérieur (le Cannet) ; le premier
est plus stimulant, plus excitant que le second, qui
est plus doux, mais possède néanmoins des qualités
toniques.

En résumé, climat d'hiver doux, beaucoup de soleil ;
air pur, peu de pluie, pas d'humidité froide et de
nuages. Il y a des jours de vent froid, mais en général le grand nombre des jours ensoleillés permet au
malade de se promener pendant la majeure partie de
la saison d'hiver.

INDICATIONS (Blanc). — Catarrhe du pharynx, du
larynx, bronchite, catarrhe de l'estomac et de l'intestin, cystite. Scrofule (climat et bain de mer). Tuberculose pulmonaire au début, chez les sujets scrofuleux,
lymphatiques, sans fièvre ni tendance aux hémorragies. Daremberg conseille Cannes aux phtisiques qui
se congestionnent aisément. Disposition à la tuberculose. Goutte chronique, bronchite, dyspepsie ou anémie goutteuses. Rhumatisme chronique. Maladie de

Bright. Asthme. Anémie, convalescence, faiblesse.

Contre-indications (Blanc). — Sujets soûffrant d'affections nerveuses, épilepsie, hystérie; disposition à l'hémorragie (tuberculose, fibromes utérins, cirrhose du foie, ulcère de l'estomac), à la fièvre (tuberculose active, phtisie floride). Goutte aiguë. Eczéma.

Capri (Italie, province de Naples).
Station d'été.

Itinéraire. — De Naples, 2 h. 1/2 en bateau à vapeur.

Desc. — Petite île à 35 kilomètres environ de Naples, connue surtout des touristes comme but d'excursion. Mais on y séjourne aussi, principalement en été, les brises de mer tempérant la chaleur de cette saison. D'après Weber, tandis que le côté N. de l'île est exposé à tous les vents sauf celui du S., la côte méridionale est plus abritée, mais souffre des vents chauds; l'air est sec, la pluie rare.

Castellammare (Italie, province de Naples).
Station d'été.

Itinéraire. — Stat. d'un ch. de fer venant de Naples. — Altitude : au bord de la mer.

Desc. — Ville de 22 000 habitants, à l'angle S.-O. du golfe de Naples, au S. du Vésuve. Au S. de la ville s'étend un chaînon des Apennins qui a son point culminant dans le Monte Angelo (1524 m.); celui-ci envoie vers le N.-E. une ramification qui vient jusqu'aux portes de la ville. Séjour très apprécié des Napolitains et des étrangers qui résident toute l'année à Naples. Bains de mer. Eaux minérales chlorurées.

Climat (Reimer). — Il est sous la dépendance des brises de mer et de terre, dont l'intensité et la fréquence tempèrent la chaleur d'une façon très considérable; si bien que, pendant la canicule, on y a la température de Naples en octobre. Les vents du N. se font sentir, les uns secs venant de la terre, du côté du Vésuve, les autres humides venant du N.-O. par-dessus le golfe de Naples. Le climat d'hiver est très humide ; celui d'été, au contraire, sec. D'une façon générale, le climat de Castellammare est tonique et fortifiant.

Catane (Italie, Sicile, province de Catane).
Station d'hiver.

ITINÉRAIRE. — De Naples à Messine, en bateau à vapeur, 18 h. ; de Messine, ch. de fer, 2 h. ; ou bien de Naples à Reggio en ch. de fer, par Métaponte 20 h., de Reggio à Messine, traversée en 1 h. — ALTITUDE : 30 à 50 m. — SAISON : Novembre à mars.

DESC. — Ville de 85 000 hab., située par 37°30′ de latitude N. sur la côte orientale de la Sicile, à peu près en son milieu, à la partie septentrionale d'un golfe très peu profond. La ville s'élève jusqu'à une altitude maximum de 98 mètres. Au N. s'étend une plaine fertile, jusqu'aux premières pentes de l'Etna qui assure à la ville une protection efficace contre les vents. La ville offre peu de places pour la promenade des malades. Sans être aussi gaie que Palerme, elle présente cependant quelques distractions agréables.

CLIMAT. — On a dit que Catane est la station la plus chaude de l'Europe ; il est bon d'ajouter que sa latitude méridionale la rapproche du continent africain. Catane possède un air assez agité, malgré la protection que l'Etna lui donne contre les vents du N. ; on y sent le vent du N.-E., de l'E., du S.-E. et du S.-O. Le sirocco se fait sentir à la fin de l'hiver. Éléments du climat d'hiver (Reimer) :

	Nov.	Déc.	Janv.	Fév.	Mars.	Avril.
Temp. moyenne.	15.4	12.1	10.9	11.5	12.0	15.5
Humid. relative.	68	77	74	75	75	69
Jours avec pluie.	8	7	7	4	6	4

La température est douce et uniforme, le thermomètre ne s'abaisse pas au-dessous de 0°. Les soirées
sont assez douces pour que les malades puissent sortir 2 ou 3 heures. L'humidité de l'air est assez élevée;
la pluie tombe par grandes quantités à la fois. L'été
est très sec. Le climat de Catane semble, en résumé,
tenir le milieu entre le climat plutôt excitant de la
Riviera et celui de Palerme.

INDICATIONS. — Climat doux et sédatif, convenant
dans les affections pulmonaires où la muqueuse est
irritable et dans les cas où le tempérament éréthique,
la tendance aux hémoptysies conseillent le choix d'un
air doux, non excitant.

Caux (Suisse, canton de Vaud)..
Station de montagne.

ITINÉRAIRE. — Stat. du ch. de fer de Montreux-Naye. — ALTI-
TUDE : 1100 m.

DESC. — Grand hôtel bâti au-dessus de Glion, sur
le mont de Caux, dont les dernières pentes portent ce
village. C'est une montagne couverte de pâturages,
mais sans forêts, qui se dirige de l'E. à l'O. pour
former au-dessus de Glion un plateau arrondi sur
lequel se trouve l'hôtel. Position admirable, vue
panoramique étendue sur le lac Léman. Grande
facilité d'accès.

CLIMAT. — Analogue à celui des Avants (Voir ce
nom), mais avec la différence que Caux, étant placé
sur un promontoire montagneux et non point dans
une vallée, est soumis à l'influence dominante des
vents du S.-O. comme à celle des courants aériens
réguliers qui se forment entre le lac et la montagne.

Champéry (Suisse, canton du Valais).
Station de montagne.

ITINÉRAIRE. — Stat. de ch. de fer de Monthey, ligne de Bellegarde à St-Maurice; de là, 3 h. 1/4 en diligence. — Altitude : 1052 m. — Saison : Juin à septembre.

Desc. — Village situé dans le val d'Illiez, longue vallée dirigée du S.-O. au N.-E., et qui débouche à Monthey dans la vallée du Rhône. Le village, allongé des deux côtés de la route, est placé sur un plateau couvert de belles prairies, qui prend bientôt une pente rapide vers le lit du torrent la Viège. De l'autre côté de ce ruisseau, le sol se relève rapidement pour former les premières pentes de la Dent du Midi (3260 m.). Malheureusement, Champéry n'a pas de forêts à proximité. Nombreuses promenades et excursions. Il existe une source sulfurée sodique froide intéressante.

Climat. — L'air de Champéry est pur, remarquablement calme, les hautes montagnes qui l'entourent brisent les vents. Cependant, la vallée est assez large pour que l'insolation y soit prolongée. Il en résulte que le climat est tempéré et doux et convient à tous ceux que l'on craint de diriger sur les stations d'altitude proprement dites.

Indications. — Lombard conseille Champéry aux convalescents, aux enfants chétifs et scrofuleux, et aux gastralgiques.

Champex (Suisse, canton du Valais).
Station d'altitude.

Itinéraire. — Stat. de ch. de fer de Martigny, ligne de Lausanne à Brigue; de là, diligence jusqu'à Orsières, 3 h. 1/2. D'Orsières, montée rude en 2 h. à pied ou à cheval. — Altitude : 1465 m. — Saison : Juin à septembre.

Desc. — Champex est situé dans un petit vallon, auprès d'un lac entouré de forêts de sapins et de prairies. La vallée a une direction N.-O.-S.-E.; elle est limitée au N. par la masse énorme du mont Catogne, au S.-E. elle est ouverte, et au S.-O. elle est bornée par le massif de la Pointe d'Orny. Champex est une station encore simple et champêtre, convenant à ceux qui veulent se reposer dans la tranquillité des Alpes, loin des bruits de la foule. Un inconvénient sérieux de cette station, c'est l'impossibilité d'y arriver en voiture.

CLIMAT. — La forme en cuvette de la vallée, le voisinage des montagnes, qui brisent les vents, lui donnent d'ailleurs un climat plus doux et moins excitant qu'on ne le croirait d'après son altitude.

Chaumont (Suisse, canton de Neuchâtel).
Station de montagne.

ITINÉRAIRE. — Stat. de ch. de fer de Neuchâtel, ligne de Lausanne à Bienne. De là, en voiture, 2 h. 1/2. — ALTITUDE: 1128 m. — SAISON : Toute l'année.

DESC. — Chaumont est une montagne isolée dans le Jura, au N.-E. de Neuchâtel. Sur le sommet, on a construit un hôtel confortable. Il existe de belles forêts à peu de distance. On jouit du sommet de cette montagne d'un panorama splendide sur les Alpes.

CLIMAT. — Fort intéressant, spécialement celui d'hiver qui est très doux. En cette saison, en effet, le sommet de la montagne se trouve souvent au-dessus des nuages et du brouillard qui voilent le soleil à la plaine, et jouit par conséquent d'une insolation prolongée. On observe en pareil cas une température de 12° et même 15° au-dessus de celle de la ville de Neuchâtel. Éléments du climat (20 années d'observation) : Pression moyenne, 600. Temp. moyenne : année 5.5, janv. — 2.2, fév. 0.6, mars 0.2, avril 4.8, mai 8.5, juin 11.9, juillet 14.5, août 13.6, sept. 11.0, octobre 5.6, novembre 0.8, décembre — 1.8. L'humidité relative moyenne est assez forte : hiver 86, printemps 77, été 79, automne 79. Nébulosité 6, donc au-dessus de la moyenne. L'humidité plutôt élevée de ce climat est un caractère qui est propre au Jura. Elle rend l'air plus âpre que celui des Alpes, à hauteur égale. Les forêts qui couvrent 30 p. 100 de la surface totale du Jura contribuent à entretenir cette humidité de l'air.

INDICATIONS.— Air tonique, sans être trop excitant. Il faut seulement être en garde contre les changements de temps, qui sont parfois assez brusques en été, et se munir de vêtements chauds.

Churwalden (Suisse, canton des Grisons).
Station de montagne.

ITINÉRAIRE. — Stat. de ch. de fer de Coire, terminus d'une ligne partant de Zurich. De là, 2 h. en voiture. — ALTITUDE : 1270 m. — SAISON : Juin à fin septembre.

DESC. — Village situé dans la vallée de la Rabiosa, torrent qui coule du S. au N., pour se jeter dans la Plessur aux portes de Coire. Il est échelonné le long de la grande route, dans une verte campagne. Des deux côtés de la vallée, des montagnes s'élèvent à plus de 2000 mètres d'altitude. La chaîne de montagnes qui se dresse du côté de l'E. sépare la vallée de Churwalden de celle d'Arosa (Voir ce nom). Du côté du S., rien n'empêche l'accès des rayons du soleil.

CLIMAT. — Doux et tempéré, sans variations importantes. Éléments du climat (Brugger) :

	Juin.	Juillet.	Août.	Sept.
Temp. moyenne........	12.4	15.3	13.5	12.6
Humid. relat. moyenne.	67	70	75	70
Jours avec pluie......	14.9	14.9	15.	11.3

Le grand nombre des jours avec chute d'eau est la caractéristique de ces régions en été; à Davos, il tombe 40 p. 100 de l'eau totale pendant les mois de juin à septembre. L'air est très pur; le vent de la vallée se fait sentir régulièrement chaque jour.

INDICATIONS. — Station convenant à tous les cas où une altitude modérée est indiquée. En outre, c'est une station intermédiaire favorable pour les malades délicats qui doivent s'arrêter quelques jours dans une

altitude moyenne avant de séjourner en Engadine, à
Davos, etc.

Comballaz (La) (Suisse, canton de Vaud).
Station d'altitude.

ITINÉRAIRE. — Stat. de ch. de fer d'Aigle, ligne de Lausanne à
Brigue; de là, 4 h. en diligence. — ALTITUDE : 1364 m. — SAISON :
Juin à septembre.

DESC. — Hôtel situé à l'entrée du vallon des Mosses,
qui s'étend au N.-E. du Sépey, faisant communiquer
la vallée de la Grande-Eau (Voir *Aigle*) avec celle de
la Sarine. Vue bornée par de grandes montagnes
couvertes de sapins ou de verts pâturages.

CLIMAT. — Tonique et vivifiant, à cause du vent
du N.-E. qui balaye la vallée dans toute sa longueur.

INDICATIONS. — Ce climat convient, d'après Lombard,
aux enfants ou adultes débilités par de longues maladies.

CONTRE-INDICATIONS. — L'air, très excitant, ne convient pas aux personnes nerveuses ou atteintes d'affections bronchiques ou cardiaques.

Corfou (Grèce, îles Ioniennes).
Station d'hiver.

ITINÉRAIRE. — De Brindisi, en 12 h. de bateau à vapeur, de
Trieste, en 47 heures. — SAISON : De novembre, et même décembre, en mars et avril.

DESC. — L'île de Corfou se trouve entre le 39° et le
40° degré de latitude N., à quelques kilomètres à l'O. de
la côte turque de l'Albanie. Sa plus grande largeur est de
30 kilomètres, sa longueur est de 65 kilomètres. Elle
est riche en sites superbes et possède une végétation
splendide. L'île a une forme élargie vers le N.; elle
s'amincit en un long promontoire vers le S. Dans
le N. de l'île, une chaîne de montagnes court de l'O.
à l'E., assurant à la ville de Corfou un abri contre les

vents du N. Une seconde chaîne se dirige du N. au S.
le long de la rive occidentale de l'île. La ville de Corfou est sur la rive orientale. En face d'elle, sur la
terre albanaise, s'élève une chaîne de montagnes courant du N.-E. au S.-O., et atteignant des altitudes
de 1000 à 1200 mètres.

La ville de Corfou (25 000 hab.) est située par 39°38'
de latitude N., sur une presqu'île capricieusement découpée. Elle est composée de ruelles étroites bordées
de hautes maisons et n'offre pas un séjour très agréable : mais elle a des faubourgs plus attrayants et
plus tranquilles. Ses environs sont gais, couverts
d'une végétation superbe et de bois d'oliviers, et possèdent des routes excellentes sur lesquelles on peut
faire de longues promenades.

CLIMAT. — Doux en hiver et humide. Éléments du
climat d'hiver (Reimer) :

	Nov.	Déc.	Janv.	Fév.	Mars.	Avril.
Temp. moyenne...	15.2	11.6	10.2	10.3	11.9	15.6
Hum. rel. moyenne.	77	79	70	79	73	71
Jours avec pluie...	15.1	13.6	13.6	11.3	10.3	8.5

Vers la fin de l'hiver, en février et mars, la température est variable, en même temps que le régime des
vents très irrégulier. La fréquence des pluies est le
plus grand désavantage de Corfou; elles surviennent
souvent sous la forme de violents orages, pendant
tout l'hiver même. Il n'est donc pas étonnant que cette
humidité engendre la fièvre intermittente, qui n'est
d'ailleurs à craindre qu'en été. Le climat est, en résumé, plus chaud que celui de la Riviera, plus sédatif,
mais aussi bien plus humide et plus pluvieux.

INDICATIONS. — Séjour plutôt fait pour des personnes
désirant passer l'hiver dans un endroit intéressant,
possédant un climat doux, que pour les malades. On
l'a conseillé dans la scrofule, la neurasthénie, la mélancolie.

Contre-indications. — Les rhumatisants, les catarrheux, les néphritiques, tous ceux qui redoutent l'humidité et la pluie, devront éviter Corfou.

Davos (Suisse, canton des Grisons).
Station d'altitude.

Itinéraire. — Stat. terminus d'un ch. de fer partant de Landquart, stat. de la ligne Zurich-Coire (7 h. de trajet depuis Zurich). — Altitude : 1560 m. — Saison : Toute l'année.

Desc. — A l'E. de Coire, environ à la même altitude N. que cette ville (45° 50'), dans la haute vallée du torrent le Landwasser. La vallée est dirigée du N.-E. au S.-O.; large au N., elle se termine au S., à 12 kilomètres de Davos, par un étroit défilé (les Züge). Elle est fermée au N. par un simple seuil (1627 m. d'altitude), qui forme un col entre deux montagnes, et par-dessus lequel le chemin de fer venant de Klosters passe pour entrer dans la vallée. Celle-ci a 1 kilomètre 1/2 de largeur moyenne. Ses flancs sont constitués par des montagnes qui atteignent 2000 à 2800 mètres; le flanc O. n'offre pas de solution de continuité; le flanc E., au contraire, est coupé par le débouché de quatre vallées secondaires. Les deux versants sont également escarpés et boisés jusqu'à une hauteur de 300 à 400 mètres au-dessus du fond de la vallée. On a tracé dans ces forêts (du côté de l'O.) des sentiers en zigzags, fort bien entretenus, qui servent à la promenade des malades autorisés à monter.

Les eaux de la vallée s'écoulent par le Landwasser, torrent qui forme d'abord au N. de Davos un petit lac, et qui reçoit du côté de l'E. d'importants affluents. D'une façon générale, la vallée est faiblement inclinée, dans la région de Davos du moins, de sorte que le cours du torrent est tranquille et qu'il a fallu sans tarder procéder à une régularisation de son lit dès qu'il a reçu une importante quantité de sewage. Le lac de Davos est à 1561 mètres d'altitude, et Frauen-

kirch, à 7 kilomètres 1/2 plus au S., à 1540 mètres, soit
une différence de 21 mètres seulement·

La vallée est bien couverte de prairies; en fait
d'arbres, on y voit surtout des conifères, puis des bou-
leaux, érables et aunes. Le seigle et l'orge sont cul-
tivés.

Davos n'offre rien de remarquable comme perspec-
tive éloignée; la vue s'étend sur des montagnes boisées
ou rocheuses, plus loin, sur des pics dénudés et sau-
vages. Il faut s'élever au-dessus de la vallée pour
jouir d'un beau spectacle alpestre.

Davos se compose de deux localités distinctes,
Davos-Platz (1560 m.), une véritable petite ville, et
Davos-Dœrfli (1558 m.), à 1800 mètres plus au N. Un
léger renflement du flanc occidental de la vallée empêche ces localités de se voir l'une l'autre.

Davos-Platz, la plus importante des deux, est bâtie
dans le sens de la vallée, le long de la grande route,
sur les dernières pentes du flanc occidental, en un
point élevé de plusieurs mètres au-dessus du lit du
torrent qui se rapproche ici du flanc oriental. Si Davos
s'est ainsi collé contre le flanc occidental, c'est dans
le but bien naturel de jouir du moindre rayon de
soleil. Les hautes montagnes du côté de l'E. réduisent
naturellement la durée de l'insolation; en décembre
et janvier, le soleil se lève entre 9 et 10 heures et se
couche entre 3 et 4 heures. Voici la longueur du jour
pour les mois d'hiver : novembre 6-6 1/2 h., décembre 5 1/4-5 1/2, janvier 5 1/2-6, février 6 3/4-7,
mars 8 1/2-9 1/2.

En résumé, au point de vue topographique, Davos
possède comme avantages une vallée bien abritée,
exposée au soleil, étroite sans être encaissée, avec de
charmantes forêts à proximité, et une pente du thalweg assez faible pour pouvoir être qualifiée d'horizontale en plusieurs points. Comme inconvénients,
une vue uniforme, des montagnes du côté de l'E. di-

minuant l'insolation journalière, et le fait que les forêts ne sont accessibles qu'en montant.

L'impression que fait Davos en hiver par le beau temps est loin d'être triste et sévère; quand la foule des promeneurs se répand sur la route, quand les vérandahs et les terrasses, les bancs, se couvrent de malades abrités par des parasols, le coup d'œil est pittoresque et gai, sous les rayons d'un soleil torride. Le ciel bleu, la neige blanche, la lumière d'une intensité égale sinon plus forte que celle du littoral méditerranéen (elle a ici une couleur bien différente de celle des pays du Midi), forment un tableau des plus captivants.

Climat. — Si Davos a pu se faire en 30 ans à peine une place importante et durable dans la climatothérapie, il ne l'a pas dû à sa position, mais bien à son climat, et surtout à son climat d'hiver, dont voici les principaux éléments :

Température moyenne de l'année 2.6°, de l'hiver octobre à mars — 3.1°.

	Oct.	Nov.	Déc.	Janv.	Fév.	Mars.
Temp. moyenne..........	3.0	— 2.2	— 5.5	— 7.4	— 4.2	— 2.8
Id. à 1 h.................	8.3	2.3	— 2.2	— 2.5	1.3	2.6
Humidité relative moy....	79	82	79	82	76	79
Id à 1 h.................	62	70	72	73	66	65
Jours avec pluie (neige)...	11	10	12	9	8	10

Les minima nocturnes sont importants (jusqu'à — 31.4°). La moyenne de la journée du malade peut se déduire de la température à 1 heure du jour; ainsi qu'on le voit, elle est négative pour deux mois seulement. En réalité, dans les conditions où se placent les malades, quand il fait beau temps, la température est bien plus élevée et atteint, suivant les mois et les jours, de 9.5° à 11° au milieu du jour. Ajoutons encore l'influence de l'insolation, qui est énergique; l'actinomètre indique le plus souvent 40 à 50°, quand l'air à l'ombre est voisin de 0°. La chaleur et la lumière réfléchies par la neige sont considérables.

Le tableau change malheureusement par le mauvais temps. Tout dépend de la nature de l'hiver : il y a de bonnes et de mauvaises saisons, suivant la prédominance du beau temps ou du temps couvert sans soleil. Mais, en résumé, les mauvais hivers sont moins nombreux que les bonnes saisons.

L'humidité est faible au milieu du jour, élevée en revanche le matin et le soir (83-90 p. 100), ce qui provient du voisinage du torrent. L'humidité absolue étant faible, l'air absorbe beaucoup d'eau en se réchauffant dans l'acte de la respiration.

L'insolation est forte à Davos, par le fait que la faiblesse de la nébulosité en hiver compense le peu de longueur des jours. D'une façon générale, le nombre des heures de soleil observées est environ le 50 p. 100 de l'insolation possible, c'est-à-dire déterminée par les conditions topographiques du lieu. Voici la moyenne des heures observées par jour et l'indication du p. 100 de l'insolation possible :

	Oct.	Nov.	Déc.	Janv.	Fév.	Mars.
Heures observées..	4 1/4	3	3	3 1/2	4 1/2	4 3/4
% de l'insol. poss.	57	49	55	63	65	52

Le brouillard est rare, parfois il se cantonne le matin le long du torrent.

Chute d'eau. — Davos est au centre d'une région remarquable (pour la Suisse) par sa sécheresse; on compte par an 140 jours de pluie avec 940 millim. d'eau, dont 43 p. 100 tombent de juin en septembre. En hiver, la neige couvre le sol à une épaisseur variable, suivant les années, de novembre en avril. La grande chute de neige a lieu à la fin d'octobre ou au commencement de novembre. Le rôle climatothérapique de la neige a déjà été étudié (page 54).

Vents. — Enfin, c'est par la tranquillité de son air en hiver que Davos l'emporte sur toutes les stations d'altitude : 70 p. 100 des observations notent le calme.

Les vents dominants sont ceux du N.-E., de l'E., du
S.-O. Le vent du N.-E. est tantôt un vent supérieur,
tantôt un vent inférieur ou local, un vent de la vallée
qui souffle ici, contrairement à la loi générale, en descendant la vallée. Ce fait a une importance capitale,
car, en se mettant à l'abri de ce vent du N.-E., on ne
cesse pas d'être exposé aux rayons du soleil. Le vent
de la vallée n'a d'ailleurs jamais en hiver la force qu'il
possède en été. Le fœhn se fait sentir aussi, mais avec
une force variable, sa direction générale (du S.-E. au
N.-O.) faisant un angle avec la vallée de Davos (qui va
du N.-E. au S.-O.). Le fœhn ne déploie d'ailleurs toute
sa force que dans les vallées basses et qu'il parcourt
en descendant. Le calme de l'air est tel à Davos que
le matin de bonne heure on peut voir la fumée des
cheminées planer en un nuage bleuâtre au-dessus de
la ville jusqu'à ce que le soleil vienne mettre les
couches d'air en mouvement. Aussi le soir peut-on
sortir par une fort basse température, sans se dou-
ter du grand froid qu'il fait.

Climat d'été. — Si l'air de Davos est en hiver froid
et tranquille, il est en été chaud et agité. La température de cette saison est indiquée par les moyennes
suivantes :

Mai.	Juin.	Juillet.	Août.	Sept.
6.6	8.8	12.4	11.5	8.4

Le maximum moyen ne dépasse pas 25.3°. L'humidité moyenne se tient entre 75 et 90 le matin et le soir,
entre 53 et 60 à 1 heure. L'air est plus agité qu'en
hiver, le vent de la vallée se fait sentir chaque jour
de 9 heures à 4 heures. Il faut le dire, d'ailleurs, Davos est fait pour l'hiver : on l'a bâti sur le flanc O. de
la vallée, en plein soleil ; les forêts dans l'ombre, du
côté oriental, sont éloignées ; le fond de la vallée n'a
point d'arbres et le soleil y luit directement au milieu
du jour. Il est vrai que la fraîcheur des nuits com-

pense en une certaine mesure la chaleur du jour.

Entre l'hiver et l'été se place la période de la fonte des neiges, qui se fait plus ou moins vite suivant la plus ou moins grande fréquence du fœhn, la neige gelant de nouveau la nuit et restant dure jusqu'à 10 ou 11 heures du matin. La fonte commence en général vers le milieu de mars. Les chemins sont mauvais et boueux, sans que l'humidité de l'air soit plus forte (l'air étant plus chaud). Nombre de malades quittent à ce moment Davos, autant par satiété et besoin de changement après un long hiver, que par suite des désagréments qu'entraînent l'humidité des chemins et la variabilité du temps.

Installations en général. Vie du malade. Sanatorium. — Dans ce cadre tracé si heureusement par la nature, le malade ne peut vivre que s'il trouve les installations nécessaires. Davos a eu l'immense avantage de créer ces installations de toutes pièces, et de le faire d'emblée suivant les principes d'une hygiène rationnelle, en ayant pour but le traitement du malade. Des hôtels soigneusement bâtis, des salles à manger et des salons suffisamment vastes et aérés, des chambres assez hautes se trouvent partout. Dans plusieurs hôtels et au sanatorium, le chauffage se fait par un appareil central par la vapeur à basse pression. Partout des moyens de ventilation suffisants dans les chambres (canal d'aération ou imposte mobile au-dessus de la fenêtre). Dans ces dernières années, on a voué une attention spéciale à la possibilité de la désinfection des chambres : parois couvertes de tapisseries qu'on peut laver, plancher couvert de linoléum, meubles de cretonne, rideaux qu'on peut laver aussi. Le linge des malades est désinfecté à l'étuve avant d'être lavé.

Au dehors, la cure d'air est facilitée par des vérandahs, des terrasses, des bancs abrités par des cloisons.

La nourriture est abondante et fortifiante; le lait, l'alcool, l'excellent vin de la Valteline, riche en alcool et en tannin, sont administrés rationnellement. Les principes de cette phtisiothérapie sont ceux de Brehmer à Gœrbersdorf. Le malade doit être ici aussi tout le temps à l'air libre et dormir avec les fenêtres ouvertes. Les frictions sèches ou humides sur la peau, parfois les douches, sont employées aussi.

Davos possède d'ailleurs un sanatorium proprement dit, celui du Dr Turban, où les malades pratiquent dans sa rigueur l'hygiène rationnelle, et la cure d'air des sanatoriums de Gœrbersdorf et Falkenstein. Ils se reposent à l'air libre sur des chaises longues sous une vérandah exposée au midi, et arrivent à passer à l'air de 9 à 11 heures par jour suivant la saison. La rigueur du froid n'interrompt guère cette cure à l'air libre ; tout au plus si parfois un fœhn violent (ce qui est très rare) oblige les malades à rentrer. Les malades sans fièvre peuvent prendre de l'exercice, qui est dosé suivant leur état.

Il y a quelques années on recommandait au contraire aux malades l'exercice sur les pentes ; la « gymnastique pulmonaire » était de rigueur, bien que l'on s'efforçât de prévenir toute fatigue respiratoire ou cardiaque excessive. Il semble qu'actuellement, probablement sous l'influence des résultats obtenus par le repos méthodique, on ait abandonné ces pratiques, et que, sans défendre absolument l'exercice, on réserve l'ascension des pentes aux sujets les moins atteints, ou simplement prédisposés à la tuberculose. Il en est de même des sports d'hiver, patinage, luge (petits traîneaux sur lesquels on se glisse sur les pentes, mais qu'il faut malheureusement remonter ensuite au point de départ); ces exercices doivent être réservés aux sujets délicats plutôt que malades.

Hygiène publique. — Davos possède un système complet de distribution d'une bonne eau potable, et un autre d'égouts pour l'évacuation du sewage ; un établissement de désinfection ; deux maisons de santé (protestante et catholique); la lumière électrique, etc. Quand nous aurons rappelé la rectification du cours du Landwasser, nous aurons fait voir qu'il a été rarement fait en si peu de temps un effort aussi considérable pour l'hygiène publique dans une station de malades ; bien des stations à la mode sont en arrière de cette petite vallée des Alpes.

Action du climat sur le malade. — Il traverse à son arrivée une période d'acclimatation; celle-ci peut être considérée comme complète quand il dort bien pendant 1-2 semaines et qu'il a bon appétit. Sous l'influence du repos, de la nourriture et de l'action du climat, le malade engraisse souvent et augmente de poids (quelquefois d'une manière étonnante). C'est même au dépôt de graisse sur le thorax que j'ai entendu L. Spengler attribuer l'augmentation parfois constatée du périmètre thoracique. La fièvre disparaît dans un grand nombre de cas avec une rapidité étonnante, quand elle est l'expression d'une résorption septique. Quand elle est l'expression de l'éréthisme général ou la conséquence d'un processus inflammatoire (phtisie pneumonique), elle ne subit en revanche pas de changement. On voit parfois des malades augmenter de poids malgré la fièvre (L. Spengler). Le nombre des inspirations diminue, le pouls est moins rapide (diminution moyenne de 22 battements chez 19 phtisiques guéris. L. Spengler). Sous l'influence de la sécheresse de l'air, les produits de la sécrétion pulmonaire diminuent, les régions malades tendent à se dessécher, à s'entourer de zones cirrhotiques; les cavernes diminuent de surface. Des rétractions thoraciques très fortes se produisent souvent au niveau des régions malades (L. Spengler). Ailleurs, il se développe un emphysème compensateur dans les régions saines du poumon.

Indications. — Davos se trouve dans la zone d'immunité phtisique, et c'est l'observation de la rareté de

la tuberculose parmi les habitants du pays qui a été
pour Spengler père le point de départ du traitement
de la phtisie pulmonaire par l'altitude.

Indications spéciales. — Prédisposition à la tuberculose pulmonaire par hérédité, affections constitution-
nelles, défaut de développement du thorax, suite
d'affections aiguës. Tuberculose pulmonaire : 1) période
de début; 2) période d'infiltration ou de destruction,
à condition que la lésion ne soit pas trop étendue et
que la marche de la maladie ne soit pas aiguë ou rapide. Pneumonies chroniques. Bronchite chronique.
Asthme nerveux. Reliquats de pleurésie. Fièvre intermittente, paludisme. Scrofule. Neurasthénie, surmenage, insomnie. Névroses cardiaques. Pour plus de
détails sur les indications des altitudes dans la tuberculose, voir IIIe partie, article *Phtisie pulmonaire.*

CONTRE-INDICATIONS. — Grande faiblesse, épuisement,
affections cardiaques organiques ; phtisie éréthique
lésions pulmonaires très étendues ou à la période ultime. Épilepsie. Artério-sclérose. Sénilité. Rhumatisme. Enfin, il est des malades dont le caractère est
porté à la mélancolie et à l'ennui, et qui ne supportent pas l'hiver à la montagne.

Époque où il faut arriver à Davos. — Il faut, si possible, arriver à Davos en été, à partir du mois de juin.
Pendant l'été et l'automne, le malade s'acclimate avant
le commencement de l'hiver. Il faut éviter d'arriver à
la fin d'octobre et au commencement de novembre,
époque de la grande neige d'hiver.

Durée du séjour. — Si le séjour permanent dans les
altitudes est prescrit, le malade séjournera en été à
Davos même, ou bien gagnera une station d'altitude
du voisinage (Arosa, la Haute-Engadine, par exemple
Saint-Moritz, Zuoz, Sils-Maria, Kursaal-Maloja, etc.).

Dax (France, Landes).
Station d'été et d'hiver.

ITINÉRAIRE. — Stat. de ch. de fer, ligne de Bordeaux à Bayonne. — ALTITUDE : 40 m. — SAISON : Toute l'année.

DESC. — Ville de 10000 hab., située sur la rive gauche de l'Adour, à 30 kilomètres de l'Océan, connue pour ses eaux chaudes et ses boues (Voir De La Harpe, *Formulaire des Eaux minérales*). La ville est à la limite des forêts de pins qui couvrent les landes. Elle est bâtie sur un sous-sol traversé par l'eau chaude des sources, ce qui tend à adoucir son climat d'hiver.

CLIMAT (Raillart). — Caractérisé par une température élevée, très égale, sans grands froids ni chaleurs excessives, par la rareté des pluies et surtout des vents. Température moyenne : année 16°, hiver 8.2°, printemps 15.3°, été 23°, automne 17.3°. Le climat se fait remarquer par le faible refroidissement nocturne. Le vent de mer se fait encore sentir, mais il a perdu sa rudesse.

INDICATIONS. — Ce climat est sédatif et convient aux formes éréthiques des affections pulmonaires, viscérales et arthritiques.

Engelberg (Suisse, canton d'Unterwalden).
Station d'été.

ITINÉRAIRE — Bateau à vapeur de Lucerne à Stansstad ; de là, en diligence, 3 h. 1/2. — ALTITUDE : 1019 m. — SAISON : Juin à septembre.

DESC. — Engelberg est situé dans une vallée de faible altitude, mais qui doit un caractère alpestre aux montagnes hautes de 2000 à 3000 mètres qui l'entourent de tous côtés. De forme elliptique, cette vallée est traversée du S.-E. au N.-O. par l'Aa, ruisseau qui s'en échappe par une gorge étroite. Sauf cette fissure et une courte vallée latérale, il n'y a pas de solution de continuité dans le mur de montagnes qui entoure la vallée, et qui est formé au N. par le massif de l'Urirothstock (2952 m.), au S. par celui du Titlis (3259 m.), couvert de glaciers ; à l'E. se trouvent d'autres glaciers.

Le fond de la vallée est plat, couvert de belles prairies. Elle possède malheureusement peu d'arbres, et n'a pas de forêts dans le voisinage immédiat du village. Le sol est poreux, non marécageux, et sèche rapidement après la pluie.

CLIMAT. — Doux, l'air n'est pas trop sec, d'une pureté parfaite, sans poussière. Température égale, plutôt fraîche en été et chaude, en revanche, en mai et en septembre. Le ciel est fréquemment couvert, et il y a une quantité relativement considérable de pluie. Éléments du climat d'été :

	Juin.	Juillet.	Août.	Sept.
Temp. moyenne..	12.3	14.2	13.5	10.2
Humid. relative..	76	79	81	83

L'humidité de l'air est donc assez élevée. Le voisinage des hautes montagnes se fait sentir par l'abaissement des minima nocturnes qui atteignent 5 à 7° dans les mois de juillet et d'août, alors que le thermomètre monte au maximum à 24° et 24. 5°, au milieu du jour. Ce refroidissement nocturne est précieux en été, pourvu que les malades sachent se mettre à l'abri au moment voulu. Enfin le calme de l'air est une des meilleures qualités d'Engelberg; on n'y sent pas les vents du N.; le fœhn, ou vent du S.-E., et le vent d'O. sont les seuls notés.

INDICATIONS. — Malgré son altitude moyenne, le climat possède une certaine tonicité qu'il doit à l'air des hautes montagnes. Il a en général un caractère sédatif qui convient dans les affections des organes respiratoires. Laryngites, bronchites chroniques, tuberculose pulmonaire. Affections cardiaques. Convalescence d'affections pneumoniques ou pleurétiques. Anémie,

affections de l'estomac. Neurasthénie. Station intermédiaire entre la plaine et les stations d'altitude.

Évian (France, Haute-Savoie).
Station d'été et d'automne.

ITINÉRAIRE. — Stat. de ch. de fer, ligne de Bellegarde au Bouveret. — ALTITUDE : 377 m. — SAISON : 1er mai au 15 octobre.

DESC. — Évian, qui est avant tout une station balnéaire
(Voir De La Harpe, *Formulaire des Eaux minérales*), constitue aussi un charmant séjour d'été et d'automne. La
ville (3500 hab.) s'élève d'abord sur une surface plane
près du lac Léman, sur laquelle se trouvent de belles allées d'arbres, puis elle s'étage sur des pentes escarpées.
Elle est entourée par de riantes campagnes, champê-
tres et vertes, ornées de beaux châtaigniers. La vue
s'étend sur la côte suisse, le lac est moins miroitant,
moins scintillant qu'il ne l'apparaît aux observateurs
placés sur la rive N., l'orientation du soleil étant toute
différente. De nombreuses excursions peuvent se faire
autour de la ville, et sur le lac par bateau à vapeur.

CLIMAT. — Tempéré et rafraîchi en été par le voisinage du lac, les brises régulières qui en proviennent
pendant le jour et la végétation des environs. La bise,
ou vent du N.-E., se fait sentir souvent, comme dans
cette région en général. En revanche, Évian se trouve
assez abritée contre le vent du S.-O. et celui du S.-E.,
d'ailleurs rare en été. Les soirées sont douces.

INDICATIONS. — Rhumatisme, convalescence, anémie,
goutte, neurasthénie.

Évolène (Suisse, canton du Valais).
Station d'altitude.

ITINÉRAIRE. — Stat. de ch. de fer de Sion, ligne de Lausanne
à Brigue. De Sion, 6 h. environ en diligence. — ALTITUDE :
1378 m. — SAISON : Juin à septembre.

DESC. — Village situé dans le val d'Hérens, ramification orientale du val d'Hérémence, longue vallée qui

s'ouvre en face de Sion et'se dirige vers le S. Évolène se trouve dans une vallée couverte de pâturages, au pied de hautes montagnes.

Trois heures et demie plus loin, à 2008 m. d'altitude, se trouve le *val d'Arolla*, avec l'hôtel du *Mont Colon*. Séjour très recherché pendant les quelques semaines (juillet et août) qui constituent l'été à cette altitude. Mais le climat y est si rude et sujet à de telles variations que cette station est destinée plutôt aux personnes robustes, mais fatiguées, qu'aux malades proprement dits.

Falkenstein (Prusse, province de Hesse-Nassau). *Sanatorium.*

ITINÉRAIRE. — A 40 min. en voiture de la station de Cronberg, terminus d'une ligne de ch. de fer partant de Francfort-sur-le-Mein. — ALTITUDE : 440 m. — SAISON : Ouvert toute l'année.

DESC. — Au N.-O. de Francfort-sur-le-Mein se trouve une chaîne de montagne peu élevée, le Taunus, dirigée du N.-E. au S.-O. Sur son flanc méridional, à 20 kilomètres environ de Francfort, s'élève le sanatorium dirigé par le Dr Dettweiler, environné de tous côtés, sauf au S.-E., où la vallée s'ouvre largement, de chaînons de montagnes boisés. Le sanatorium peut héberger 200 malades ; il a été bâti spécialement en vue de leur traitement par l'hygiène. La ventilation des chambres et des salles de réunion est l'objet de dispositions spéciales ; le chauffage est fait par la vapeur. Devant la maison, sur la terrasse, se trouve une vérandah ouverte sous laquelle sont alignées les chaises longues destinées aux malades ; ils y passent toute la journée, été et hiver, dans cette dernière saison couverts chaudement, avec une boule d'eau chaude aux pieds. Dans le parc de l'établissement se trouvent aussi des pavillons avec des chaises longues pour la cure d'air. Des annexes renferment la vacherie, l'appareil de désinfection, etc. Un parc avec de nom-

breux chemins permet aux malades de prendre l'exercice prescrit par le médecin. Les forêts environnantes
assurent à la station un air pur et sans poussière.

CLIMAT. — Air pur, plutôt sec, bien que la pluie et la
neige ne fassent pas défaut. Variations thermométriques rarement brusques et considérables; le coucher du soleil ne donne jamais lieu à un refroidissement notable. Les soirées se font remarquer pendant
presque toute l'année par le calme de l'atmosphère
et la douceur de la température (Moeller). Le climat
de cette région du Taunus est d'ailleurs connu pour
sa douceur; Wiesbaden, à 20 kilomètres au S.-E.,
par exemple, est un séjour d'hiver très fréquenté.

INDICATIONS. — Le sanatorium de Falkenstein est
destiné spécialement au traitement de la tuberculose
pulmonaire. Les cas les plus favorables sont ceux
qui se trouvent dans la première période de cette affection (Voir IIIᵉ partie, *Phtisie pulmonaire*).

MODE DE TRAITEMENT . — Il est basé avant tout sur le
repos complet du malade, qui doit passer sa journée
en plein air, étendu sur une chaise longue; sur une
alimentation intensive (repas nombreux et multipliés,
lait, alcool); sur l'entretien des fonctions de la peau.
La surveillance rationnelle du malade, l'individualisation systématique de chaque cas, sont à la base du
traitement. La cure d'air se fait en toute saison et par
tous les temps. Pendant un hiver, par exemple, il
n'y eut que cinq jours où même les malades les plus
robustes furent obligés de rester enfermés dans la
maison.

L'hydrothérapie est employée en la dosant suivant
les forces des malades : les plus délicats sont simplement frottés au lit à sec; les malades plus forts sont
soumis aux frictions humides, au drap mouillé; la
douche courte et froide est réservée pour les sujets
les plus robustes.

Outre ces grands principes, le soin dans les détails,

dont chacun a en réalité une importance que le malade méconnaît trop souvent, complète le système de traitement. La désinfection systématique, la surveillance de l'expectoration, réduisent au minimum possible le danger de l'infection du personnel traitant ou des personnes qui accompagnent un malade.

Flattnitz (Autriche, Carinthie).
Station d'altitude.

ITINÉRAIRE. — Stat. de ch. de fer de Friesach, ligne de Bruck à Villach ; de là, 5 h. en voiture. — ALTITUDE : 1290 m.

DESC. — Très simple station d'altitude, située sur un plateau couvert de prairies, entouré de tous côtés de chaînons de montagnes hauts de 200 à 300 mètres, et couverts de mélèzes et de pins (Reimer).

Gais (Suisse, canton d'Appenzell).
Station d'été. — Cure de petit lait.

ITINÉRAIRE. — Stat. de ch. de fer de Saint-Gall, ligne de Zurich à Rorschach ; de là, à Gais, ch. de fer à voie étroite (1 h. 1/2). — ALTITUDE : 934 m. — SAISON : Juin à septembre.

DESC. — Grand village dans la région orientale de la Suisse, dans le pays classique de la cure de petit lait. Le village est au S.-E. de Saint-Gall, au milieu de prairies, à l'abri de collines qui le protègent contre les vents du N. ; ceux de l'O. et du S.-O. sont les plus fréquents.

CLIMAT. — Sans être rude, il n'est pas doux cependant. La température à 1 heure est en juin 17°, juillet 19°, août 18.6°, septembre 14.6°.

PETIT LAIT. — Il est apporté des montagnes voisines et distribué chaque matin (Voir *Heiden*, pour les détails et les indications de la cure de petit lait).

INDICATIONS. — Convalescence, anémie, affections nerveuses.

CONTRE-INDICATIONS. — Affections fébriles, tendance aux hémoptysies, affections cardiaques en rupture de compensation.

Gardone-Riviera (Italie, province de Brescia).
Station d'hiver.

ITINÉRAIRE. — Stat. de Desenzano, ligne de ch. de fer de Brescia à Vérone; de là, par bateau à vapeur (1 h. 1/2).

DESC. — Village situé dans le golfe de Salò, sur la rive occidentale et dans la région méridionale du lac de Garde, au pied du Monte San Bartolomeo. Position très pittoresque, nombreuses promenades, malheureusement la' plupart sur les pentes.

CLIMAT (Flechsig). — Température douce, égale, humidité modérée. Bonne protection contre les vents ; peu de poussière.

INDICATIONS. — Affections des organes respiratoires, du larynx en particulier. Le manque de promenades horizontales constitue un inconvénient sérieux pour certains malades atteints d'affections cardiaques ou respiratoires.

Gérardmer (France, Vosges).
Station de montagne.

ITINÉRAIRE. — Stat. terminus d'un embranchement partant d'Épinal. — ALTITUDE : 670 m. — SAISON : 1er mai au 1er octobre.

DESC. — Petite ville au bord d'un lac, le plus considérable des Vosges, entouré de montagnes boisées ou couvertes de prairies, de bruyères. Les maisons sont largement espacées et disséminées dans la verdure.

CLIMAT (Greuell). — Plus doux que stimulant, mais fortifiant. Température moyenne, mai 10.5°, juin 13.7°, juillet 16.6°, août 15.1°, septembre 12.4°. L'oscillation thermométrique entre les maxima et les minima est forte, variant pour ces mêmes mois entre 11 et 12°, ce qui veut dire que des nuits très fraîches succèdent à des journées chaudes.

INDICATIONS. — Convalescence, chloro-anémie, névropathie, neurasthénie, surmenage intellectuel. Greuell propose d'utiliser Gérardmer comme sanatorium d'hiver pour les sujets prédisposés à la tuberculose. En été, le voisinage du lac permet les exercices de la nage et de l'aviron, excellents pour les jeunes gens. Établissement hydrothérapique.

Gersau (Suisse, canton de Schwyz).
Station d'été.

ITINÉRAIRE. — Bateau à vapeur depuis Lucerne ou Fluelen, toutes deux stat. du ch. de fer du Gothard. — ALTITUDE : 440 m. — SAISON : De printemps, depuis le 15 mars; d'automne, depuis la fin d'août.

DESC. — Village au bord du lac des Quatre-Cantons, sur les dernières pentes méridionales du Rigi, au bord d'un petit golfe faiblement creusé. La vue est fort belle et s'étend au loin. Des deux côtés se dressent des montagnes élevées : à l'E. la Hohfluh, 1693 mètres, à l'O. le Vitznauer Stock ; au N. la vallée se creuse en entonnoir en s'élevant rapidement aussi. Gersau est bâti sur des alluvions détachées des flancs de la montagne par les torrents. La contrée est couverte d'une belle végétation ; grâce à l'échauffement des pentes par le soleil, la vigne, les arbres fruitiers, le châtaignier, prospèrent. Cette position en espalier, aux rayons du soleil, rend Gersau chaud en été. C'est une station excellente en revanche au printemps et en automne.

CLIMAT. — Gersau est abrité contre les vents du N., les montagnes de l'autre rive du lac diminuent aussi la violence des vents du S.-O. En revanche, il est exposé au fœhn ou vent chaud du S.-E., qui descend (au printemps surtout) sur le lac par la vallée de la Reuss, et qui a dans cette région une violence redoutable. Température fort semblable à celle de Montreux, qui est cependant plus chaud ; moyenne pour l'année 9.73°. Éléments du climat d'été :

	Avril.	Mai.	Juin.	Juillet.	Août.	Sept.	Oct.
Temp. moyenne...	8.9	12.2	16.9	18.3	18.5	14.4	9.1
Hum. rel. moyenne.	76	75	74	75	78	83	83
Jours avec pluie...	13	9	11	13	10	8	11

L'humidité est donc moyenne en été. La quantité de pluie est abondante en cette saison. La nébulosité cependant reste dans la moyenne.

Gersau possède en résumé un climat doux, une forte insolation, un air calme et une humidité moyenne.

INDICATIONS. — Station plus sédative que tonique, convenant aux convalescents, aux sujets délicats et excitables. Affections pulmonaires chroniques, bronchites, reliquats de pneumonie et de pleurésie, affections du larynx. Affections nerveuses. Les environs du village présentent des chemins de pentes diverses qui ont été classés et jalonnés pour permettre le traitement des affections cardiaques et de l'obésité par la méthode d'Oertel. Station intermédiaire de passage pour les malades qui vont au Midi ou en reviennent par le chemin de fer du Gothard, ou qui descendent au printemps des stations d'altitude.

Gmunden (Autriche, province de la Haute-Autriche). *Station d'été.*

ITINÉRAIRE. — Stat. de ch. de fer, ligne d'Attnang à Ischl. — ALTITUDE : 425 m. — SAISON : Juin à octobre.

DESC. — Petite ville située au bord du lac de Traun, à l'endroit où la rivière du même nom s'en échappe par son extrémité N. Le lac est pittoresque, ses rives sont escarpées, surtout à l'E. et dans son extrémité S. Gmunden est une des stations d'été les plus recher-

chées dans cette région de l'Autriche ; la ville possède
d'agréables promenades, notamment sur la rive occidentale du lac. Installations hydrothérapiques, bains
de tout genre, bains du lac.

Climat. — Chaud en été, mais tempéré par la fraîcheur du matin et du soir; il existe des courants
aériens normaux, entre lac et vallée d'une part et les
montagnes de l'autre, qui rafraîchissent l'air. La proximité du lac a aussi une influence favorable sur la
température.

Gœrbersdorf (Prusse, province de Silésie).
Sanatorium.

Itinéraire. — A 5 kil. (omnibus) de la stat. de ch. de fer de
Dittersbach, ligne de Breslau à Fribourg. — Altitude : 561 m.
— Saison : Toute l'année.

Desc. — Village situé au S.-E. de Fribourg en Silésie,
à 1,5 klm. seulement de la frontière autrichienne,
au pied des premiers contreforts des montagnes
(les Sudètes) qui forment dans cette région un vaste
demi-cercle ouvert du côté du S. La vallée est dirigée
d'une façon générale de l'E. à l'O., entourée de montagnes de 800 à 900 mètres de hauteur; de grandes
forêts contribuent en outre à briser les vents du côté
de l'E.

Il existe à Gœrbersdorf trois sanatoriums : celui
du docteur Brehmer, le plus important, fondé en 1859
déjà; celui du docteur Rœmpler, celui de la com-
tesse Pückler ; les deux premiers sont réservés
exclusivement au traitement de la tuberculose. Le
sanatorium Brehmer est un superbe bâtiment, au milieu d'un parc, dans le voisinage de la forêt ; des
chemins de pente diverse ont été tracés de tous côtés,
de manière à permettre aux malades un exercice
gradué ; de nombreux abris sont disséminés partout.

Climat. — De montagne. Température et humidité

moyennes, peu de vents. Le sanatorium du docteur
Brehmer se trouve dans une partie de la vallée particulièrement bien abritée des vents par les chaînons
de la montagne et par les forêts.

Le village est situé dans la zone d'immunité phtisique,
point auquel Brehmer attachait la plus grande importance.

Indications. Mode de traitement. — Gœrbersdorf est
spécialement destiné au traitement de la phtisie pulmonaire par l'hygiène. Le sanatorium Brehmer a été
construit de manière à offrir les conditions hygiéniques les plus favorables. De vastes salles de réunion, de grandes salles à manger bien aérées, des
chambres à coucher munies d'installation pour la
ventilation, assurent aux tuberculeux un air aussi
pur que possible. Les malades doivent d'ailleurs
passer la majeure partie de la journée en plein air ;
ils prennent l'exercice qui leur est prescrit dans
les allées du parc, mais ils ne doivent en aucun cas
se fatiguer. La nourriture est abondante, trois repas
par jour entre lesquels le malade prend encore deux
fois du lait, etc. Le lait, le kéfyr, le vin de Hongrie,
le cognac sont administrés rationnellement. Quelques
malades sont traités en outre par la douche froide,
d'autres, par les frictions humides ou sèches. Ces
principes d'hygiène sont d'ailleurs accompagnés de
d'administration de peu de médicaments. Le lait
de vache et le lait de chèvre sont fournis par une vacherie appartenant à l'établissement et surveillée avec
soin. (Voir aussi *Falkenstein*.)

Gœrz (Autriche, Istrie).
Station d'hiver.

Itinéraire. — Stat. du ch. de fer du Sud de l'Autriche, ligne
de Trieste à Udine. — Altitude : 94 m. — Saison : 1ᵉʳ octobre au
1ᵉʳ mai.

Desc. — Ville de 20 000 hab., située par 45°56' de

latitude N., à 30 kilomètres au N. du golfe de Trieste. En cet endroit, deux chaînes de montagnes, le Karst (680 m.), la plus méridionale, le Tarnower Wald (800 m.), la plus septentrionale, courent parallèlement entre elles du N.-O. au S.-E., séparées par une vallée où coule la Wippach, rivière qui se dirige vers le N.-O. Gœrz est bâtie dans cette plaine. Au N. s'étendent les ramifications des Alpes Juliennes, traversées par l'Isonzo, fleuve qui se trouve à peu de distance de Gœrz. Des collines complètent la ceinture d'abris qui entourent la ville. La campagne environnante est fertile, couverte d'une riche végétation, de vergers, de vignes sur les coteaux. La ville elle-même est au pied d'une colline isolée au milieu de la plaine.

CLIMAT. — Le vent est fréquent, principalement celui du N.-E. (ou *bora*), le vent du N., sortant de la vallée de l'Isonzo, enfin ceux du S. et du S.-O. qui sont parfois accompagnés de pluie. On compte d'octobre en mai 114 jours avec du vent et 62 de calme, ce qui doit faire classer Gœrz parmi les stations à air agité. Éléments du climat d'hiver (Sigmund, Reimer) :

	Oct.	Nov.	Déc.	Janv.	Fév.	Mars.
Temp. moyenne.....	14.0	7.6	3.8	2.9	4.8	7.6
Hum. rel. moyenne..	75	80	78	74	72	62
Jours avec pluie.....	12.5	12.6	11.1	10.3	8.6	9.4

La température est douce, l'insolation est forte. Le baromètre indique en moyenne 753. Il y a beaucoup de pluie en hiver, et rarement de la neige. Le climat est en résumé à la fois sous la dépendance de la mer qui est à peu de distance et qui envoie par les vents du S.-O. une humidité notable, et sous celle des vents secs et froids du N.-E. La journée médicale est courte, 11 à 3 heures (Reimer). C'est surtout vers la fin de l'hiver, dans le mois de mars, que l'air est agité par la bora. L'automne est doux.

INDICATIONS (Sigmund). — Scrofule, rachitisme, faiblesse, surmenage, convalescence d'affections infectieuses ou de pneumonies, de pleurésies.

Contre-indications. — Affections aiguës du poumon et du larynx, rhumatisme, affections cardiaques. En général, sujets excitables, éréthiques, disposés aux hémorragies.

Grasse (France, Alpes-Maritimes).
Station d'hiver.

Itinéraire. — Stat. de ch. de fer; depuis Cannes, trajet en 40 min. — Altitude : 330 m.

Desc. — Ville de 14 000 hab., par 43° 39' de latitude N., au N.-O. et à 20 kilomètres de Cannes, bâtie sur des pentes au pied de montagnes qui forment un hémicycle autour d'elle. La ville est adossée aux collines et fait face au S.-E. ; du côté du S. s'élèvent aussi quelques collines. La plaine autour de la ville est couverte de fleurs, cultivées ici pour la fabrication des essences, et qui sont une preuve évidente de la douceur du climat, malgré l'altitude. Le quartier des étrangers s'étend à l'E. de la ville.

Climat. — Doux. L'abri contre les vents est bon. On compte 10 jours de vent pendant la saison d'hiver. Les vents du N.-E., du N.-O., sont brisés par les montagnes ; en revanche, ceux du S., du S.-E., arrivent sans obstacles et amènent la pluie en hiver. La brise régulière soufflant de la mer vers la montagne se fait sentir, remontant la vallée depuis Cannes. Ciel pur, brouillard rare. La neige tombe tous les deux ans, en février ou mars, pendant une demi-journée ou une journée. Les pluies, peu fréquentes, sont très abondantes. Pour les années 1888-1892, on a compté en moyenne pour les six mois d'hiver, 102 belles journées de soleil (Peillon). Vu l'altitude, la température est moins élevée qu'au bord de la mer; moyenne de l'hiver 7.35°. L'air est plus humide qu'à Nice ou à

Cannes; cette humidité modérée lui assure des qualités plus sédatives et douces, précieuses dans certaines affections des organes respiratoires.

Indications. — Grasse a l'avantage de posséder le climat doux du Midi et de ne pas être au bord de la mer. Cette combinaison est heureuse pour tous ceux qui recherchent la chaleur et redoutent l'influence excitante du climat du littoral méditerranéen. D'après Burney Yeo, Grasse est spécialement indiquée aux malades nerveux, aux tuberculeux qui cherchent un climat tonique. L'air est plus léger, plus frais et contient moins de poussière qu'à la plaine. Les malades qui souffrent au bord de la mer d'insomnie, de manque d'appétit, d'irritabilité nerveuse, se trouveront bien du séjour de Grasse. Affections du larynx.

Gries (Autriche, Tyrol).
Station d'hiver.

Itinéraire. — Stat. de Botzen, ligne de ch. de fer du Brenner; de là, 10 min. en voiture. — Altitude : 280 m. — Saison : Septembre à mai.

Desc. — Petite ville de 3200 hab., séparée de celle de Botzen par la rivière le Talfer (46°56′ de latitude N). Elle se trouve sur la route de Botzen à Méran, dans une plaine, entre le Talfer à l'E., l'Eisack, autre rivière venant de l'E., au S. et enfin l'Adige à l'O. De hautes montagnes (jusqu'à 1800 m.) entourent cette vallée de tous côtés, sauf au S. Au N., spécialement, Gries est protégé par un massif de montagne de 1000 mètres de hauteur, qui commence immédiatement derrière la ville (mont Guntschna), et se prolonge au N.-O. jusqu'à Méran. Cette montagne arrête tous les vents du N. Dans cette position très abritée, Gries s'étend de l'E. à l'O., au pied de la montagne, les endroits les plus chauds étant naturellement ceux qui sont le plus près de celle-ci. Des promenades en zigzags ont été tracées sur les premières pentes. Le voisinage de Botzen, qui est une ville de 12 000 hab., assure aux étrangers des ressources de tout genre, spécialement au point de vue de l'éducation. Un inconvénient fâcheux de Gries, c'est la poussière.

CLIMAT. — Très abritée contre les vents froids, la station est en quelque sorte en espalier au pied de la montagne qui concentre sur elle la chaleur du soleil. L'air est sec, la température régulière, les malades peuvent séjourner et se promener longtemps en plein air. Température moyenne de l'année 11.8°. Voici les moyennes de Botzen (Reimer), plus froid que Gries d'ailleurs (de 2° environ) :

Oct.	Nov.	Déc.	Janv.	Fév.	Mars.	Avril.
12.4	5.6	1.7	0.4	3.3	7.6	13.1

Il y a en hiver 42 jours de pluie et 9 de neige. Le brouillard est rare. Humidité relative moyenne 67; c'est donc un air sec. On ne compte pas 10 jours de vent dans l'année ; même en hiver, il n'y a pas de vents violents. Celui qui se fait le plus sentir descend de la vallée de l'Eisack et passe par dessus la ville de Botzen. La chute d'eau est en hiver de 12 millimètres par mois, au printemps et en automne de 58 millimètres. Nébulosité moyenne 4.2 pour l'année, 3.2 seulement en hiver (Hœffinger). Gries a beaucoup de soleil, ce qui est la conséquence de sa faible nébulosité et de la position des montagnes qui s'écartent au midi (en hiver, 67 jours totalement clairs, 47 plus ou moins couverts). En un mot, c'est une de ces stations qui doit à l'abri des montagnes un hiver doux relativement à sa latitude, mais qui assurément ne peut être comparé, pour la température, à celui des stations du Midi. La clarté du ciel est en revanche très remarquable.

INDICATIONS. — La saison se partage en trois périodes : en automne, on fait la cure de raisin ; à partir de décembre, s'ouvre la saison d'hiver; enfin, depuis le mois de mars, le printemps fait de Gries une station de passage pour les malades qui reviennent du Midi.

Affections des voies respiratoires, catarrhe du nez, du larynx; bronchites, emphysème; asthme; reliquats d'inflammations pulmonaires, de pneumonies, de pleurésies. Rhumatisme, goutte, névroses, neurasthénie, dyspepsie, chlorose, faiblesse. Néphrites. Affections des femmes. Enfin, les chemins en pente qui avoisinent Gries ayant été classés et jalonnés, on peut faire la cure d'Oertel dans les affections cardiaques, le cœur gras, l'obésité, etc.

Grindelwald (Suisse, canton de Berne).
Station d'été et d'hiver.

ITINÉRAIRE. — Stat. d'un ch. de fer partant d'Interlaken. — ALTITUDE : 1057 m. — SAISON : Toute l'année.

DESC. — Village situé au milieu de l'Oberland bernois, au fond de la vallée de la Lütschine Noire, torrent qui coule de l'E. à l'O. Les flancs de la vallée sont constitués au N. par le massif du Faulhorn ; à l'E. et au S. se dressent de hautes montagnes, le Wetterhorn, le Schreckhorn et l'Eiger. De vastes glaciers descendent de ces montagnes fort bas dans la vallée, jusqu'à 1100 m. environ, c'est-à-dire à peu de distance de Grindelwald. Le village est bâti en plein soleil, sur les dernières pentes du Faulhorn, en face du glacier inférieur de Grindelwald.

CLIMAT. — Doux. Les vents du N. et du N.-E. sont arrêtés par les montagnes. En revanche, on sent parfois le vent d'E., froid et sec, et fort souvent le fœhn qui souffle avec une grande violence dans cette région, au printemps surtout. Il se forme aussi des courants d'air normaux ascendants et descendants entre les glaciers et la vallée, rafraîchissant et renouvelant l'air, mais donnant aussi à la température une certaine variabilité. Température moyenne (Gerwer) : Année 0.7. janv. — 0.9, fév. 0.6, mars 4.8, avril 11.7, mai 14.7, juin 16.4, juil. 19.6, août 17.2, septembre 12.7, octobre, 9.2, novemb. 2.3, décemb. — 1.1. On remarquera combien les moyennes de l'hiver sont élevées, ce qui est la conséquence du calme de l'air en cette saison. Les minima d'hiver ne sont pas très importants ; — 12° est chose rare, — 17 à 18°, exceptionnelle. Il n'est donc pas étonnant que Grindelwald ait été choisi comme résidence d'hiver par des étrangers attirés par le calme de l'air, la pureté du ciel. C'est l'insolation qui est le point faible en hiver : par suite de la position des montagnes du côté du Midi, Grindelwald n'a que 2 heures de soleil (de 10 à 12 h.) pendant 50 jours consécutifs. Le climat d'été est chaud le jour (on a noté jusqu'à 31°), frais la nuit, par suite de la proximité des glaciers et des hautes montagnes.

INDICATIONS (Lebert). — Station d'altitude modérée facilement accessible. Affections des organes respiratoires, bronchite chronique, surtout chez les scrofuleux ; disposition à la phtisie pulmonaire ; première période de cette affection ; périodes plus tardives sans fièvre. Reliquats de pleurésie, pleurésie chronique. Neurasthénie, dyspepsie, convalescence, asthme.

Grindelwald n'a pas pris une importance réelle comme station d'hiver pour malades, ce qui est dû à sa faible altitude et à la courte durée de l'insolation journalière.

Heiden (Suisse, canton d'Appenzell).
Station d'été. Cure de petit lait.

ITINÉRAIRE. — Stat. de ch. de fer de Rorschach, au bord du lac de Constance ; de là, ch. de fer à crémaillère jusqu'à Heiden (50 min.). — ALTITUDE : 806 m. — SAISON : 15 mai au 30 septembre.

DESC. — Village situé au S. du lac de Constance et

à 400 m. au-dessus de son niveau, à l'extrémité N. d'un des chaînons qui s'étendent du S.-O. au N.-E. dans le pays d'Appenzell. Position admirable, vue fort belle. Heiden est placé sur un plateau, près de forêts de sapins et de mélèzes ; le sol, couvert de prairies, sèche rapidement après la pluie. La station s'est beaucoup développée depuis quelques années ; la facilité d'accès est très grande depuis la création du chemin de fer. Excellentes installations, hôtels confortables, eau potable de bonne qualité distribuée partout, etc.

CLIMAT. — Tempéré, pas trop chaud, bien que l'on ne puisse pas s'attendre à un été frais dans cette région de la Suisse et à cette altitude. L'air est pur, renouvelé par des courants qui proviennent du lac et par les vents du S.-O. et du N.-E. Par le beau temps, l'air est toujours en mouvement et donne au climat un caractère tonique ; en même temps il abaisse la température. Températures notées en 1887 : mai 7.8, juin 14.2, juil. 17.7, août 14.9, sept. 10.1. Le maximum a varié de juin en septembre entre 25 et 26°. L'humidité relative est faible ; pour ces 5 mois, la moyenne est 77 à 7 heures, 60 à 1 heure, 80 à 9 heures. En résumé, climat tonique sans être excitant.

INDICATIONS. — Heiden convient spécialement dans la convalescence, dans les affections nerveuses avec état d'excitation, le surmenage intellectuel, la neurasthénie. C'est aussi un excellent lieu de repos pour les fatigués de corps et d'esprit.

Cure de petit lait. — Le petit lait est le résidu de la fabrication du fromage de lait de chèvre. Liquide verdâtre, trouble, douceâtre ; il contient principalement du sucre de lait (45 gr. par litre), des albuminoïdes (11 gr.), des matières grasses (4 gr.), des sels (6 gr.). Il provient des chèvres du canton d'Appenzell, et on l'apporte encore chaud le matin. On le boit par verrées de 180 à 200 gr., pur ou parfois coupé d'eau minérale. Il a une action diurétique et laxative, mais donne parfois de la dyspepsie, de l'embarras gastrique.

INDICATIONS DE LA CURE DE PETIT LAIT. — Catarrhe chronique du larynx, bronchite chronique, épanchements pleurétiques ; premier degré de la phthisie pulmonaire ; poussées aiguës de bronchite ou de pneumonie au cours de cette affection. Catarrhe des intestins avec hyperémie du foie, constipation chronique avec hémorroïdes. Affections congestives des organes du bassin chez la femme, dysménorrhée congestive. États de dépression nerveuse, hypocondrie.

L'importance de la cure de petit lait tend à diminuer de nos jours, surtout dans la tuberculose pulmonaire, sans doute sous l'influence des nouvelles méthodes thérapeutiques qui cherchent l'engraissement par une alimentation rationnelle plutôt que l'action altérante et affaiblissante d'une médication de ce genre. D'après Zurcher (de Gais), le petit lait a cependant une valeur réelle dans les catarrhes pulmonaires et au début de l'infiltration.

Hélouan (Égypte).
Station d'hiver.

ITINÉRAIRE. — Du Caire, ch. de fer (45 min.). — ALTITUDE : 35 m.

DESC. — Les bains d'Hélouan (qui utilisent une eau sulfureuse chlorurée sodique chaude, 30.5°) sont situés à 23 kilom. au S. du Caire, sur la rive droite du Nil. Plusieurs hôtels confortablement organisés. Le climat est semblable à celui du Caire, mais la vie y est plus tranquille, l'air est plus pur et il y a moins de bruit que dans cette grande ville. On s'y trouve encore davantage sous l'influence de l'air et du climat du désert.

INDICATIONS. — Voir celles du Caire. On recommande Hélouan dans le rhumatisme, la syphilis et dans les cas de tuberculose chronique.

Hohenhonnef (Prusse, province Rhénane).
Sanatorium.

ITINÉRAIRE. — Stat. du ch. de fer de Coblence à Cologne, par la rive droite du Rhin. — ALTITUDE : 200 m. — SAISON : Ouvert toute l'année.

DESC. — Honnef est une petite ville au bord du Rhin, protégée contre les vents froids du N. et de l'E. par les Sept-Montagnes. Au N.-E. de la ville s'élève le sanatorium de Hohenhonnef, dans une belle position avec la vue de la vallée du Rhin. L'établissement, récemment construit, est organisé d'une façon analogue à celui de Falkenstein (Voir ce nom); la cure d'air s'y fait sous une vérandah, munie de chaises longues. Il existe autour du sanatorium un parc avec des chemins de pente variée. Le traitement, sous la direction du Dr Meissen, repose sur les bases que nous avons détaillées à propos de Gœrbersdorf et de Falkenstein.

CLIMAT. — L'air pur, doux et calme de la ville de Honnef l'ont fait apprécier depuis longtemps comme séjour ou comme station de passage pour les malades qui vont au Midi ou en reviennent. Placé sur la hauteur, le sanatorium a un air encore meilleur que celui de la ville, sans poussière, rafraîchi par le voisinage des bois. Le sol, sec et poreux, absorbe l'humidité et permet l'écoulement normal des eaux. Climat légèrement stimulant. L'hiver y est rarement très rude, l'été modérément chaud, le printemps magnifique (Mœller).

INDICATIONS. — Tuberculose pulmonaire à ses diverses périodes, mais surtout au début.

Hyères (France, Var).
Station d'hiver.

ITINÉRAIRE. — Stat. de ch. de fer, ligne de Marseille à Vintimille, embranchement de Toulon. — ALTITUDE : 50 m. environ. — SAISON : Novembre à avril.

Desc. — La plus ancienne et la plus méridionale des stations hivernales du littoral français (43°7' de latitude N.). Ville de 15000 hab., adossée à une colline de 200 m. de hauteur que ses vieilles rues escaladent. La ville nouvelle s'étend au pied de la colline ; de larges boulevards se sont développés entre la gare et la ville, malheureusement dans le sens du mistral, du N.-O. au S-.E. De nombreux palmiers ornent ces avenues ; de très beaux exemplaires, âgés de plus de 60 ans, se trouvent notamment sur la place des Palmiers. Hyères est en résumé en espalier contre des collines, ce qui lui vaut sa température élevée. Ces collines dépendent de celles des Maurettes, qui se rattachent à l'E. de la ville aux montagnes des Maures, massif s'étendant au N.-E., jusqu'à Saint-Raphaël. Du côté de l'E. et du S.-E., ces montagnes envoient leurs ramifications jusqu'au bord de la mer, assurant une bonne protection contre les vents. A l'O. s'ouvre au contraire une plaine, par laquelle le mistral arrive sans obstacle sur la station. Hyères est séparée de la mer (du côté du S.) par une plaine (4 kilom.) Mais au S.-O. de la ville s'élève abruptement une colline isolée (Mont des Oiseaux), sur le flanc S. de laquelle se trouve le val de Costebelle, avec des hôtels, vallon qui est presque totalement à l'abri du mistral, mais qui est près de la mer et dans une position exposée au vent du S.-O., tandis que cette colline elle-même brise pour Hyères les courants atmosphériques venant de cette direction.

La topographie d'Hyères est donc très variée et offre un grand choix de promenades, soit sur les collines, soit en plaine jusqu'aux bord de la mer. L'éloignement de celle-ci est pour Hyères un avantage précieux, pour certains malades. La ville tend à se développer du côté de l'O. et du N-.O., ce qui est regrettable au point de vue de la protection contre les vents.

Hyères est une station tranquille, faite plutôt pour ceux qui veulent se soigner que pour ceux qui désirent jouir des amusements d'une station d'hiver à la mode.

CLIMAT. — La température est élevée ; on en voit la preuve dans la végétation qui s'étale sur les rochers exposés aux rayons du soleil. La forte insolation, échauffant beaucoup les pentes rocheuses et escarpées du N. de la ville, contribue à relever la température moyenne ; celle de l'hiver est de 10.3° (Biden), (8.5°, Williams) ; moyennes des divers mois (Vidal) :

Nov.	Déc.	Janv.	Fév.	Mars.	Avril.
12	9	8	10	11	13

L'humidité de l'air est faible d'après les uns (58, Reimer), moyenne d'après les autres (73, Biden). On compte dans l'année 60 à 65 jours de pluie, qui tombe principalement en automne et pendant la saison d'hiver. Il y a en hiver une moyenne de 21 à 25 jours de soleil par mois (Biden).

Quant aux vents, les principaux sont le mistral, que l'on sent à Hyères comme un vent d'O., et le vent d'E. qui amène la pluie. Le vent est fort en moyenne pendant 4-5 jours par mois, faible 15 jours, nul 9 à 10 jours (Biden).

En résumé, le climat est plutôt sec, sans avoir cependant la sécheresse des autres stations du littoral, le soleil très chaud, la pluie rare, la température élevée, quand le vent ne souffle pas. Le grand avantage de cette station, c'est d'être à une distance de la mer suffisante pour que l'influence du climat maritime soit affaiblie ; on ne voit et on n'entend la mer que de loin. Costebelle a un climat bien plus abrité contre les vents froids, mais aussi plus maritime.

INDICATIONS (Biden). — Scrofule, convalescence, fatigue nerveuse, surmenage intellectuel. Angine chronique des orateurs, laryngite chronique. Bronchite avec bronchorrhée, bronchite goutteuse. Emphysème et asthme (de toutes les stations de la Rivière, Hyères est la plus efficace dans l'asthme, Williams). Tuberculose pulmonaire. Dyspepsie, catarrhe chronique de l'intestin. Ataxie locomotrice, névralgies. Néphrite aiguë à la période de la convalescence, maladie de Bright chronique.

Contre-indications. — Tuberculose laryngée, hystérie, hypocondrie, irritation spinale, congestion cérébrale. Rhumatisme.

Il est bon pour certains malades de se fixer dans le quartier de l'E., le plus abrité ; malheureusement la plupart des hôtels et des maisons meublées se trouvent à l'O.

Innsbruck (Autriche, Tyrol).
Station d'hiver.

Itinéraire. — Stat. de ch. de fer, ligne de l'Arlberg. — Altitude : 579 m. — Saison : Octobre à avril.

Desc. — Ville de 35000 hab., située par 47°16' de latitude N., dans la vallée de l'Inn, au confluent de cette rivière et de la Sill, torrent qui lui arrive du côté du S. En ce point la vallée de l'Inn s'élargit du côté du Midi. Au N., en revanche, la ville arrive au pied des Alpes calcaires qui s'élèvent brusquement jusqu'à 2000 et 2500 mètres, en constituant un écran contre les vents du N. et un excellent réflecteur de la chaleur solaire. Au S., les montagnes s'écartent du cours de l'Inn, de façon à former une plaine triangulaire dont la pointe s'enfonce dans la vallée de la Sill. Les montagnes sont d'ailleurs fort élevées aussi de ce côté-là. L'échancrure de la vallée de la Sill a beaucoup d'importance pour le climat d'Innsbruck, tant au point de vue de l'insolation que du vent chaud (fœhn) qui en descend. A l'E. et à l'O., la vallée de l'Inn est fermée pour ainsi dire par les assises de puissantes montagnes, Kellerjoch à l'E., Martinswand à l'O.
La vieille ville offre encore des rues étroites, mais

la nouvelle ville est construite d'une façon moderne, avec de larges rues, de jolies promenades. Une eau excellente a été amenée en ville. Innsbruck a l'avantage de posséder un grand nombre d'établissements d'instruction publique, depuis les écoles élémentaires jusqu'à l'Université. Enfin, il existe des promenades horizontales dans le sens de la vallée de l'Inn; les flancs des montagnes qui entourent la ville offrent aussi de nombreux buts d'excursions.

CLIMAT (d'après Jaccoud). — Malgré l'altitude, et surtout malgré la proximité de si hautes montagnes, Innsbruck a un climat doux (moyenne de l'année, 8.3°), fait qu'elle doit à l'absence du vent du N., à l'échauffement du versant N. de la vallée par le soleil, enfin au vent du S., ou fœhn, qui est fréquent dans ces régions. Température moyenne :

Oct.	Nov.	Déc.	Janv.	Fév.	Mars.
7.7	2.5	—2.4	—3.9	—0.2	3.3

Le ciel est rarement couvert, 4 à 6 jours par mois. Le brouillard est rare (en octobre seulement). L'humidité relative pour les six mois d'hiver est à midi 76.2. La pluie est peu abondante en hiver, 39 millimètres par mois. La distribution de la pluie dans le Tyrol du N. est surtout estivale, il pleut 100 jours par an, dont 63 pendant les six mois d'été (Hann). Pression barométrique très uniforme, en moyenne 710.9. Enfin les vents sont rares de novembre à février; et ceux du N. manquent tout à fait. En octobre, on traverse une période de trouble atmosphérique, pendant laquelle a lieu la chute de neige d'hiver.

En résumé, Innsbruck présente en hiver les caractères que possèdent des vallées plus élevées : beaucoup de neige sur le sol jusqu'en février, insolation et luminosité fortes sous un beau ciel bleu. A ces avantages climatiques très grands s'ajoutent ceux de la vie urbaine.

INDICATIONS. — D'après Jaccoud, Innsbruck est une station hivernale de faible altitude de premier ordre, soit pour le traitement préventif de la phthisie pulmonaire, soit plus généralement pour l' « œuvre de la restauration constitutionnelle ». Elle satisfait ainsi aux principes de traitement de ce clinicien qui recommande pour la prophylaxie de la tuberculose, en hiver, des altitudes faibles présentant néanmoins les caractères hivernaux du climat de montagne. En outre, Jaccoud conseille ce séjour dans la chloro-anémie et la neurasthénie.

Interlaken (Suisse, canton de Berne).
Station d'été.

ITINÉRAIRE. — Stat. de ch. de fer, terminus d'une ligne venant de Berne. — ALTITUDE : 568 m. — SAISON : Mai à octobre.

DESC. — Ville dans une belle position sur la verte plaine du Bœdeli, entre deux lacs dont chacun a un attrait particulier. La plaine, résultat des apports de deux torrents, est bornée au N.-E. par le lac de Brienz, et au S.-O. par celui de Thoune (6 kilom. d'un lac à l'autre). Au N., les montagnes du Harder et du Beatenberg s'élèvent à une altitude de 1500 à 1900 mètres, et protègent la ville contre les vents du N. et du N.-O. Au S.-E., la chaîne du Faulhorn, au S.-O, celle de l'Abendberg, arrêtent les vents provenant de ces directions. Entre les deux passe la Lütschine, torrent qui va se jeter dans le lac de Brienz. Le sol est peu humide, les flancs des montagnes sont boisés. La vallée est traversée obliquement par les eaux vives et rafraîchissantes de l'Aar.

Interlaken se compose de plusieurs parties distinctes : Interlaken proprement dit, avec son faubourg Aarmühle au centre, Unterseen au N.-E., Matten au S., et enfin Bœnigen à l'E., au bord du lac de Brienz. Au centre de la ville se trouve la chaussée du Hocheweg, belle promenade bordée de noyers séculaires, d'où la vue s'étend librement sur les glaciers de la Jungfrau. Le printemps est magnifique à Interlaken; les arbres en fleurs donnent à la vallée du Bœdeli l'aspect d'un jardin; l'automne est non moins beau. Grâce aux facilités de communication par bateaux à vapeur sur les deux lacs et par le chemin de fer qui pénètre dans l'Oberland, Interlaken est devenu un centre important pour les touristes, sans cesser pourtant d'être un séjour climatique recommandable à nombre de malades.

CLIMAT. — Doux et tempéré, bien qu'assez chaud en été. Température moyenne de l'année, 8.7°; des divers mois d'été :

	Juin.	Juillet.	Août.	Sept.
Temp. moyenne....	15.8	17.5	17.2	12.8
Hum. rel. moyenne.	63	64	66	67

L'humidité de l'air est donc faible. La pluie se répartit inégalement sur les divers mois; la plus faible partie tombant de décembre en mars, la plus forte d'avril en novembre. Le printemps offre souvent à Interlaken une douceur incomparable et compte plus de jours clairs que le commencement de l'été. L'automne est beau, à part les premiers jours de septembre qui sont souvent pluvieux, et offre pendant longtemps une température agréable. Les vents dominants sont ceux du S.-O. et du S.-E. (le fœhn, au printemps surtout); celui du N.-E. est rare. Des courants réguliers se forment entre plaine et montagnes, entre lacs et plaine, et tendent à rafraîchir l'air. En résumé, Interlaken a un climat doux et sédatif, chaud sans être accablant.

INDICATIONS. — Bronchites, laryngites, états d'irritation de la muqueuse des voies respiratoires. Phthisie pulmonaire à forme éréthique. Névroses, affections nerveuses chez des sujets qui, ayant besoin d'un climat sédatif, ne craignent pas le bruit de la foule et doivent chercher des distractions. Convalescence, enfants chétifs, personnes âgées redoutant la montagne: Cures de lait, de petit lait, de raisin.

Ischia (Italie, province de Naples).
Station d'été.

ITINÉRAIRE. — De Naples, service journalier de bateau à vapeur (2 h.).

DESC. — Ile située à l'O. de Naples, bien connue tant par ses sites remarquables que par ses eaux minérales chaudes, fréquentées par des rhumatisants et des goutteux. Le tremblement de terre de 1883 a détruit Casamicciola, sa ville la plus importante, mais les hôtels et les bains ont été reconstruits depuis lors.

CLIMAT. — L'exposition de l'île aux vents, à celui du N. en particulier, n'en fait pas une station d'hiver; mais on y trouve d'avril en septembre un climat maritime, tonique et agréable. Les scrofuleux, les malades affaiblis, ayant besoin d'être remontés, pourront y séjourner avec avantage.

Klosters (Suisse, canton des Grisons).
Station d'été.

ITINÉRAIRE. — Stat. de ch de fer, ligne de Landquart à Davos. — ALTITUDE : 1205 m. — SAISON : Juin à fin septembre.

DESC. — La vallée du Praettigau, que le chemin de fer de Davos parcourt depuis son débouché dans la vallée du Rhin jusqu'à Klosters, est arrosée par le torrent la Landquart. Elle a une direction générale N.-O.-S.-E. Klosters est situé dans le dernier tiers de la vallée, dans une région à peu près plane. Tout autour du village se dressent de hautes montagnes, de plus de 2000 mètres d'altitude. La vallée est couverte de belles prairies, les arbres fruitiers prospèrent encore dans les bonnes expositions; les hêtres et les érables sont mélangés avec les conifères dans les forêts. La présence de hautes montagnes dans les environs diminue même en été la durée de l'insolation, le soleil se couchant à 4 heures en cette saison. Le sol étant couvert de prairies, il y a peu de poussière. Les forêts sont à une certaine distance du village ; mais à quelques minutes, on trouve un bois où l'on a installé des bancs.

CLIMAT.—L'altitude faible de Klosters fait comprendre que le climat est doux. Si la température est chaude au milieu du jour, il y a de la fraîcheur le matin et le soir. Éléments du climat d'été :

	Mai.	Juin.	Juillet.	Août.	Sept.
Temp. moyenne....	8.7	11.9	14.3	13.1	11.5
Hum. rel. moyenne.	68	71	77	78	75
Jours avec pluie....	12	14	14	12	8

Voici, pour donner une idée de l'oscillation journalière de la température, les minima et maxima moyens de ces 5 mois : mai — 0.7° et 11.5, juin 2.8 et 23.2, juillet 6.4 et 25.6, août 4.7 et 24.3, septembre 1.8 et 22. 4. Le rayonnement nocturne refroidit donc notablement l'air, et, comme conséquence, l'humidité relative est forte le matin et le soir. Le brouillard se montre parfois en automne. Les jours de pluie sont assez nombreux, la nébulosité est moyenne. Enfin, le calme de l'air est noté dans 57 p. 100 des observations. Les vents les plus fréquents sont ceux du N.-E., du S.-E., du N.

En résumé, Klosters présente un climat de vallée typique, avec une température modérément chaude, un air calme, rafraîchi la nuit et sans poussière.

INDICATIONS. — Celle de l'altitude moyenne (page 64). Klosters est en outre une station intermédiaire entre la plaine et la montagne, fort bien située aux portes de Davos.

Leysin (Suisse, canton de Vaud).
Station d'altitude. Sanatorium.

ITINÉRAIRE. — Stat. de ch. de fer d'Aigle, ligne de Lausanne à Brigue. De là à Leysin-Grand-Hôtel, 3 h. 1/2 en voiture. — ALTITUDE : village 1264 m., Grand-Hôtel, 1450 m. — SAISON : Toute l'année.

DESC. — A l'E. de la ville d'Aigle s'ouvre la vallée des Ormonts, ou de la Grande-Eau, vallée qui, après avoir eu un parcours de 9 kilomètres environ du S.-O. au N.-E., tourne brusquement à l'E. C'est sur le flanc N. de la première partie de cette vallée, à 4 kilomètres 1/2 d'Aigle, en ligne droite, que se trouve le village de Leysin, sur un plateau légèrement creusé en cuvette et dirigé du S.-O. au N.-E. Ce plateau a peu de largeur et s'incline brusquement en pentes très rapides, à l'E. et au S. vers la Grande-Eau, au S.-O., du côté d'Aigle. Le plateau de Leysin est adossé du côté du N.-O. aux pentes du mont Luisset (1978 m.), et c'est sur ces pentes que l'on a construit, à 200 mètres au-dessus du village, au lieu dit le Feydey, le Grand-Hôtel de Leysin, sanatorium près duquel sont venus se grouper d'autres hôtels et habitations particulières. Ces constructions nouvelles ont l'avantage d'être à une altitude bien supérieure à celle du village, et de se trouver à proximité immédiate de la forêt, tandis que le village ne possède ni forêt, ni arbres même dans son voisinage. Il est important de noter que Leysin-Feydey est situé sur le flanc de la montagne et non point dans une vallée.

Leysin est abrité par les montagnes ; sa protection immédiate se trouve à l'O. et au N. dans la chaîne du Luisset et de la Tour d'Aï ; moins immédiat est l'écran constitué à l'E. par l'énorme masse du Chamossaire 2116 m.), qui se trouve de l'autre côté de la vallée de Grande-Eau, et dont le sommet est à 4 kilomètres de Leysin. Au N.-E., le mont d'Or, le pic Chaussy, sont beaucoup plus éloignés (6 et 9 kilom.) ; ils ont cependant une certaine efficacité pour briser les vents froids de cette direction, efficacité qui serait bien

plus grande s'ils n'étaient séparés par l'échancrure
du col de là Comballaz. Enfin, au S., Leysin est largement ouvert et doit à ce fait sa longue insolation
journalière en hiver.

A Leysin-Feydey, les flancs de la montagne sont
couverts ou de forêts ou de prairies ; la poussière est
ainsi réduite au minimum, à ce qui s'élève de la
route et de la terrasse de l'hôtel. De nombreux chemins ont été tracés dans la forêt, dans le voisinage
immédiat de l'hôtel, et des bancs rustiques placés
partout, dont quelques-uns avec abri spécial (*sun
box*).

Le Grand-Hôtel a été construit pour recevoir des malades et ses installations ont été disposées à l'instar
de celles des sanatoriums de Falkenstein et de Davos.
Il comprend des vérandahs couvertes pour la cure d'air,
tournées vers le S., et munies de chaises longues, de
rideaux, etc. Les installations de chauffage de la maison sont basées sur la circulation de la vapeur à
basse pression; elles permettent de porter l'air de
tout l'édifice à une température convenable au
moyen de corps de chauffe répartis dans chaque
chambre. La chambre peut être mise en communication avec l'extérieur par une ouverture disposée de
telle façon que l'air traverse en entrant le corps de
chauffe. Les malades dorment d'ailleurs la fenêtre
ouverte. L'adduction d'eau potable, l'évacuation du
sewage, l'établissement d'un appareil de désinfection
complètent les mesures hygiéniques fondamentales
qui ont été prises d'emblée en profitant des expériences acquises à Davos.

Leysin-Feydey n'est donc pas en résumé une vallée
triste et encaissée, c'est un endroit gai, ouvert, avec
une belle vue, et beaucoup de soleil. Son principal défaut gît dans sa topographie même, c'est-à-dire dans
l'absence de promenades rayonnant dans diverses
directions, et dans la tentation qu'ont les malades de

commencer leur promenade en descendant pour remonter en rentrant.

Comme séjour d'été, Leysin-Village est connu depuis longtemps. Comme station hivernale, il n'a pas un long passé derrière lui. Cependant il y a eu toujours, depuis une dizaine d'années, des malades au village en hiver. La facilité d'accès de Leysin, déjà très grande, sera encore augmentée par un chemin de fer projeté entre Aigle et le village.

CLIMAT. — Il a été étudié d'abord à Leysin-Village, et ce sont les résultats de ces observations (1887-1890) qui sont la base des remarques suivantes. La température moyenne (déduite d'observations prises à 7, 1 et 4 heures, qui par conséquent ne sont pas absolument comparables à celles d'autres stations où les observations se font à 7, 1 et 9 heures), est modérément basse en hiver, les minima ne sont pas aussi importants que dans d'autres stations de montagne. Éléments du climat d'hiver :

	Nov.	Déc.	Janv.	Fév.	Mars.
Temp. moyenne.....	3.2	—1.1	—1.6	—2.3	0.6
Hum. rel. moyenne..	64	61	59	64	60

Les minima ne sont pas descendus au-dessous de —19°. L'humidité relative moyenne est très faible ; on a noté à 1 heure des minima très bas, 27, 23, 19 et même 13 (en janvier). Il faut se rappeler que les moyennes ne comprennent pas les observations faites à 9 heures du soir, ce qui relèverait sensiblement ces chiffres. Les jours clairs sont au nombre de 1 sur 2 ; les mois les plus couverts ont été ceux de février. Le brouillard se montre 2 jours 1/2 par mois, surtout en septembre, octobre et mars. L'insolation journalière est considérable :

	Nov.	Déc.	Janv.	Fév.	Mars.
Moy. d'heures de soleil.........	3.50	4.05	4.20	4.10	4.15
P. 100 d'heures d'insol. possible..	44	54	56	46.6	42.5

L'insolation est sensiblement plus longue à Leysin qu'à Davos, 108 heures pour 100 heures dans cette localité.

Les vents sont peu fréquents; le calme (c'est-à-dire vent = 0 ou 1 de l'anémomètre) est noté dans 81 p. 100 des observations. Les vents les plus fréquents sont ceux du S., S.-E., S.-O; quand ce dernier souffle, le temps est mauvais en général; les malades ne peuvent sortir, mais ils restent sous la vérandah. Les vents sont en général faibles ou de force moyenne; le vent fort est rare.

On peut se demander dans quelle mesure les éléments concernant le village sont applicables à la station de Leysin-Feydey, située 200 mètres plus haut. L'insolation y est encore plus favorable, les brouillards moins nombreux, la sécheresse de l'air tout aussi grande. Il est possible que la température y soit moins basse qu'au village (par suite du phénomène cité page 50). Enfin l'air y est plus agité par suite de l'existence d'un courant ascendant, depuis la cuvette où est le village sur les pentes de la montagne.

En résumé, le climat hivernal de Leysin se présente comme très favorable aux malades, car l'air est sec, calme; l'insolation est longue et la température modérément basse.

En été, le climat a d'autres caractères : la chaleur du jour est sensible, la fraîcheur de la nuit la compense heureusement. L'air est plus agité, surtout à Leysin-Feydey, par le vent qui remonte de la vallée. Les variations de la température sont plus brusques et plus sensibles qu'en hiver.

Indications. — Leysin est situé dans la zone d'immunité phthisique. Les indications sont celles de Davos (Voir ce nom, et IIIe partie, *Phthisie pulmonaire*). Leysin a l'avantage de ne pas être encore encombré de maisons et de malades, et de se trouver dans un pays de langue française. En été, le voisinage de la forêt est

un véritable bienfait pour les malades. L'altitude, inférieure à celle de Davos, rend le climat moins excitant. Il y a aussi entre Davos et Leysin une différence
provenant de la topographie générale du pays, car
Leysin peut être considéré comme un prolongement
élevé de la vallée du Rhône au climat de laquelle il
participe forcément, tandis que Davos est une vallée
isolée, d'un climat plus spécial.

Locarno (Suisse, canton du Tessin).
Station d'hiver.

ITINÉRAIRE. — Stat. du ch. de fer du Gothard, embranchement
de Giubiasco. — ALTITUDE : 210 m. — SAISON : octobre à mai.

DESC. — Petite ville, située par 46°10' de latitude N.,
sur la rive occidentale d'un golfe, à l'extrémité N. du
lac Majeur, tout près de l'embouchure de la Maggia,
qui a formé un vaste delta au S. de la ville. Son altitude est la plus basse de toutes les stations de la
Suisse. Le golfe est entouré de montagnes élevées:
au N.-E. de la ville se dresse la Punta di Trosa (1866 m.),
qui l'abrite contre les vents du N.; à l'O., le mont Ghi-
ridone, au S. le Limidario (2484 m.). L'ouverture du
val Centovalli, à l'O., permet au vent de souffler sur
la ville. A l'E., de l'autre côté du lac, entre celui-ci et
le lac de Lugano, le groupe des montagnes du Camo-
ghè, et plus près au S., celui du Gambarogno et du
Tamaro, brisent les vents d'E. et du S.-E. Au pied de
hautes montagnes, la ville est immédiatement adossée
à des collines boisées, dans une position charmante,
avec de beaux points de vue. La végétation a un caractère méridional, les plantes du littoral méditerranéen prospèrent dans les jardins. La position de
Locarno la fait ressembler à un grand espalier adossé
à la montagne, protégé contre les vents et bien enso-
leillé. Il y a de nombreuses promenades dans les environs.

CLIMAT. — Doux ; beaucoup de soleil en hiver ; jours clairs très nombreux pendant les mois d'octobre à mars ; le régime des pluies, particulier à la région tessinoise, est celui des pluies d'été, depuis le mois de mars. Ce régime assure à l'hiver un maximum de clarté du ciel et d'insolation. Le lac a une grande importance en adoucissant la température de l'air, tant par sa masse considérable, à la température de 6.8° en hiver, que par la réflexion de la chaleur solaire sur sa surface. Tous ces éléments réunis assurent à Locarno une moyenne thermométrique annuelle de 11.2° (12.7 d'après Martin). Éléments du climat d'hiver :

	Oct.	Nov.	Déc.	Janv.	Fév.	Mars.
Temp. moyenne.	11.1	6.1	2.7	1.7	4.4	7.4
Jours avec pluie.	8	8	6	6	5	6

La pluie tombe en grande quantité en automne, mais elle se répartit sur un petit nombre d'heures ; l'insolation est abondante malgré la pluie. La neige est rare. Le brouillard se montre parfois, mais il est exceptionnel qu'il dure longtemps. L'hiver de 1887 n'a présenté pendant 54 jours consécutifs ni pluie ni neige et rarement des nuages (Odermatt). Enfin, la rareté des vents est bien démontrée par le fait que sur 100 observations, 94 indiquent le calme ; de tous les vents, ce sont ceux de l'O. et du S.-O. qui sont les plus fréquents.

En résumé, le climat est sédatif, et l'un des plus doux et des plus réguliers de la Suisse ; peu de vents, peu de poussière, beaucoup de soleil.

INDICATIONS. — Séjour d'arrière-automne et d'hiver à recommander dans les affections du larynx, l'asthme, la bronchite chronique, la bronchiectasie. Induration chronique du poumon, reliquats de pleurésie. Néphrite. Affections cardiaques. Neurasthénie, affections nerveuses avec caractère d'irritation ; agrypnie. Convalescence, goutte, rhumatisme. Enfin, Locarno est une station intermédiaire ou de passage pour les malades qui vont au Midi ou en reviennent.

Louèche-les-Bains (Suisse, canton du Valais).
Station d'altitude.

ITINÉRAIRE. — Stat. de ch. de fer de Louèche-la-Souste, ligne de Lausanne-Brigue ; de là, 3 h. 1/2 en diligence. — ALTITUDE : 1411 m. — SAISON : juin à septembre.

DESC. — Station thermale (Voir De la Harpe, *Formulaire des Eaux minérales*) dont le climat d'été est utilisé par de nombreux malades qui ne prennent pas de bains. Le village est placé au centre d'une vallée dont les flancs O. et N. sont constitués par de hauts rochers (passage de la Gemmi, 2329 m.). Le flanc E. en revanche, bien que très escarpé, est couvert de forêts de sapins, dont les plus voisines sont à 10 minutes de marche du village (à plat). La vallée se prolonge au delà de Louèche en s'infléchissant du côté du N.-E. Au S., elle est largement ouverte et permet une longue insolation (en été, de 6 1/2 à 5 h.). Louèche n'est pas situé sur le ruisseau qui traverse la vallée, mais sur une terrasse couverte de prairies, orientée à l'O. et au S.-O. Du centre du village se dirige vers le S. une large allée horizontale, longue de 500 mètres environ, suivie d'un chemin à peu près horizontal aussi dans une belle forêt de mélèzes et de sapins où de nombreux bancs permettent la station en plein air. Un autre bois de mélèzes se trouve le long du cours du ruisseau, au N.-E. des établissements balnéaires. Louèche doit à sa position à flanc de coteau, à la nature du sol, qui est calcaire, et à l'altitude, le fait que son climat est sec ; il n'y a pas de prairies marécageuses et le sol sèche rapidement après la pluie. La vue est grandiose mais sévère, à cause des hauts rochers si rapprochés du village.

Climat. — Pression barométrique moyenne : 647.
Éléments du climat d'été :

	Juin.	Juillet.	Août.	Sept.
Temp. moyenne....	11.8	12.7	12.7	10.2
Hum. rel. moyenne.	67	66	66	72
Jours avec pluie....	12	13	12	11

Le climat a l'oscillation considérable propre à l'altitude en été (le minimum moyen varie entre 0.7 et 5.0, le maximum moyen entre 19.3 et 22.0). La chaleur est rarement forte (maximum observé 26.3). L'humidité relative est faible, même la nuit, ce qui tient à ce que la température du soir est souvent élevée et à ce qu'il n'y a pas d'eau stagnante, ni de marais dans la vallée. On compte en été, sur 100 jours, 39 absolument clairs, 21 couverts, et 40 avec plus ou moins de pluie. Vers la fin d'août, il tombe parfois de la neige, puis le temps se remet au beau et septembre est en général très beau. Enfin on y sent rarement les vents supérieurs, arrêtés qu'ils sont par la muraille de montagnes qui entoure Louèche. Ceux du N.-E. et du N.-O sont les plus fréquents. En revanche, chaque jour de beau temps, on sent un vent de la vallée, remontant vers les rochers et semblant venir du S.-O. Il résulte de ce fait que l'air n'est jamais lourd, même par la forte chaleur du milieu du jour.

En résumé, Louèche possède un climat tonique, un air sec, léger, sans être trop excitant, renouvelé par le vent, et beaucoup de soleil. Mais, comme à cette altitude en général, il n'est pas en été à l'abri des variations de température, qui peuvent être importantes.

Indications. — Celles de l'altitude en général (page 60). Ici, elles se combinent souvent avec un traitement balnéaire ou hydrothérapique ; en profitant des installations dont la station est munie.

Lucerne (Suisse, canton de Lucerne).
Station d'été.

ITINÉRAIRE. — Stat. de ch. de fer. — ALTITUDE : 440 m. — SAISON ; mai à octobre.

DESC. — Ville de 18000 habitants, placée au point où la Reuss sort du lac des Quatre-Cantons, en passant entre des collines dont la direction générale est N.-E.-S.-O. Sur la rive droite, ces collines s'approchent assez du lac pour que la ville soit bâtie en partie sur leurs pentes, qui sont couronnées de vieilles murailles et de tours. La rive gauche, en revanche, est plate. Sur la rive droite, des quais splendides permettent de jouir de la vue. L'eau claire et verdâtre de la Reuss s'échappe en passant sous des ponts pittoresques. Une des collines de la rive gauche, le Gütsch, accessible au moyen d'un chemin de fer funiculaire, présente un beau point de vue. Lucerne est un agréable séjour d'été, et une station à la mode où se presse une foule de touristes de toutes nationalités.

CLIMAT. — Doux et sédatif, il convient aux personnes délicates. Il est surtout agréable à la fin de l'été et en automne. Température moyenne de l'année 9.5°, c'est-à-dire élevée en comparaison de celle du plateau suisse à la même latitude. Éléments du climat d'été :

	Mai.	Juin.	Juillet.	Août.	Sept.	Oct.
Temp. moyenne....	11.7	15.5	18.0	17.1	13.5	8.1
Hum. rél. moyenne.	69	71	70	74	80	84

Le maximum moyen en juillet est 27.8°. Nébulosité, 5.4. Les vents sont ceux du S.-E. ou du S.-O., et du N.-E., mais en somme, ils ne sont pas fréquents ; l'air est tranquille ou faiblement agité dans les 0.7 des observations.

En résumé, climat doux, tempéré, moyennement humide.

INDICATIONS. — Lucerne convient aux névropathes qui ont besoin de distractions, aux fatigués, aux surmenés, aux demi-malades, aux personnes délicates de tous genre qui recherchent le séjour de la ville dans un climat doux. La possibilité de faire sur le lac de longues courses en bateau à vapeur, à l'abri de la poussière, est précieuse, ainsi que la proximité de plusieurs stations de montagne ou d'altitude, très facilement accessibles.

Lugano (Suisse, canton du Tessin).
Station d'hiver.

ITINÉRAIRE. — Stat. de ch. de fer, ligne du Gothard. — ALTITUDE : 275 m. — SAISON : octobre à avril.

DESC. — Ville de 7000 habitants, placée au bord du lac de même nom, à l'embouchure de la rivière Cassarate, par 46° de latitude N. Elle s'étage au bord d'un golfe que le lac forme au point où son bras oriental s'infléchit vers le S. Un large quai, arrondi en courbe gracieuse, sert de promenade. A l'O. s'élèvent des collines de 100 à 150 mètres de hauteur, dirigées à peu près du N. au S., collines qui se soudent à de plus hautes montagnes, le San Bernardo 704 mètres, au N., le San Salvatore, 909 mètres au S. A l'E. Lugano est abrité par le Monte Brè, 786 mètres, le Monte Boglia 1512, et, sur l'autre rive du lac par le Monte Caprino, 1100 à 1300. En revanche, au N.-E., la ville est exposée aux vents qui descendent par la vallée de la Cassarate, bien que des montagnes lointaines dans cette direction en atténuent la force. Une partie de Lugano se trouve sur un terrain très en pente regardant l'E., terrain qui laisse facilement écouler ou passer les eaux de pluie qui tombent parfois par masse considérable. Les environs présentent un grand nombre de promenades ou d'excursions en plaine ou en montagne, et en outre, le lac offre la possibilité de nombreuses promenades en bateau à vapeur, dans un des plus beaux pays de la Suisse.

Climat. — Température moyenne de l'année, 11.8°. Éléments du climat d'hiver :

	Oct.	Nov.	Déc.	Janv.	Fév.	Mars.
Temp. moyenne.....	11.2	5.8	2.3	1.4	4.1	7.2
Hum. rel. moyenne..	81	81	80	81	75	70
Jours avec pluie.....	10	9	7	7	6	9

Si la température n'est pas très basse, l'humidité relative est en revanche élevée, sauf en février et en mars. La nébulosité est faible, entre 4.3 et 5.5. Insolation journalière, moyenne de trois années : octobre. 5 h.20 m., nov. 2.50, déc. 3.50, janv. 4.15, fév. 4.40, mars 5.50. La pluie tombe à torrents dans l'arrière-automne et à la fin du printemps ; de décembre à mars, elle est rare. L'hiver a beaucoup de jours clairs, peu de vent et peu de neige, qui fond vite. Le printemps est incertain, et à l'approche de l'été, il tombe beaucoup de pluie ; l'automne est beau, octobre a aussi de la pluie en abondance, puis le temps se remet au beau dans le courant de novembre. Les vents sont rares (82 calmes sur 100 observations). La protection contre les vents ne laisse à désirer que du côté du N. et du N.-E. ; ces deux vents sont ceux qui se font sentir le plus souvent en hiver. Il y a en outre des courants aériens locaux entre montagnes et lac, ascendants (*breva*), descendants (*tramontana*), se produisant journellement par le beau temps.

En résumé, climat sédatif, plutôt humide, avec une longue insolation.

Indications. — Ce climat calmant n'excite pas le système nerveux, mais il doit au voisinage des montagnes des qualités fortifiantes. L'humidité moyenne, la rareté du vent, le spectacle d'une nature splendide et le calme du lac conviennent aux affections du système nerveux. Bronchite chronique, emphysème, pneumonies chroniques ; affections cardiaques. Dyspepsie. Enfants délicats et chétifs menacés par la tuberculose. Convalescence.

Macolin (Suisse, canton de Berne).
Station d'été.

ITINÉRAIRE. — Stat. de ch. de fer de Bienne, ligne de Neuchâtel à Soleure ; de là, ch. de fer funiculaire (15 min.). — ALTITUDE : 900 m. — SAISON : 15 mai au 30 septembre.

DESC. — Grand hôtel situé à près de 500 mètres au-dessus du lac de Bienne, dans une superbe position, sur le flanc S.-E. du Jura qui regarde la plaine. La montagne s'élève encore 100 mètres plus haut que l'hôtel. La vue est superbe. Dans le voisinage immédiat s'étend une vaste forêt où de nombreux sentiers, pourvus de bancs, ont été tracés.

CLIMAT. — Alpestre, mais doux. Les vents sont faibles. Ie brouillard est rare, l'insolation est longue et abondante. Parfois, en automne, l'établissement se trouve au-dessus d'une mer de nuages qui lui cachent la plaine.

INDICATIONS. — Macolin convient par son air tonique, qui n'a cependant pas de rudesse, aux personnes délicates, aux convalescents. Chloro-anémie. Affections nerveuses compliquées d'anémie.

Madère (Afrique).
Station d'hiver et d'été.

ITINÉRAIRE. — De Bordeaux, passage en 2 jours 1/2 ; de Lisbonne, en 50 à 54 h. — ALTITUDE : Funchal s'étend du bord de la mer à 200 m. et au delà. — SAISON : toute l'année.

DESC. — Ile située dans l'océan Atlantique par 32° 28′ de latitude N., à 500 kilomètres à l'E. de la côte de l'Afrique. Elle a une forme allongée (60 kilom. de l'O. à l'E., 22 kilom. du N. au S.). Elle est traversée de l'O. à E. par une chaîne de montagnes qui atteint 1600 mètres d'altitude et dont les pentes viennent plonger dans la mer, sans former de rivage. Le terrain est volcanique, basalte, laves, etc. L'île a une population de 130000 hab., et Funchal, sa capitale, de 30 000. La ville est située au bord d'une baie peu profonde; au N. s'élèvent les montagnes, formant ainsi un entonnoir, à la partie inférieure duquel la ville est logée.

Les rues, étroites et pavées, sont pour la plupart très en pente. Il existe cependant des promenades à plat, des allées ombragées dans la ville, et du côté de l'O., le long de la côte, un chemin de 6 kilomètres de longueur; un autre se trouve au-dessus de la ville, etc. Sur les chemins également en pente de la campagne, on se promène beaucoup à cheval, ou bien les malades se font transporter en palanquin par deux porteurs. Il n'existe pas de voitures, qui sont remplacées par des traîneaux attelés de bœufs. La tranquillité résultant du manque de bruit et de circulation, jointe à l'éloignement de cette île, cause parfois de l'ennui et de la mélancolie.

Les maisons de Funchal s'élèvent assez haut, des villas isolées se trouvant encore à plus de 200 mètres d'altitude. Au-dessus s'étendent des plantations de pins, dominées par les rochers. Sur la côte N. de l'île, le village de Santa-Anna est à 320 mètres d'altitude, sur la côte S., Comacha est à 700 mètres. Outre d'excellents hôtels, on trouve à Madère des villas meublées, appelées *quintas*.

Madère possède une grande richesse de végétation. Dans ce climat doux, égal, humide, les plantes des pays d'Europe et des pays tropicaux remplissent les jardins; les fruits sont abondants et variés. Le pays est très cultivé; autrefois on plantait surtout des vignes; actuellement, on cultive beaucoup de canne à sucre, ce qui semble avoir eu une influence fâcheuse sur le climat des environs de Funchal, à cause de la grande humidité du sol que réclame cette plante.

L'absence de poussière est un des côtés remarquables du séjour de Madère : elle est due au fait que tous les chemins sont pavés, à l'absence de voitures, à la nature du sol, à l'abondance de la végétation et enfin, à ce que les vents arrivent de tous côtés en passant sur la mer.

Climat. — Madère étant plus près de l'équateur que les pays d'Europe, les journées ont une longueur plus égale et ne possèdent pas de longs crépuscules. Le caractère essentiel du climat de Funchal, c'est la grande uniformité, soit entre les diverses saisons, soit d'un jour à l'autre. Le rayonnement nocturne est faible, ce qui est la conséquence de l'humidité de l'air. Le climat est chaud d'ailleurs. Voici ses éléments, d'après Reimer :

	Janv.	Fév.	Mars.	Avril.	Mai.	Juin.
Temp. moyenne....	15.9	15.9	15.9	17.1	18.1	20.1
Hum. rel. moyenne.	72	69	67	67	68	70
Jours avec pluie....	10	8	10	7	6	2

	Juillet.	Août.	Sept.	Oct.	Nov.	Déc.
Temp. moyenne....	21.9	22.7	22.4	20.7	18.4	16.5
Hum. rel. moyenne.	71	69	68	67	71	71
Jours avec pluie....	1	1	3	7	11	11

On voit que la différence entre le mois le plus chaud et le mois le plus froid n'est que de 6.8°. La température la plus basse notée de jour est 11°, de nuit 9°, la plus haute en été 31.8°. Les oscillations de la température dans une même journée sont très faibles (3.3°), de même que l'écart de température d'une journée à l'autre (0.6 à 0.7, Jaccoud), de sorte que le climat offre vraiment une égalité rare. Si l'on considère la journée médicale de 9 à 6 h., cette oscillation est par exemple de 3.4° en décembre et 3.5° en janvier. L'humidité relative varie suivant les régions de l'île ; celle de Funchal est moyenne, 70 ; au N. de l'île, région qui reçoit davantage de pluie, elle est plus élevée. Le baromètre indique en moyenne 762 millimètres. Les vents soufflent sur l'île en hiver principalement du N.-E. ; la ville de Funchal ne les sent presque pas. Elle est en revanche exposée aux vents du S. Un vent chaud et sec, le *leste*, vient parfois de la côte orientale d'Afrique, amenant avec lui la poussière du désert. Enfin, les vents réguliers du climat maritime, vent de mer le jour, vent de terre la nuit, se font sentir aussi. Ces vents modèrent heureusement la chaleur du jour. Il est rare que par leur force ou leur basse température ils empêchent les malades de sortir (8 fois environ dans l'hiver). On compte 88 jours de pluie par an; elle se présente en hiver surtout (de novembre à mars); en été, il ne pleut presque pas. Enfin l'insolation et la lumière sont intenses, le soleil est tropical.

En résumé, Madère se fait remarquer par un air très pur, sans poussière, un climat chaud et très égal, des vents réguliers, des pluies d'hiver. En été on peut, en s'élevant sur les flancs de l'île jusqu'à Comacha, trouver un climat plus frais et plus tonique que celui du bord de la mer.

INDICATIONS. — Il est aisé de comprendre que dans un climat aussi favorable, la cure d'air se trouve portée à son maximum et que toute la journée on peut se tenir en plein air (de 8 à 6 h.). Les pentes dont il faut faire l'ascension empêchent les malades d'abuser de leurs forces pour se promener, et les obligent à rester en repos. Le climat est un type de climat sédatif, mais qui ne laisse pas d'être en même temps fortifiant (Jaccoud). Le caractère tonique s'affirme davantage à mesure qu'on s'élève sur les flancs de la montagne. Cependant il n'est pas rare qu'il amollisse et affaiblisse certains malades. Parfois aussi on voit survenir une diarrhée chronique (mal de Madère). Ces effets se manifestent aussi bien en été, malgré l'absence de pluie, qu'en hiver.

Bronchite, laryngite chroniques. Emphysème. Congestions pulmonaires sans affections cardiaques chez des personnes âgées (Williams). Affections paludéennes. Phthisie pulmonaire : Madère a été prônée comme une panacée en pareil cas, puis sous l'influence des idées nouvelles en phthisiothérapie, on a discuté ses mérites. D'après certains auteurs, au début de la phthisie, quand il existe une infiltration peu étendue, la vie en plein air étant le principal, Madère est une station excellente. Tuberculose à forme éréthique, ayant débuté par des pneumonies et des pleurésies, n'ayant pas de fièvre continue, mais en ayant facilement sous l'influence des changements de température (Goldschmidt). L'effet du climat, dit en revanche Weber, est douteux dans la phthisie proprement dite; il y a cependant des cas où l'on peut préférer Madère, et même en attendre un résultat relatif, par exemple dans les cas avancés et accompagnés d'une toux fatigante chez les sujets à constitution éréthique. Disposition à la phthisie pulmonaire. Reliquats de pneumonies, de pleurésies. Williams recommande Madère en général dans les cas où l'élément catarrhal forme la base d'une affection pulmonaire.

Les *quintas* situées à 150 mètres d'altitude environ, constituent le séjour le plus recommandable aux tuberculeux; ils peuvent y passer l'été et rester ainsi pendant plusieurs années à Madère.

Contre-indications. — Cas de tuberculose avancée, développée chez des sujets lymphatiques, avec destruction considérable du tissu pulmonaire. Disposition à l'hémoptysie chez les sujets mous et lymphatiques; tuberculose avec fièvre continue; fonte rapide d'une infiltration. Bronchite avec abondante sécrétion et asthme nerveux. Rhumatisme. Affections du système nerveux central. Présence d'épanchements pleurétiques (Goldschmidt). On déconseille aussi Madère dans le diabète, l'albuminurie, le mal de Bright, et dans la disposition à la diarrhée, au catarrhe chronique de l'intestin. Il faut enfin que le malade supporte bien le voyage sur mer, et qu'il ne soit pas facilement atteint de nostalgie (Kisch).

Malaga (Espagne, province de Malaga).
Station d'hiver.

Itinéraire. — Stat. de ch. de fer, ligne venant de Madrid par
Cordoue. — Altitude : au bord de la mer.

Desc. — Ville de 135000 hab., sur la côte S. de
l'Espagne, par 36° 43' de latitude N., au fond d'un
golfe faiblement creusé et ouvert du côté du S. La
ville comprend d'anciens quartiers aux rues étroites
et de nouveaux quartiers récemment construits, résidence des étrangers. Elle se trouve sur un sol sec
dans une plaine fertile, bornée au N. par une chaîne
de montagnes de 1000 à 2000 mètres d'altitude, qui
enferme la plaine dans un demi-cercle commençant
au N.-E. pour finir à l'O. Un petit chaînon, au S.-O
de Malaga, lui assure encore une protection supplémentaire contre les vents.

Climat. — Malaga posséderait ainsi un excellent
abri contre les vents froids, si du côté du N.-O. il
n'existait un col qui permet au *terral*, vent qui est le
mistral de cette région, de se jeter avec violence sur
la ville. Les vents venant de la mer (E. à S.-E.) se
font sentir aussi; le sirocco, ou vent du S., est rare
en hiver. En résumé, Malaga a un air souvent agité
par le vent.

La température est douce et égale, réserve faite des
des jours où le vent du N.-O. souffle; c'est la plus
douce d'Europe (Weber). D'après Bennett, la région
de Malaga est aussi chaude en hiver, aussi protégée
que les meilleurs endroits de la côte entre Nice et
San Remo. Éléments du climat d'hiver (Reimer):

	Oct.	Nov.	Déc.	Janv.	Fév.	Mars.
Temp. moyenne....	19.8	16.3	12.6	11.7	12.7	14.8
Jours avec pluie...	2.8	2.8	3.8	4.3	4.0	3.7

La température s'abaisse rarement au-dessous de
6°. Elle est très égale, l'oscillation journalière du

thermomètre en hiver étant de 2.25° (Lee). La pluie est rare, elle tombe 2 à 4 fois pendant chaque mois d'hiver. Nébulosité faible, Malaga étant compris entre les isonèphes 35 et 40 (Renou). Un peu plus au N., à Alicante, la nébulosité est à son minimum en Europe. L'air est très sec et stimulant.

En résumé, Malaga possède un climat chaud, sec, excitant, un ciel pur, un air agité par les vents, parfois par le vent froid du N.-O.

INDICATIONS. — Catarrhes chroniques des bronches; rhumatisme, goutte, maladie de Bright; phthisie pulmonaire à tempérament torpide et avec beaucoup d'expectoration (la fièvre, l'hémoptysie sont des contre-indications).

Maloja (Suisse, canton des Grisons).
Station d'altitude.

ITINÉRAIRE. — De Coire, stat. terminus du ch. de fer, 12 h. 1/2 en diligence; de Chiavenna, stat. de ch. de fer, 6 h. 1/2 en diligence. — ALTITUDE : 1811 m. — SAISON : 10 juin au 30 septembre.

DESC. — Le plateau de la Maloja termine au S.-O. la vallée de la Haute-Engadine, et constitue une vraie curiosité géographique; on ne croirait pas, en s'approchant des petites collines qui semblent barrer la vallée en ce point, que derrière elles se trouve un précipice de 200 mètres, formant une paroi abrupte couverte de sapins, sur laquelle la route a dû tracer avec peine seize lacets successifs. Le charmant lac de Sils s'étend à l'E. de ces collines. Entre les deux est bâti le colossal Hôtel-Kursaal de la Maloja. La vue est superbe, aussi bien du côté du N.-E. que de celui du S.-O., sur les montagnes du val Bregaglia. A l'est, les flancs de la vallée sont couverts de mélèzes jusqu'au bord de l'eau, tandis que le flanc O. tombe à pic dans le lac. On trouve donc des forêts et de l'ombre à proximité immédiate de l'établissement.

CLIMAT. — Celui d'une haute vallée entourée de

montagnes avec une forte insolation et une forte luminosité, un air pur, sec, excitant (Voir *Saint-Moritz* pour plus de détails). La Maloja se trouve au point où le vent qui monte par le val Bregaglia passe par-dessus le col et se rabat sur la Haute-Engadine, qu'il descend dans toute sa longueur. La Maloja a été pendant un temps une station d'hiver ; elle a en cette saison une longue insolation.

INDICATIONS. — Voir *Saint-Moritz*. La principale différence d'avec cette dernière station gît dans la topographie locale. En outre, tout en étant très fréquentée, la Maloja n'a pas l'énorme mouvement de touristes, de baigneurs, de véhicules de tout genre de Saint-Moritz, avec ses inconvénients, bruit et poussière.

Mayens de Sion (Les).
Station d'altitude.

ITINÉRAIRE. — Stat. de ch. de fer de Sion, ligne de Lausanne à Brigue; de là 3 h. en partie en voiture, en partie à cheval. — ALTITUDE. — 1300 m. à 1400 m. — SAISON : juin à octobre.

DESC. — Très simple station de montagne, sur le flanc S. de la vallée du Rhône, qui mérite cependant une mention spéciale, car elle se compose de chalets disséminés sur les prairies et dans la forêt, dans un air pur et très sec. Les pentes sont tournées au N., le voisinage des sapins et des mélèzes est précieux en été. Un courant d'air s'élève depuis la vallée du Rhône, et dissipe les nuages qui s'avancent du S.-O. par dessus la crête des montagnes, de façon que le ciel est très clair, et la pluie rare en été comme dans toute la vallée du Rhône.

INDICATIONS. — Climat de forêts, mais *sec*, convenant pour le traitement des affections des voies respiratoires, spécialement de la tuberculose (cas ayant besoin d'un climat tonique, chaud et sec).

Menton (France, Alpes-Maritimes).
Station d'hiver.

ITINÉRAIRE. — Stat. de ch. de fer, ligne de Marseille à Vintimille. — ALTITUDE : au bord de la mer. — SAISON : octobre à
avril.

DESC. — Ville de 11 000 hab., située par 43°47' de
latitude N., sur un golfe faiblement creusé de 6 kilom.
de diamètre, borné à l'E. par le cap de la Mortola,
à l'O. par le cap Martin. Ce golfe est lui-même divisé
en deux parties, baie de l'O., baie de l'E., par un
promontoire sur lequel la vieille ville de Menton
s'élève, étageant ses hautes maisons serrées les unes
contre les autres. Ce promontoire est le dernier contrefort du Berceau, montagne qui s'étend au N. de la
ville et va rejoindre les sommités qui forment de ce
côté la protection de la ville. Ces montagnes commençant au cap de la Mortola, décrivent autour de Menton
un vaste demi-cercle qui s'incline vers le S.-O et
vient finir au-dessus et à l'O. de Monaco par la Tête
de Chien. Elles envoient au S. plusieurs chaînons secondaires, dont l'un arrive jusqu'au cap Martin et
forme la côte S.-O du golfe de Menton. Plusieurs
vallées se trouvent ainsi creusées entre ces chaînons
secondaires, courant à peu près du N. au S. et arrosées
par des ruisseaux ; la plus importante est la vallée
du Caréi, par où passe la route du col de Tende.

Menton se divise en deux parties, nettement séparées par le promontoire de la vieille ville. La partie
placée sur la baie de l'O. est bâtie sur un terrain d'une
certaine largeur, sillonné par les vallées des torrents
Borrigo et Caréi ; elle possède une belle promenade
au bord de la mer, un jardin public, des églises, des
magasins importants. Les maisons sont bâties plus
ou moins loin dans les vallées latérales, qui offrent
de très agréables promenades. Le quartier de Garavan,
sur la baie E., est étroitement logé entre la mer et le

flanc des montagnes ; il y a juste place pour la route, les maisons et le chemin de fer. Mais aussi, la protection contre les vents est bien supérieure à celle qu'offre la baie O. Des jardins, des maisons s'étagent en amphithéâtre le long des rochers. Du côté de l'E., les hauts Rochers Rouges ferment l'horizon jusqu'à la frontière italienne.

Même en son endroit le plus large, Menton est fort près des montagnes, qui s'élèvent derrière la ville comme une haute et majestueuse paroi précédée de collines couvertes de beaux oliviers. Outre ces arbres, qui sont très vieux, on remarque à Menton la présence de nombreux citronniers, qui donnent lieu à un important commerce, et qui sont un témoin de la douceur du climat, leur sensibilité vis-à-vis du froid étant très grande. Le sol de Menton est calcaire, poreux et très sec.

Menton est une station sérieuse, destinée aux malades, auxquels elle convient par sa tranquillité. Elle possède une large plage de galets dans la baie O., et de nombreuses promenades du côté de l'O., soit au bord de la mer, soit dans les vallées latérales. Menton est fréquentée par un grand nombre d'Anglais et d'Allemands.

A l'extrémité O. du golfe se trouve le *Cap Martin*, à 4 kilomètres de Menton, dont il constitue pour ainsi dire un faubourg éloigné. C'est un promontoire étroit et couvert de pins, dirigé du N. au S. et battu des deux côtés par le vent de mer. On y a construit un grand hôtel.

CLIMAT. — Le plus chaud du Littoral. Il se fait remarquer avant tout par la protection efficace que les montagnes assurent contre les vents du N. C'est un des endroits de tout le Littoral qui possède l'air le plus calme. Cependant les vallées mentionnées ci-dessus laissent descendre des courants froids. Le mistral se fait sentir, bien qu'affaibli, surtout dans la baie O. ; la baie E. ne le sent pas. D'ailleurs on échappe à son influence en pénétrant dans une vallée latérale : il est en somme très rare et ne souffle guère plus de 24 à 48 heures. Menton perçoit aussi les vents de l'E. (qui est le vent dominant), et du S.-O. ; ils amènent souvent de la pluie vers la fin de l'hiver. Enfin le vent du S. et des brises régulières soufflent du large. D'après Bennett, ce vent du S. est souvent un remous du vent du N. tombant dans la mer à quelques kilomètres de la côte, par-dessus les montagnes. De novembre en mars, Menton compte 102 jours de calme et 49 jours de vent (Stiege). Éléments du climat d'hiver (Bennett, Reimer, de Bréa) :

	Oct.	Nov.	Déc.	Janv.	Fév.	Mars.	Avril.
Temp. moyenne......	18.4	12.2	9.4	9.3	9.5	11.2	14.1
Hum. rel. moyenne...	79	73	65	61	68	76	72
Jours avec pluie	9	9.4	5.9	7.9	5.5	6.1	7.3

Température moyenne de l'hiver 11° (Bennett). Elle est douce, égale et ne s'approche de 0° que la nuit. Pression barométrique moyenne, 762. L'humidité de l'air est faible, augmentant avec les vents qui soufflent de la mer. Les jours de pluie sont au nombre d'une quarantaine environ dans l'hiver ; la pluie tombe plutôt de mars en mai, et de septembre à novembre. La neige est rare et le brouillard inconnu. Les jours de soleil sont très nombreux, le ciel pur et bleu, la lumière vive et éclatante. Les courants aériens qui s'établissent normalement entre montagne et mer renouvellent l'air. Il est clair que sur cet étroit rivage, Menton possède un climat aussi maritime qu'il est possible de l'avoir sur le littoral méditerranéen. Si l'on désire beaucoup de chaleur et une absence de vent aussi complète que possible, on se loge à Garavan, qui a une température de 2° plus élevée que celle de la baie de l'O. Mais, pour une partie de ce quartier privilégié, le soleil se couche de bonne heure, caché qu'il est par la montagne du Château sur laquelle est bâtie la vieille ville. Tous les malades n'aiment pas non plus ce rivage resserré entre la mer, la voie ferrée et la montagne. Enfin un inconvénient de Garavan, c'est le passage à travers la vieille ville (relativement froide et sans soleil), en se rendant à la baie de l'O., où se trouvent magasins, distractions, etc.

INDICATIONS. — Le climat de Menton est un des plus doux et des plus égaux du littoral de la Méditerranée ; il est sec et tonique par excellence (Daremberg). Mais aussi le voisinage de la mer, auquel on ne peut guère échapper que dans les parties occidentales de la ville, ne convient pas à tous les malades, par exemple à ceux qui ont un tempérament éréthique, une affection à marche active. Bronchite, bronchite des vieillards, convalescence d'affections pulmonaires. Reliquats de pneumonie et de pleurésie. Pleurésie chronique. Tuberculose pulmonaire au début. Tuberculose sans phénomènes inflammatoires, mais avec beaucoup d'expectoration. Phthisiques affaiblis, n'ayant ni appétit, ni forces (Daremberg). Albuminurie, maladie de Bright. Anémie.

CONTRE-INDICATIONS. — Asthme bronchique nerveux ; maladies nerveuses avec insomnie et états d'excitation. Dans le rhumatisme et la goutte, les résultats sont incertains, sans doute à cause du voisinage de la mer.

Méran (Autriche, Tyrol).
Station d'hiver.

ITINÉRAIRE. — Stat. terminus d'un ch. de fer partant de Botzen (31 kil.), sur la ligne du Brenner. — ALTITUDE : 324 m. — SAISON : D'hiver, septembre à mars ; de printemps, avril à juin.

DESC. — Ville de 6000 hab., située par 46°41' de latitude N., dans le Tyrol méridional, dans la vallée supérieure de l'Adige. La ville n'est pas sur cette rivière même, mais bien sur un affluent de gauche, la Passer, qui vient du N.-E. se jeter dans l'Adige à 2 kilomètres de la ville. Méran se trouve entre la rive droite de cet affluent au S., et une montagne, le Küchelberg (580 m.), au N. Cette montagne s'avance comme un coin vers le S., entre la vallée de la Passer à l'E. et celle de l'Adige au S.; c'est l'écran de Méran. Elle est flanquée en arrière, du côté du N. et du N.-E., par des montagnes très élevées (2600-3000 m.). Méran se trouve en un point où la vallée de l'Adige fait un angle droit vers le S., de sorte que la ville est pour ainsi dire au confluent de trois vallées : au N.-E celle de la Passer, à l'O. et au S. celle de l'Adige. Au S.-E., entre la vallée de l'Adige et celle de la Sarn, s'élèvent des montagnes qui retardent en hiver le lever du soleil ; une autre sommité, à l'O. de Méran, hâte l'heure de son coucher, de sorte qu'au cœur de l'hiver, le soleil ne luit que de 11 heures à 3 heures.

La ville s'étend du côté de l'O., le long du Küchelberg. Elle possède deux faubourgs, en quelque sorte, dans les deux villages de Maïs et d'Untermaïs, qui se trouvent dans la plaine au S. de Méran et sur la rive gauche de la Passer ; situés plus loin de la montagne, ils sont moins bien abrités et moins chauds, mais sont cependant très recherchés nomme résidence d'hiver. Obermaïs est de 1° à 1.5° plus froid que Méran (Reimer). Vu sa latitude, Méran est une station qui doit la douceur de son climat d'hiver à l'abri des montagnes au pied desquelles elle s'étend. Elle est devenue station d'hiver depuis une quarantaine d'années. La vieille ville, avec ses rues étroites, a été bientôt augmentée par un quartier nouveau, avec de confortables hôtels et villas. Il existe un beau parc, agréablement disposé, avec des bancs, etc. De nombreuses promenades peuvent se faire dans le voisinage immédiat de la ville, dont plusieurs dans les bois. En automne on fait à Méran la cure de raisin (Voir *Montreux*) ; après la saison d'hiver, au printemps, celle de petit lait (Voir *Heiden*). Des installations bien entendues (bains, établissements d'hydrothérapie, bains d'air comprimé, gymnastique médicale, établissements d'éducation pour enfants délicats) prolongent le séjour des malades.

CLIMAT. — L'hiver de Méran, quelque tempéré qu'il soit, est bien l'hiver de sa latitude ; le thermomètre y descend en moyenne à — 8.7° (von Tchirsky). Éléments du climat d'hiver (Reimer) :

	Oct.	Nov.	Déc.	Janv.	Fév.	Mars.
Temp. moyenne....	12.6	6.2	2.2	0.1	3.0	7.5
Hum. rel. moyenne.	77	69	69	77	65	64
Jours avec pluie...	8.3	5.3	3.4	5.5	2.3	6.0

On voit que la température est basse et que l'humidité relative est faible (68 en moyenne). Méran compte parmi les stations à air très sec. Les vents sont rares, ils sont brisés dans la plupart des directions par les montagnes ; on sent cependant le vent du N., qui sort de la vallée de la Passer, et celui du S. par celle de l'Adige. En outre, il existe des courants aériens locaux entre la vallée et la montagne ; parfois il descend de celle-ci un vent très froid, mais il est heureusement de peu de durée. Pression barométrique moyenne, 735. Il y a beaucoup de jours clairs et ensoleillés, favorables à la sortie des malades ; on en compte 44 de décembre à février, nombre qui n'a d'égal qu'à Nice et à Menton. Le nombre des jours de pluie et de neige est très faible en hiver ; la neige séjourne en général peu de temps sur le sol.

En résumé, le climat d'hiver est sec, relativement chaud ; l'air est tranquille, il y a beaucoup de journées de soleil.

En été, il fait très chaud, et les malades qui ne rentrent pas chez eux en cette saison cherchent des stations plus fraîches, soit dans les montagnes du Tyrol, soit en Engadine (qui est à peu de distance à l'O.)

INDICATIONS. — Affections des organes respiratoires,

pneumonie chronique, laryngite et bronchite chroniques, bronchiectasie, emphysème, reliquats de pleurésie, pleurésie chronique. Albuminurie. Chlorose, scrofule et rachitisme. Névroses.

La cure de raisin se fait avec un raisin possédant, semble-t-il, une action plus résolutive et purgative que celui de Montreux. Le petit lait, employé au printemps, provient des montagnes au N. de Méran.

Méran est enfin une station intermédiaire de passage pour les malades qui vont au Midi ou en reviennent.

CONTRE-INDICATIONS. — Sujets excitables avec tendance aux hémoptysies; processus actifs et fébriles; sujets aux muqueuses très excitables.

Mogador (Maroc).
Station d'hiver.

DESC. — Ville située sur la côte occidentale du Maroc, par 31°30' de latitude N., c'est-à-dire à un degré plus au S. que Madère (12 000 à 15 000 hab.). La ville est bâtie sur un promontoire sablonneux qui se dirige vers le S. Elle a un aspect monotone, étant composée de maisons cubiques de couleur grise. A l'E. s'étend le désert, au S. s'élèvent les pentes de l'Atlas.

CLIMAT. — Tempéré, ce qui est dû au voisinage de l'Océan, et aux vents alizés du N.-E. qui soufflent régulièrement en été. En hiver, ce sont les vents du S.-O. et de l'O. qui se font sentir en amenant parfois la pluie. Le vent du S. est rare, à cause de la présence des montagnes; celui du désert n'est pas fréquent non plus. Température moyenne de l'année 19.4°, minimum observé 10.4° ; oscillation journalière de 2.8 à 4.5°. Température des mois d'hiver (Macé) :

Oct.	Nov.	Déc.	Janv.	Fév.	Mars.
20.3	18.1	15.3	17.2	16.7	17.2

Le ciel est presque toujours pur, les jours de pluie sont au nombre de 44 dans l'année (Weber).

Indications. — La phthisie pulmonaire est rare à Mogador. Weber considère cette ville comme pouvant devenir un jour une station très utile pour les phthisiques et les malades atteints de bronchites, quand on y trouvera le confort nécessaire.

Monaco (Principauté de Monaco).
Station d'hiver.

Itinéraire. — Stat. de ch. de fer, ligne de Marseille à Vintimille. — Altitude : 60 m. — Saison : Octobre à avril.

Desc. — Peu d'endroits sur le littoral méditerranéen sont aussi pittoresques et aussi beaux que Monaco, séparé de Monte-Carlo par un petit golfe ou port, entouré de rochers. La ville est placée elle-même sur un rocher haut de 60 mètres au-dessus de la mer, par 42°43′ de latitude N. En se dirigeant vers l'E., on rencontre successivement le quartier de la Condamine, beaucoup plus bas que Monaco, puis Monte-Carlo, et enfin le quartier des Moulins. A l'O. de Monaco s'élève la Tête de Chien (565 m.), d'où se dirige vers le N.-E. une chaîne de montagnes sur laquelle se trouve la Turbie, et qui se rattache au mont Agel (1173 m.), au N.-E. de Monaco, pour de là redescendre au S.-E. et constituer le Cap Martin. La protection contre le mistral est excellente. Les parties rentrantes de la côte (la Condamine, les Moulins) sont naturellement les plus protégées contre le vent, mais elles perdent aussi quelque chose de l'insolation journalière à cause de l'ombre portée le soir par les promontoires de Monaco et de Monte-Carlo, situés à l'O. de ces régions. Le sol très en pente, est peu favorable à l'établissement de rues nouvelles et de maisons, qui sont obligées de s'étager les unes au-dessus des autres. L'espace libre entre la mer et la montagne est très restreint, et envahi en outre par la voie ferrée et la grande route.

Climat. — Un des meilleurs du littoral, possédant le maximum de protection contre les vents ; température moyenne de l'hiver 9.9° (Gillebert). Air sec, excitant; jours couverts et de pluie rares. Si Monaco n'est pas devenu une station d'hiver de premier ordre pour les malades, c'est à cause de la présence de la maison de jeu de Monte-Carlo.

Monte-Generoso (Suisse, canton du Tessin).
Station d'été.

Itinéraire. — Stat. de ch. de fer de Capolago, sur la ligne du Gothard ; de là, ch. de fer à crémaillère jusqu'à Bellavista, à quelques minutes de l'hôtel, en 1 h. — Altitude : 1209 m. — Saison : 1er mai au 15 octobre.

Desc. — Montagne située à l'extrémité S. du lac de Lugano, entre celui-ci et le lac de Côme. On l'a comparée au Rigi pour la beauté et l'étendue de sa vue. Le sommet a une altitude de 1665 mètres (il s'y trouve un hôtel destiné surtout aux touristes). La station climatique proprement dite est constituée par un hôtel placé plus bas, sur le flanc S.-E. de la montagne, abrité contre les vents par des bois où l'on a tracé d'agréables sentiers.

Climat. — Air pur, ciel très clair en général (nébulosité 1.4 à 2.7) ; température rafraîchie par l'altitude modérée. Température moyenne :

Mai.	Juin.	Juil.	Août.	Sept.	Oct.
9.8	13.5	16.3	15.8	12.5	6.7

Indications. — Séjour favorable pour les malades nerveux, excitables, les surmenés.

Montreux (Suisse, canton de Vaud).
Station d'hiver.

Itinéraire. — Stat. de ch. de fer, ligne de Lausanne à Brigue — Altitude : 377 à 439 m. — Saison : De septembre à mai.

Desc. — Montreux (10000 hab., 46° 25′ de latitude N.) est le nom collectif d'un cercle comprenant trois communes, le Châtelard à l'O., les Planches au centre, Veytaux à l'E. Montreux se trouve au bord du lac Léman (ou de Genève), et si l'on suit la route qui longe le lac de l'O. à l'E., on traverse successivement les localités suivantes : Clarens, Vernex, Territet, Veytaux. Plus haut se trouve les Planches. Trois stations de montagne dépendent encore de Montreux : Glion 700 mètres, Caux 1100 mètres, les Avants 1000 mètres, les deux premières reliées à Territet par un chemin de fer.

Montreux est plus ou moins serré entre le lac et la montagne. En effet, il existe du côté du N. une chaîne de montagnes qui s'élève brusquement de la vallée du Rhône, en amont de Montreux, et court du S. au N., portant successivement les noms de Monts d'Arvel, Rochers de Naye (2444 m.), Dent de Jaman (1879 m.), Verreaux, etc. Le bord du lac ayant une direction générale du N.-O. au S.-E., on voit qu'il existe ainsi entre le lac et la crête de la montagne un triangle qui se rétrécit de plus en plus vers le S., et qui est plus ou moins couvert par les chaînons latéraux de ces montagnes elles-mêmes. En partant de Vevey, et en se dirigeant vers l'extrémité du lac, on voit les montagnes s'en rapprocher progressivement et finir par y tomber à pic au château de Chillon, au delà de Veytaux.

Montreux est placé dans un golfe faiblement creusé qu'un torrent a divisé en deux par un promontoire d'alluvions. La vue est fort belle. La contrée de Montreux constitue elle-même un spectacle gracieux, les maisons entourées de verdure s'étagent sur les pentes au bord d'un lac d'une couleur bleue, unique en son genre. Plus on se rapproche des montagnes, plus on trouve de protection contre les vents du N.; aussi Veytaux, à l'extrémité E., est-il mieux protégé que

11.

Clarens. Mais aussi le soleil se lève de ce côté d'autant plus tard, à cause de l'écran constitué par les montagnes à l'E. Un inconvénient de Montreux c'est que la ville est bâtie le long de la grande route, qui est la seule promenade plane accessible sans monter (outre un quai de peu de longueur à Clarens). Si l'on veut se promener dans une autre direction, il faut monter, ce qui n'est pas à la portée de tous les malades. L'absence d'arbres, d'ombrages, se fait sentir désagréablement aussi au printemps et en automne. De grands progrès ont été accomplis à Montreux depuis quelques années : trottoirs cimentés, installation d'un tramway électrique, création d'un kursaal, d'un marché couvert, etc.

Montreux a une longue saison ; au mois de septembre, on y fait la cure de raisin (Voir plus loin), et beaucoup de malades des pays du N. y séjournent quelques semaines avant de gagner les stations du Midi. De même, en avril et mai, les hôtels se remplissent de malades revenant du littoral méditerranéen ou des stations d'altitude. Les installations d'hiver sont fort bonnes, les chambres et les corridors munis d'appareils de chauffage, les fenêtres pourvues de doubles fenêtres, les hôtels confortablement installés, etc.

CLIMAT. — Température moyenne annuelle la plus élevée de toutes les stations suisses situées au N. des Alpes (excepté Sion), savoir 9.8°. Cette température élevée est due à l'abri des montagnes, au réchauffement du sol en pente par les rayons solaires, au voisinage du lac et à la réflexion de la chaleur à sa surface. Le climat de Montreux est bien connu depuis les travaux de Buhrer, auxquels sont empruntés les détails suivants. Éléments du climat d'hiver :

	Sept.	Oct.	Nov.	Déc.	Janv.	Fév.	Mars.	Avril.
Temp. moyenne....	15.3	10.0	5.4	1.9	1.4	2.6	4.6	9.9
Hum. rel. moyenne.	80	82	80	83	80	78	75	73
Jours avec pluie...	8	12	9	8	9	8	12	11

Moyenne annuelle de l'humidité 77. Températures minima moyennes de l'hiver : décembre — 5.5°, janvier — 6.9°, février — 4.9°. Il ne faut donc pas demander à Montreux la température du Midi. On y trouve un air relativement chaud, doux, point excitant, et un abri absolu contre le vent froid et sec du N. La saison par excellence est d'ailleurs l'automne, septembre, octobre et parfois novembre; le printemps offre des retours de froid désagréables.

L'insolation est longue en hiver, à cause de la position ouverte du côté du S.-O. Dans les jours les plus courts, elle est encore de 5 à 6 heures. Sur 100 jours, on compte en hiver 20 jours clairs, 41 couverts; le reste, successivement clairs et couverts. Nébulosité moyenne 5.4 (année); brouillard rare. L'année compte 123 jours avec de la pluie, dont 14 avec de la neige. Pression barométrique, 730.

Le calme de l'air est noté dans les trois quarts des observations. On ne sent pas les vents du N. et du N.-E, et c'est ce qui assure à cette station une position très privilégiée dans la région de la Suisse Occidentale. Plus un hiver est caractérisé par le régime des vents du N., plus Montreux jouit du temps clair et du soleil. En revanche, il est sans défense contre le vent du S.-O., vent humide, qui amène souvent de la pluie, et qui en définitive est le vent dominant. Enfin, on sent aussi le vent du S.-E. ou fœhn (qui porte ici le nom de *vaudaire*), dont la fréquence représente le quart de toutes les observations anémologiques.

En résumé, Montreux, sans être à l'abri du froid de l'hiver, a un climat doux, d'humidité modérée, sédatif; un air calme en général, sans brouillard; une insolation forte, plus de la moitié des jours d'hiver ayant du soleil.

Glion, 700 mètres, est relié à Territet par un chemin de fer funiculaire. Tête de ligne du railway à crémaillère qui passe à Caux et va se terminer aux

Rochers de Naye. Village sur les pentes du mont de Caux, jouissant d'une vue splendide et entourée de vertes prairies et de noyers. Il a une position très abritée contre les vents du N. et du N.-E., mais, s'avançant comme un promontoire au-dessus du lac, il possède un air sans cesse agité par les courants ascendants qui se forment par le beau temps entre le lac et les montagnes. C'est un séjour d'été fort apprécié, quand Montreux est devenu trop chaud pour être agréable.

INDICATIONS. — Le climat de Montreux est plus calmant qu'excitant, l'air est plus humide que sec. Son altitude, le voisinage des montagnes le séparent cependant du climat de plaine proprement dit, et lui donnent des qualités fortifiantes.

États inflammatoires des voies respiratoires avec irritation, éréthisme. Laryngite, bronchite chronique, emphysème, bronchiectasie (les emphysémateux se trouvent bien de ce climat; toutefois la topographie de la contrée limite leurs promenades à la région inférieure du pays.) Affections cardiaques organiques, névroses cardiaques. Asthme bronchique. Reliquats de pleurésie, de pneumonie.

Tuberculose pulmonaire. Montreux est souvent choisi par des malades du N. qui ne doivent pas séjourner dans les altitudes, et qui redoutent le climat trop chaud du Midi. Tuberculose du larynx.

Maladies du système nerveux, névroses, neurasthénie (le nombre des malades de cette catégorie augmente depuis quelques années). Convalescence.

Montreux est enfin une station intermédiaire ou de passage pour les malades qui se rendent au Midi ou en reviennent.

Cure de raisin. — Elle se fait par l'administration méthodique du raisin (chasselas blanc), pris en 2-3 rations par jour, à jeun. Les gousses étant rejetées, le jus de raisin représente les 80 p. 100 de ce poids; il contient surtout du sucre (10 à 20 p. 100 du jus, suivant le cru et les années), une très faible quantité d'albuminoïdes et de sels, surtout à base de potasse. Le raisin est diurétique et laxatif; cependant chez quelques personnes, il constipe, s'il est très sucré. Dans ce dernier cas, il engraisse et augmente le poids du corps.

Indications de la cure de raisin (Hausmann). — Affections de l'estomac, dyspepsie des chloro-anémiques, des femmes épuisées par ménorragies, couches, lactation. Dyspepsie des neurasthéniques. Constipation habituelle (raisin pas trop sucré). Obésité avec pléthore abdominale et hémorroïdes. Cystite. Affections cardiaques organiques chez les sujets où la compensation est bonne (faible dose). Tuberculose pulmonaire : malades non disposés aux hémoptysies, avec larynx intact et intestins non ulcérés (dose moyenne). Bronchite chronique, spécialement si elle est jointe à l'emphysème et caractérisée par une expectoration abondante.

On voit que ces indications sont basées tantôt sur l'effet nutritif, tantôt sur l'action laxative et même purgative du raisin, suivant la dose, la qualité, etc. Il y a d'ailleurs une grande différence entre les raisins de divers pays : celui de Montreux et du Valais est très sucré, sa chair épaisse, son action engraissante et nutritive.

CONTRE-INDICATIONS. — Affections de l'estomac avec dilatation, cancer; tuberculose du larynx et de l'intestin.

Morgins (Suisse, canton du Valais).
Station d'altitude.

ITINÉRAIRE. — Stat. de ch. de fer de Monthey, ligne de Bellegarde à Saint-Maurice. De là, 3 1/2 h. en voiture. — ALTITUDE : 1343 m. — SAISON : 15 juin à fin septembre.

DESC. — Village (avec source ferrugineuse) situé

dans la vallée du même nom, embranchement occidental du val d'Iliez (Voir *Champéry*). La vallée, qui a une direction générale E.-O., est très verte et couverte de sapins qui arrivent jusque dans la proximité immédiate de l'hôtel. Elle est peu inclinée et s'élargit, au point où se trouve le village, par le débouché d'une vallée secondaire, du côté du N.-E.

CLIMAT. — Doux. Un vent régulier souffle chaque jour de 10 à 4 heures. Il pleut assez souvent. Ce fait, ainsi que le voisinage des forêts, font que l'air n'est pas trop sec, malgré l'altitude. Ce sont là des conditions qui peuvent être fort utiles dans certains cas.

Mürren (Suisse, canton de Berne).
Station d'altitude.

ITINÉRAIRE. — Ch. de fer en partie électrique, en partie funiculaire, depuis Lauterbrunnen, stat. terminus de la ligne de ch de fer venant d'Interlaken. — ALTITUDE : 1650 m. — SAISON : Juillet à septembre.

DESC. — Village d'une forte altitude et cependant facile à atteindre, grâce au chemin de fer. Il est situé au-dessus d'une paroi de rochers, haute de 300 à 500 mètres, qui constitue le flanc O. de la vallée de Lauterbrunnen. Bien protégé du côté de l'O. et du N.-O., Mürren est ouvert aux vents du N.-E. qui pénètrent par la vallée. Panorama splendide sur les grands glaciers de la Jungfrau, du Silberhorn, etc. Grands hôtels avec installations de premier ordre. Nombreuses excursions dans les environs, et aussi promenades horizontales.

INDICATIONS. — Air excitant et fortifiant. Anémie, fatigue, surmenage, neurasthénie.

Naples (Italie, province de Naples).
Station d'hiver.

ITINÉRAIRE. — Stat. de ch. de fer. — ALTITUDE : au bord de la mer. — SAISON : 15 octobre à 15 mai.

Desc. — Ville de plus de 500000 hab., située par 40° 51′ de latitude N. sur la rive N. d'un golfe ouvert du côté de l'O. et borné par le Vésuve à l'E., par la presqu'île de Sorrente et Capri au S., par les Champs Phlégréens et l'île d'Ischia à l'O. La ville peut être divisée en deux parties, l'une plate, à l'E.. s'étendant dans la plaine du côté du Vésuve, l'autre à l'O., bâtie en grande partie sur des collines. Cette dernière renferme le quartier de Chiaja, résidence de la plupart des étrangers en hiver. Au-dessus de la baie de ce nom s'élève un quartier, entre le prolongement des collines du Pausilippe, qui est plus à l'O. et le mont Saint-Elme, à l'E. Ces collines protègent ce quartier contre les vents froids, et seuls ceux du S.-E., du S. et du S.-O. y ont accès. Le faubourg de Pausilippe, à l'O. du quartier de Chiaja, est très agréablement situé ; il possède une belle vue sur le golfe et le Vésuve, des villas, une végétation splendide. Il a le défaut d'être exposé aux vents du N. et de l'E. Des tramways et des railways funiculaires font communiquer les quartiers élevés avec le centre de la ville.

Naples offre des distractions de tout genre ; des promenades intéressantes peuvent se faire autour de la ville, et en outre, il y a nombre d'excursions à faire en bateau à vapeur.

Climat. — Il varie beaucoup suivant le quartier habité par le malade, car les différentes parties de la ville sont très diversement protégées contre les vents. Aussi les malades, et notamment les sujets à tempérament excitable, doivent-ils choisir avec soin le quartier où ils veulent se fixer. Les vents dominant à Naples sont ceux du N. (*tramontana*) et du S. (*sirocco*). Le vent du N. et celui du N.-O. sont des vents froids, mais pendant qu'ils soufflent, le ciel est bleu et le soleil brille. Le vent du S. arrive chargé d'humidité : il est en général chaud et amène le temps couvert et la pluie ; les eaux du golfe sont agitées pendant qu'il souffle. Ces vents succèdent souvent l'un à l'autre, ce qui donne au climat une certaine instabilité. Les malades sentent particulièrement le passage du froid sec à la chaleur humide. Éléments du climat d'hiver (Reimer) :

	Oct.	Nov.	Déc.	Janv.	Févr.	Mars.	Avril.
Temp. moyenne...	17.6	12.7	9.9	9.0	9.9	11.5	14.6
Hum. rel. moy....	73	73	74	75	74	72	69
Jours avec pluie...	11.2	12.1	10.4	10.5	8.0	10.3	6.9

On voit que la température est élevée. L'humidité relative l'est assez pour atteindre une moyenne générale de 73 pour l'hiver. La pluie est abondante, surtout en novembre et décembre, où elle tombe à torrents. La nébulosité est plus forte qu'on ne le croirait, puisqu'il n'y a qu'un jour tout à fait clair sur six et un jour couvert sur cinq (Reimer). Le brouillard est presque inconnu, la neige est fort rare et ne reste pas longtemps sur le sol. Le baromètre est en moyenne à 754, et a des oscillations assez étendues.

En résumé, Naples a en hiver un climat chaud, mais variable, beaucoup de soleil, beaucoup de pluie à la fin de l'automne et au début du printemps, un air agité par les vents et beaucoup de poussière.

INDICATIONS. — D'après Weber, Naples et ses environs, malgré leur grande beauté et l'égalité apparente de leur climat, constituent à peine une station de malades ; on peut y séjourner pour s'y reposer ou s'y distraire. En fait de malades, Naples convient à des sujets de tempérament lymphatique, aux névropathes déprimés et peu excitables, aux mélancoliques ; ces malades s'y font du bien tant par le climat maritime excitant que par les distractions de la ville et le spectacle des beautés de la nature. Scrofule, chloroanémie, faiblesse.

En été, on séjourne souvent à Castellamare ou à Sorrente.

Nervi. — (Italie, province de Ligurie).
Station d'hiver.

ITINÉRAIRE. — Stat. de ch. de fer, ligne de Gênes à Pise. —
ALTITUDE : 32 à 48 m. — SAISON : 1ᵉʳ octobre au 15 mai.

DESC. — Petite ville de 8000 hab., située par 44°20'
de latitude N., sur la Rivière du Levant, à 10 kilomètres
à l'E. de Gênes. La plus grande partie de la ville est
bâtie sur des pentes qui regardent le S.; la rue principale est enfermée entre des maisons et de hautes
murailles. Les cultures, les jardins vont jusqu'à la
mer; il n'y a pas de plage, les rochers plongent à pic
dans l'eau. Mais il existe le long de la mer, appliqué
contre le mur des jardins ou les rochers, un long
chemin, large d'un mètre et demi à deux mètres, sur
lequel on peut se promener en étant exposé à l'air de
la mer. Au N. de la ville s'élèvent des pentes rapides
qui se rattachent aux montagnes voisines. Les vents
du N. et du N.-E. sont brisés par le Monte Fascio
(833 m.), le Monte Moro, le Monte Croce; à l'E.
l'écran montagneux est constitué par le Monte Fino.
Il résulte de cette position sur le flanc de la montagne que Nervi n'a pas beaucoup de promenades
horizontales, à l'exception de la grande route et du
promenoir ci-dessus mentionné. Les chemins, en général de pente très raide, escaladent la montagne.
Il existe cependant un chemin en pente douce qui
traverse la pente obliquement pour aboutir à l'église
San-Ilario. Il est vrai que Nervi possède en revanche de charmants jardins, où la station en plein
air dans un climat agréable remplace la promenade. Aussi cette station convient-elle spécialement
aux malades auxquels beaucoup de repos est recommandé.

CLIMAT. — Excellente protection contre les vents,
qui assure à Nervi une température élevée et égale.
Éléments du climat d'hiver (Reimer) :

	Nov.	Déc.	Janv.	Fév.	Mars.	Avril.
Temp. moyenne	12.0	9.2	8.7	9.6	11.3	13.6
Jours avec pluie	10.6	7.7	9.3	8.8	8.8	8.4

L'oscillation journalière de la température est faible. Humidité relative de l'air 60.5 en moyenne, pour la saison d'hiver (Schetelig). D'après d'autres observateurs, elle serait beaucoup plus élevée. Le nombre des jours de soleil est grand, le brouillard presque inconnu; la neige, rare, ne reste pas sur le sol.

INDICATIONS. — Climat doux et peu excitant. On l'a spécialement recommandé dans la forme éréthique de la phthisie pulmonaire, où il convient mieux que le climat de la Riviera occidentale; dans les bronchites chroniques, l'emphysème, dans les affections nerveuses avec état d'excitation, dans la maladie de Bright.

Il existe à Nervi un sanatorium pour tuberculeux, dirigé par le Dr Friedmann, d'après les principes de celui de Falkenstein.

En été, Nervi est fréquenté comme bain de mer, bien que la plage soit rudimentaire et parsemée de rochers.

Nice (France, Alpes-Maritimes).
Station d'hiver.

ITINÉRAIRE. — Stat. de ch. de fer, ligne de Marseille à Vintimille. — ALTITUDE : du bord de la mer à 128 m. (collines de Cimiez). — SAISON : D'octobre en mai.

DESC. — Ville de 88 000 hab., située par 43° 41′ de latitude N., au bord de la baie des Anges, vaste golfe semi-elliptique qui se creuse entre l'embouchure du Var à l'O. et le cap de Montboron à l'E. La ville occupe une plaine qui est bornée au N. par les collines de Carabacel et de Cimiez. Un fleuve, le Paillon, coule du N.-E. au S.-O., en traversant obliquement la ville. A l'E. du Paillon s'élève une éminence isolée, la colline du Château, au bord de la mer, et à l'E. encore de celle-ci, se creuse le port de Nice entre le Château et la colline de Montboron. La vieille ville se trouve entre le Paillon et le port, la ville neuve à l'O. du Paillon. Au bord de la mer s'étend la superbe promenade des Anglais, ornée de palmiers, sur une longueur de 2 kilomètres ; en son milieu s'élève la jetée-promenade, vaste édifice construit sur la mer. La partie du Paillon voisine de la mer a été voûtée et recouverte d'un jardin. Nice est une belle ville ; les quartiers neufs sont composés de larges rues, les maisons y sont entourées de jardins. La vie est intense dans les principales rues et sur la promenade des Anglais. La plage est couverte de galets ; on y prend des bains de mer.

Nice a comme protection du côté du N., en première ligne, des collines ; puis le mont Chauve, 900 mètres ; enfin les sommets des Alpes. A l'E. les collines du Montboron, le mont Vinaigrier (450 m.), le mont Gros (350 m.) se succèdent du S. au N. A l'O., toute une série de collines, dirigées du N. au S., séparent le bassin de Nice du lit du Var.

La ville des étrangers s'étend depuis le lit du Paillon et la promenade des Anglais vers le N. ; les rues éloignées de la promenade sentent moins l'influence excitante de la mer. Plus au N. et près de la rive droite du Paillon, se trouve le quartier de Carabacel, très abrité et très chaud, au pied de la colline de ce nom. De ce point, le boulevard de Carabacel conduit à la colline de Cimiez, à 4 kilomètres de la mer (128 m. d'altitude), la région la plus chaude et la plus calme de Nice, à l'abri de tous les vents du N. Cette région privilégiée sent peu la brise de mer ; les maisons y sont moins serrées, l'air y est plus pur, la poussière moins fréquente que dans la ville. C'est le quartier véritablement destiné aux malades. Nice est d'ailleurs avant tout une ville de plaisir, un rendez-vous hivernal du high-life plutôt qu'une ville de malades.

Climat. — La protection contre les vents laisse à désirer à Nice ; ils y arrivent soit du N.-E. par le lit du Paillon (vent de terre descendant des montagnes), soit de l'O. par dessus les collines basses situées de ce côté. Enfin, on sent le vent du S.-E qui vient de la mer. Il s'ensuit que l'air est agité, et que les meilleures situations sont celles au pied des collines, et tournées au midi.

La température est d'ailleurs élevée, le ciel pur, l'air sec, très excitant. Le baromètre est en moyenne à 760, avec une oscillation moyenne de 48 millimètres. Éléments du climat d'hiver, d'après Teysseiré :

	Oct.	Nov.	Déc.	Janv.	Fév.	Mars.	Avril.
Temp. moyenne...	16.8	11.9	6.0	8.3	9.2	11.0	14.2
Hum. rel. moyenne.	62	62	63	65	50	55	60
Jours avec pluie...	7.1	7.2	5.7	6	5.2	6.4	5.7

Le thermomètre ne descend pas au-dessous de — 3°, et dans les hivers modérément froids, pas au-dessous de 0. La moyenne de l'humidité relative est 62.9. La pluie est rare, la neige, le brouillard sont exceptionnels. Le ciel est en général si clair que l'on compte en moyenne seize beaux jours par mois en hiver (et 7 de vent, Teysseire). D'après Weber, il y a en hiver sur 100 jours, 56 jours clairs, 17 de pluie entrecoupés d'éclaircies ensoleillées, et 26 plus ou moins sombres. Mais l'extrême rayonnement, conséquence de ce ciel si pur, qui se fait par le beau temps au moment du coucher du soleil, entraîne la production d'une humidité froide qui rend ce moment-là redoutable pour les malades et désagréable pour les bien portants. Le nombre des jours où les malades sont obligés de rester à la maison à cause de la pluie ou du vent violent est par hiver de 50 à 60 (Hayem).

La grande sécheresse de l'air, son agitation par les

vents du N.-E. ou du N.-O., la grande circulation de
voitures ont pour conséquence la production d'une
poussière contre laquelle on lutte par des arrosages
fréquents.

En résumé, climat sec, chaud; air fréquemment
agité par le vent; grande pureté du ciel, forte insolation; absence de pluie.

Il faut noter que Nice a l'avantage de posséder à
une certaine distance de la mer des quartiers (Carabacel, Cimiez) qui sont de véritables stations de malades, et dont le climat est moins maritime et l'air
moins agité, souvent moins chargé de poussière que
les quartiers de la région voisine de la promenade
des Anglais.

INDICATIONS. — Ce climat excitant et sec convient
aux malades mous, lymphatiques qui ont besoin d'un
stimulant. Scrofule, anémie, faiblesse. Rhumatisme,
goutte. Maladie de Bright, diabète. Phthisie pulmonaire au début, à forme lente et torpide, sans tendance à l'hémoptysie. Bronchite chronique. Mélancolie, dépression nerveuse, hypocondrie.

CONTRE-INDICATIONS. — Affections cardiaques. Affections nerveuses ayant le caractère de l'excitation,
insomnie. Tout au moins, dans les cas de ce genre, le
malade doit rechercher les quartiers de Carabacel et
de Cimiez, les plus abrités.

Obladis (Autriche, Tyrol).
Station d'altitude.

ITINÉRAIRE. — Stat. de ch. de fer de Landeck, ligne de l'Arlberg; de là, 2 h. 1/2 en partie en voiture, en partie à cheval. —
ALTITUDE : 1380 m. — SAISON : 15 juin au 15 septembre.

DESC. — Etablissement situé dans la vallée supérieure de l'Inn (qui en cet endroit coule du S. au N.),
au-dessus de la grande route qui fait communiquer
le bassin de l'Inn avec celui de l'Adige (Méran). Obladis

se trouve sur le flanc O. de la vallée et possède une belle vue sur les montagnes et les glaciers du côté de l'E. Air excellent, convenant aux affections pulmonaires, aussi cette station est-elle fréquentée en été par des malades, provenant de Méran surtout.

Ospedaletti (Italie, province de Porto-Maurizio). *Station d'hiver.*

ITINÉRAIRE. — Stat. de ch. de fer, ligne de Vintimille à Gênes. — ALTITUDE : 30 m. — SAISON : Novembre à avril.

DESC. — Village au bord de la mer, par 43°47' de latitude N., à 47 kilomètres à l'E. de Nice et à mi-chemin entre Bordighera et San Remo. Il est placé sur la rive occidentale d'un golfe ouvert au S. Il est difficile de trouver une situation plus abritée contre les vents : deux chaînons de montagnes forment un V dont la pointe est tournée vers le N. et dont l'ouverture regarde la mer, l'extrémité des branches venant plonger dans l'eau pour former à l'O. le cap Sant' Ampeglio (derrière lequel se trouve Bordighera), à l'E. le cap Nero. Vus de la mer, les flancs de ces montagnes figurent un vaste entonnoir qui n'est interrompu par aucun vallon important. Aussi les vents du N., du N.-E., aussi bien que le mistral, n'ont-ils aucun accès dans le golfe d'Ospedaletti ; seuls le vent du S.-E., ou *libeccio*, et celui du S.-O. se font sentir. Dans cette position privilégiée, on a créé sur le flanc oriental de cet entonnoir de larges boulevards, un hôtel, un casino, le tout environné de palmiers, d'eucalyptus, d'un vrai parc rempli d'une belle végétation. Des boulevards à faible pente, bien exposés au soleil, se trouvent derrière et au-dessus de ces établissements et offrent de charmantes promenades, sans compter les sentiers plus raides qui serpentent dans les pins et les oliviers.

CLIMAT (d'après Enderlin, trois ans d'observations)

— Doux et égal; oscillation journalière moyenne, en hiver 7.2°. Température moyenne :

Nov.	Déc.	Janv.	Fév.	Mars.
13.7	10.6	10.6	10.6	11.4

Humidité relative moyenne 62.5. Pression baromé-trique, 767. Il se produit le soir une rosée abondante. Le brouillard et la neige sont rares. Il y a 41 jours avec de la pluie pendant l'hiver. On compte en cette saison sur 100 jours, 32.7 tout à fait clairs, 48.2 partiellement couverts, 19.1 couverts.

INDICATIONS. — Ospedaletti est une vraie station de malades, une retraite tranquille dans un climat exceptionnellement favorable à la station en plein air. Affections des bronches et des poumons, tuberculose. Phthisiques affaiblis et cachectiques (Hayem). Affections nerveuses. Maladie de Bright. Convalescence.

Palerme (Italie, province de Palerme).
Station d'hiver.

ITINÉRAIRE. — Par mer depuis Naples en 14 à 16 h. Par terre, ch. de fer de Naples à Reggio (21 h.); de là, à Messine en bateau à vapeur (1 h.); enfin de Messine en ch. de fer, 9 h. — ALTITUDE : au bord de la mer. — SAISON : 15 octobre au 15 avril.

DESC. — Ville de 272 000 habitants, sur la côte N. de la Sicile, à son extrémité occidentale, par 38°7' de latitude N. Elle se trouve dans une plaine fertile (Concha d'Oro), sur un golfe ouvert du côté du N.-E. Au N. s'élève le Monte Pellegrino (650 m.); à l'O. et au S., d'autres montagnes de 1000 mètres environ entourent la ville en demi-cercle, et enfin au S.-E. le cap Mongerbino vient compléter par ses rochers cet écran protecteur. La ville est bien pavée et possède de belles promenades. Au S.-O., se trouve un quartier récemment construit, avec des hôtels et des villas confortables, et pourvus d'appareils de chauffage. La vie générale des habitants est active; la ville offre des sujets d'intérêt aux malades, qui ne deviennent pas la proie de l'ennui (De Jongh). Nombreuses excursions dans les environs.

CLIMAT. — Les vents à Palerme ont une particularité spéciale : ceux du S. sont des vents de terre qui ont traversé la Sicile, tandis que ceux du N. sont des vents de mer. Le plus fréquent en hiver est celui du S.-O ; le vent du N.-O. se fait aussi sentir par une échancrure entre le Monte Pellegrino et les montagnes de l'O. Il y a en outre des courants aériens normaux entre la terre et la mer. Le sirocco souffle de temps en temps par périodes de quelques heures à deux jours ; c'est un vent chaud, sec, déprimant, chargé souvent de poussière du désert. En résumé, l'air est plutôt agité à Palerme. La température est élevée et égale. Éléments du climat d'hiver (Reiner) :

	Oct.	Nov.	Déc.	Janv.	Fév.	Mars.	Avril.
Temp. moyenne...	19.3	15.5	12.3	10.9	11.1	12.4	14.8
Hum. rel. moyenne.	74	74	78	77	76	75	74
Jours avec pluie..	9.6	11	14.2	13.4	12.1	11.6	7.7

Les trois mois d'hiver proprement dits (déc.-fév.) ont une moyenne de 11.5°. L'air est, on le voit, assez humide, mais humide d'une façon très régulière. En outre, il y a beaucoup de pluie en hiver. Comme conséquence, la poussière est peu fréquente. Il y a environ cinq jours avec de la neige par hiver.

En résumé, température élevée, constante ; air agité, humide ; beaucoup de pluie.

INDICATIONS. — Palerme peut être classée pour les indications à côté de Pise et de Venise, mais elle s'écarte de la première par l'agitation de son atmosphère. Le climat est plus excitant que ceux de Madère et d'Alger (Jaccoud). Laryngite chronique, cas où l'affection a un caractère d'irritation avec peu de sécrétion. Bronchite chronique. Asthme de tout genre, qu'il soit greffé sur une affection respiratoire ou car-

diaque (De Jongh). Bronchite chronique des vieillards.
Tuberculose à tendance hémorragique; tuberculose
chronique dans les périodes tardives, mais station-
naire. Névrose, hystérie, neurasthénie. Mélancolie.

CONTRE-INDICATIONS. — Rhumatisme. Néphrite chronique. Disposition au catarrhe intestinal et à la diarrhée. Tuberculose pulmonaire au début. Fièvre
intermittente.

Pallanza (Italie, province de Novare).
Station d'hiver.

ITINÉRAIRE. — En bateau à vapeur depuis Luino, stat. du ch.
de fer du Gothard, ou Arona, stat. de ch. de fer, ligne venant de
Milan. — ALTITUDE : 193 m. — SAISON : Octobre à mai.

DESC. — Petite ville de 5000 habitants, sur la rive
O. du lac Majeur, par 45°55′ de latitude N. Elle se trouve
au N. des îles Borromées, sur un promontoire triangulaire, formant la côte orientale d'un golfe arrondi,
ouvert à l'O. Les hôtels sont situés à l'E. et en dehors de la ville, et font face au S.-O. La presqu'île ci-
dessus mentionnée est formée au N. de la ville par la
colline de Castagnola (115 m.), qui l'abrite contre les
vents du N.-E. La végétation et la vue de Pallanza
sont également belles. Au N. de la ville et de la colline se trouve une plaine, au delà de laquelle se dressent des montagnes, le Monte Rosso (850 m.) et toute
une chaîne de sommités qui se dirigent du lac vers l'O.
et qui assurent à la région une protection supplémentaire de ce côté. Au S., Pallanza s'ouvre librement
sur le lac et possède une vue splendide sur les îles
Borromées, Baveno, Stresa, etc. On peut faire de nombreuses promenades autour de Pallanza sur les routes
qui conduisent au N. dans la campagne et à Intra
(qui sont, il est vrai, poudreuses), et dans les bois
de la colline de Castagnola. Excursions plus lointaines sur le lac.

CLIMAT. — Il doit une douceur relative à l'écran constitué par les montagnes et la colline de Castagnola. Température plus élevée que celle de Montreux et de Méran. Éléments du climat d'hiver (Reimer) :

	Oct.	Nov.	Déc.	Janv.	Fév.	Mars.	Avril.
Temp. moyenne...	12.5	7.1	3.7	2.5	4.7	7.6	12.5
Hum. rel. moyenne.	71	60	74	75	68	68	58
Jours avec pluie...	11.2	8.6	6.6	5.9	4.7	9.0	8.6

Pendant onze ans d'observations, la température s'est abaissée jusqu'à — 6.8° (Scharrenbroich). Pression barométrique 741. Humidité modérée, plutôt faible. Les pluies sont abondantes, surtout en automme et au printemps, et l'hiver a beaucoup de jours de soleil, mais la neige survient régulièrement deux fois en moyenne chaque hiver.

Les vents du N.-E. et du N.-O. se font sentir ; le vent d'O. est le plus fréquent. Enfin le vent le plus désagréable est un vent local périodique, soufflant de jour, de 10 à 3 ou 4 h., du lac sur la terre, venant du S.-E., appelé sur le lac Majeur *inferna*. Il ne se fait sentir d'ailleurs d'une façon sérieuse qu'à partir du mois de février. L'hiver est surtout froid de décembre en février.

En résumé, climat d'hiver très adouci par les conditions topographiques du pays et le voisinage du lac.

En automne, la température est agréable ; on fait en cette saison la cure de raisin.

INDICATIONS. — Faiblesse, anémie ; catarrhes chroniques des voies respiratoires, laryngite, bronchite chronique, emphysème.

Pau (France, Basses-Pyrénées).
Station d'hiver.

ITINÉRAIRE. — Stat. de ch. de fer, réseau du Midi. — ALTITUDE : 205 m. — SAISON : Octobre à mai.

Desc. — Ville de 33 000 habitants, située dans le S.-O de la France, sur le gave de Pau, par 43°20' de latitude N. La ville est bâtie sur la rive droite ou septentrionale du gave, sur un plateau élevé de 50 mètres environ au-dessus de cette rivière. Vue panoramique superbe sur les Pyrénées. Pau est située dans la plaine, à 45 kilomètres au N. des Pyrénées, et à plus de 100 kilomètres à l'E. de l'océan Atlantique. Le ville peut se diviser en une partie S.-E., ancienne, et une partie N.-O., nouvelle, aux rues plus larges. Le château de Pau, sa promenade et son parc ont une ancienne réputation. Autour de la ville, la campagne se compose de collines faiblement élevées ; du côté du N.-O., les landes sont peu éloignées ; elles ont une action favorable sur le vent qui souffle de ce côté. Pau offre de nombreuses distractions, des promenades intéressantes et des hôtels confortables.

Climat. — Pau n'est donc pas, comme la plupart des stations hivernales d'Europe, à l'abri d'un écran montagneux du côté du N. ; cependant une ceinture de collines la protège jusqu'à un certain point. Toutefois, l'air s'y fait remarquer par son calme. On compte par saison, d'octobre à avril, 14 jours seulement de vent fort. Les vents de l'O. et du N.-O. arrivent jusqu'à la ville en passant par-dessus l'Océan, où ils se chargent d'une humidité qui les rend sédatifs. En hiver, les vents dominants sont ceux du N.-E. au S.-E. ; à la fin de cette saison, ceux de l'O. La température est élevée, l'air est doux ; mais les oscillations de la température sont sensibles, s'élevant en moyenne à 6.3°, et pouvant atteindre jusqu'à 11 à 12° par jour (Jaccoud). Éléments du climat d'hiver (Reimer) :

	Oct.	Nov.	Déc.	Janv.	Fév.	Mars.	Avril.
Temp. moyenne...	13.7	8.2	6.2	5.0	6.3	9.0	12.2
Hum. rel. moyenne.	80	82	83	82	80	79	71
Jours avec pluie..	12	13	12	12	9	13	12

L'humidité relative est donc élevée ; d'autres évaluations la portent pour la saison d'hiver à 80-85. La pluie est très fréquente, surtout en octobre et novembre, un jour sur deux ou trois. La neige tombe 7 à 8 fois par an, surtout de décembre en février, mais ne reste pas longtemps sur le sol. Brouillard rare. Jours couverts nombreux. Pression barométrique en moyenne 746 millimètres. Malgré l'abondance des pluies, le sol déclive et poreux est vite sec, de sorte que la promenade peut avoir lieu quelques heures après la pluie. La journée médicale se limite entre 10 et 3 heures.

En résumé, Pau a un climat tout spécial, caractérisé par l'humidité, la douceur et la tranquillité de l'air, et par une oscillation assez forte de la température journalière.

INDICATIONS. — Le climat a une action calmante, sédative, qui se fait sentir sur les divers systèmes, digestif, circulatoire, nerveux, respiratoire, mais qui est aussi débilitant et non point fortifiant (Jaccoud). On l'a comparé au climat de Pise. Pau est plus frais, mais a plus d'heures de soleil, et est plus agréable comme promenade, société, beauté du paysage (Sigmund). Ce sont, d'après Lahillonne, les périodes de temps aux journées à demi ensoleillées, couvertes, pluvieuses et tièdes, qui sont les plus favorables aux malades de la poitrine. Le climat convient aux malades excitables, nerveux, éréthiques, aux muqueuses irritées, en cas de toux sèche, de fièvre. Bronchite chronique à type irritable ; tuberculose pulmonaire éréthique, phthisie commune à type floride (Jaccoud), phthisie chez les malades fébriles et affaiblis (Lahillonne). États d'excitation nerveuse.

CONTRE-INDICATIONS. — Anémie, faiblesse, catarrhes avec sécrétion abondante. Tempérament mou et torpide dans la phthisie. Rhumatismes. Affections nerveuses avec le caractère de la dépression.

Pegli (Italie, province de Gênes)..
Station d'hiver..

ITINÉRAIRE. — Stat. de ch. de fer, ligne de Vintimille à Gênes.
— ALTITUDE : Au bord de la mer. — SAISON : Novembre au milieu
de mai.

DESC. — Petite ville de 7700 habitants, située par
44°23′ de latitude N. sur le bord du golfe de Gênes, à
10 kilomètres à l'O. de cette ville. En ce point, la côte
du golfe a déjà pris la direction N.-O.-S.-E. qui lui a
valu le nom de Rivière du Levant.

Pegli est situé sur la plaine au pied de montagnes
qui lui assurent une certaine protection contre le
vent. Du côté du N. et de l'O. le Monte Pennello (1600 m.),
à 6 kilomètres de Pegli, en ligne droite, et un chaînon
qu'il envoie au S. vers la mer, constituent une barrière
efficace. En revanche, la ville n'est pas défendue
contre le vent du N.-E. Les plaines au N. de Pegli
sont couvertes de cultures. Des jardins bien entretenus contiennent des plantes dont la présence atteste
la douceur du climat. Il n'y a pas ici de ces rochers
nus, ni de ces lits de torrents desséchés qui déparent
d'autres régions du Midi. Il existe des forêts de pins à
peu de distance. La ville elle-même est alignée le long
de la mer; une plage de très fins galets permet de
prendre des bains de mer. Les hôtels se trouvent dans
le voisinage immédiat de la plage, le long de la route
poudreuse qui met Gênes en communication directe
avec Voltri, et sur laquelle il se fait un mouvement
considérable de voitures et de tramways. On trouve
d'agréables promenades en montant fort peu et en
s'écartant de la région de la route et de la plage..
Celle-ci offre aussi du côté de l'O. d'agréables endroits
pour la station en plein air.

CLIMAT. — Cette région orientale de la Riviera n'est
plus si bien abritée contre le vent du N. que la région
occidentale, de Cannes à San Remo. L'on n'y sent plus

le mistral, à la vérité, mais en revanche on sent le vent du N.-E., qui est cependant moins violent que le mistral. La température n'est pas si élevée que dans la Rivière Occidentale. D'après quelques observateurs, l'air est aussi plus humide; on a classé Pegli entre Menton et Pise, à ce point de vue spécial. Cette humidité de l'air est due au voisinage de montagnes boisées possédant de nombreuses sources. Cependant, d'après Weber, l'air serait au contraire très sec, et c'est bien l'impression que l'on retire d'une visite à Pegli.

Indications. — Pegli convient à des malades ayant encore des forces, et pouvant profiter, en se promenant, des avantages que présente la campagne voisine. Catarrhe chronique du larynx, bronchite chronique, emphysème. Dyspepsie. Rhumatisme chronique. Convalescence. Fatigue et surmenage intellectuel.

Piora (Suisse, canton du Tessin).
Station d'altitude.

Itinéraire. — Stat. de ch. de fer d'Airolo, ligne du Gothard; de là, 3 h. à pied ou à cheval. — Altitude : 1859 m. — Saison Juin à la fin de septembre.

Desc. — Localité intéressante, comme étant une des rares stations de haute altitude sur le versant S. des Alpes. C'est un haut vallon situé à l'E. du Gothard, directement au N. de Quinto, dans la vallée du Tessin, où passe le chemin de fer du Gothard. Le val Piora se dirige de l'O. à l'E.; le fond en est occupé par un petit lac tranquille, aux eaux foncées, appelées Ritom. L'hôtel Piora se trouve sur le flanc N. de la vallée à peu de distance de l'extrémité O. du lac. Les montagnes forment au N. de la vallée une ceinture de 2400 à 2600 mètres d'altitude; à l'E. un col de 2158 mètres conduit dans la vallée du Lukmanier. Le val Piora est couvert de prairies et possède plusieurs petits lacs secondaires. Sur la rive S. du lac Ritom, se trouvent des forêts très clairsemées de mélèzes et d'arolles.

CLIMAT. — Il se fait remarquer par le calme de l'air ; il n'y a pas de vent du N. et peu de vent de l'E. En revanche, celui du S.-O. se fait sentir et amène la pluie. Le brouillard est nul en juin et juillet, fréquent en revanche le matin dans le mois d'août ; mais il dure peu longtemps. Températures de l'été :

	Juin.	Juillet.	Août.	Sept.
Temp. moyenne.......	11.0	13.5	12.3	7.9
— maximum......	8.0	9.0	—	—
— minimum.......	19.5	22	—	—

Ce sont des températures élevées pour une si haute altitude, et les minima sont peu importants. Piora participerait donc du climat chaud de la vallée du Tessin. De plus longues observations sont nécessaires pour apprécier exactement la valeur de ce climat, la fréquence de la pluie, qui tombe en abondance dans des régions voisines (San Bernardino), etc.

En résumé, station de haute altitude, modeste et tranquille, avec une température douce et un air peu agité.

Pise (Italie, province de Pise).
Station d'hiver.

ITINÉRAIRE. — Stat. de ch. de fer, ligne de Gênes à Rome. — ALTITUDE : 53 m. — SAISON : Octobre à avril.

DESC. — Ville de 54 000 habitants, située sur l'Arno par 43° 43' de latitude N., à 11 kilomètres seulement de la mer. Elle se trouve dans une plaine, mais elle est abritée par des montagnes. En effet, un chaînon des Apennins, les Alpes Apuanes, courant parallèlement à la côte, vient se terminer à l'E. et au S.-E.

de Pise par le mont Serra (918 m.), qui forme une courbe dont la concavité abrite la ville. Pise est réputée pour le calme de son air; cependant elle est exposée au vent d'E., par la vallée de l'Arno, et aux vents de la mer (du S.-O). Dans l'intérieur de la ville, l'Arno décrit une courbe dont la concavité regarde le midi. Le quai qui le borde sur la rive droite (ou N.) est la promenade favorite des malades, les maisons brisant complètement les courants d'air froid. Pise est une ville bien bâtie avec de larges rues, de belles maisons. Mais la vie y est uniforme, les promenades monotones et le nombre des jours de pluie élevé.

CLIMAT. — Doux; air calme et surtout humide. Éléments du climat d'hiver (Reimer) :

	Oct.	Nov.	Déc.	Janv.	Fév.	Mars.	Avril.
Temp. moyenne...	15.1	10.6	7.0	6.6	7.4	9.6	13.0
Hum. rel. moyenne.	—	82	83	80	78.	73	—
Jours avec pluie...	10.6	13.1	12.8	10.0	8.4	11.5	7.0

Température égale, oscillation journalière peu considérable. Pression barométrique, 761. On voit que l'humidité est très élevée et que les jours de pluie sont fort nombreux, au nombre de 62 pour les cinq mois de novembre à mars (surtout de la fin d'octobre en décembre). Il y a quelques jours de neige (1 en décembre, 2 en janvier). Brouillards rares. On compte 36 jours tout à fait clairs dans l'hiver, principalement en février et mars.

En résumé, climat humide, plus égal et moins doux que celui de la Riviera, mais sédatif et mou. Le climat se rapproche de celui de Pau et de Venise, il est toutefois plus chaud que celui de ces deux villes, et plus maritime et plus affaiblissant que celui de Pau (Reimer).

INDICATIONS. — L'action de ce climat est bien différente de celle du climat des stations du littoral méditerranéen français et de la Riviera. Il calme, adoucit les états d'irritation et d'excitation nerveuse; mais aussi, il est peu fortifiant. Laryngite chronique, bronchite avec toux sèche, d'irritation. Asthme et emphysème. Affections cardiaques chez des sujets excitables.

Station à conseiller en février et mars comme abri contre les vents froids qui soufflent à ce moment de l'hiver dans les stations de la Riviera.

CONTRE-INDICATIONS. — Rhumatisme, goutte; affections des reins; diarrhée chronique; bronchite avec sécrétion abondante.

Pontresina (Suisse, canton des Grisons).
Station d'altitude.

ITINÉRAIRE. — A 13 h. en diligence de Coire, stat.-terminus d'une ligne de ch. de fer venant de Zurich. — ALTITUDE : 1803 m — SAISON : Juin à septembre.

DESC. — Village situé dans la vallée du Berninabach, torrent qui descend du col du Bernina, pour se jeter dans l'Inn à Samaden. Cette vallée a une direction générale N.-O.-S.-E. Pontresina est allongé sur son flanc oriental, en face de l'ouverture du val Roseg, qui descend du glacier du même nom, au S.-O. de Pontresina. La vue sur ce glacier est superbe. Au-dessus du village, du côté de l'E., il existe des forêts de mélèzes et d'arolles; il y en a aussi sur l'autre rive du torrent, à quelques minutes de marche. Pontresina est une des plus belles stations de l'Engadine. Il a sur les stations de la vallée principale de l'Inn l'avantage d'être à l'abri du vent de la vallée, qui y est si fort (Voir *Saint-Moritz*).

CLIMAT. — Pression barométrique, 610 millimètres. Éléments du climat d'été :

	Juin.	Juillet.	Août.	Sept.
Temp. moyenne......	8.3	10.9	9.8	7.0
Hum. rel. moyenne...	72	66	77	—
Jours avec pluie.....	9	10	10	10

Le maximum moyen de juillet est 20.7°; quant au
minimum moyen, il varie entre 1.9 en juillet et — 2.4°
en septembre. L'insolation est bonne, le soleil a d'ailleurs ici, comme dans toute la Haute-Engadine, une
intensité extraordinaire. La sécheresse de l'air pendant le jour est encore plus forte que les chiffres ci-
dessus ne le feraient croire, car ils contiennent les
observations du matin et du soir. On est à Pontresina
à l'abri des vents froids du N. et du N.-E. En revanche,
on s'y trouve exposé au vent de la montagne descendant des glaciers de Roseg et de Morteratsch, qui
sont dans le voisinage immédiat.

Indications. — Voir *Saint-Moritz*. Pontresina jouit
d'un air plus calme que cette station; c'est d'ailleurs
un endroit plus fréquenté en été par les touristes que
par les malades.

Promontogno (Suisse, canton des Grisons).
Station de printemps et d'automne.

Itinéraire. — A 3 h. de diligence de Chiavena, stat. de ch. de
fer au nord du lac de Côme. — Altitude : 85o m.

Desc. — Village situé dans le val Bregaglia, qui se
dirige du N.-E. au S.-O, depuis le col de la Maloja à
Chiavenna. Il est difficile de voir une région plus
sauvage et plus grandiose que cette vallée, couverte
de sapins dans sa partie supérieure, de châtaigniers
dans sa moitié inférieure. Promontogno se trouve à
peu près au milieu de la vallée, au point où la vallée de Bondasca débouche du côté du S. Le village est
placé d'une manière très intéressante à la limite de la
végétation alpine et de celle de la plaine. Les arbres
sont d'ailleurs dans cette région d'une vigueur remarquable. Du côté du S.-E. se trouvent en ce point de
hauts glaciers. Torrents aux eaux fraîches et abondantes. Nombreuses excursions dans les environs.

Climat. — De faible altitude, dans une vallée bien

abritée contre les vents du N. Éléments du climat
d'été (Rinaldo) :

	Juin.	Juillet.	Août.	Sept.
Temp. moyenne......	15.3	17.3	17.4	12.6
Hum. rel. moyenne...	71	62	68	62

L'amplitude de l'oscillation thermométrique journalière est beaucoup plus faible qu'à la haute montagne, variant entre 2 et 8°. Pression barométrique, 680 millimètres. L'air est sec. Dans l'après-midi, il est agité régulièrement par le vent de la vallée.

INDICATIONS. — En résumé, climat chaud et doux, pouvant être utilisé avant l'époque où les stations d'altitude sont accessibles et par les malades qui ne peuvent pas affronter la haute montagne. Station intermédiaire entre la plaine et l'Engadine.

Randa (Suisse, canton du Valais).
Station d'altitude.

ITINÉRAIRE. — Stat. de ch. de fer, ligne de Viège à Zermatt. — ALTITUDE : 1444 m. — SAISON : Juin à septembre.

DESC. — Station très modeste et tranquille, heureusement située dans la vallée de Zermatt, facilement accessible, à une altitude élevée, et n'ayant pas le bruit et le mouvement intense de touristes qui déparent Zermatt au point de vue des malades. Le village est bâti sur le flanc droit ou oriental de la vallée, et sur une hauteur au-dessus du torrent la Viège, à peu de distance des forêts.

Rapallo (Italie, province de Ligurie).
Station d'hiver.

ITINÉRAIRE. — Stat. de ch. de fer, ligne de Gênes à Pise.

DESC. — Petite ville située à 31 kilomètres à l'E. de Gênes, sur le bord de la mer, au fond d'un golfe formé par le promotoire de Portofino, curieuse presqu'île de forme carrée qui s'avance brusquement dans la mer et qui est constituée par une montagne de 610 mètres d'altitude. Le golfe a une forme rectangulaire et s'ouvre du côté du S.-E.

CLIMAT. — Doux. La protection contre les vents du N. et du N.-E. est assurée par des montagnes qui se trouvent de ce côté, tandis que ceux du S.-O. sont brisés par la montagne de Portofino.

Reiboldsgrün (Saxe, province de Zwickau).
Sanatorium.

ITINÉRAIRE. — A 6 kil. d'Auerbach, stat. de ch. de fer, ligne de Zwickau à Oelsnitz. — ALTITUDE : 692 m.

DESC. — Dans la partie méridionale de la Saxe, sur les premières pentes N. de l'Erzgebirge. Le sanatorium est bâti dans un endroit abrité à l'E., au N., et à l'O. par des montagnes et des forêts de sapins. Ces forêts l'entourent de tous côtés, sillonnées de nombreux sentiers horizontaux ou plus ou moins en pente.

CLIMATS. — Les vents dominants, brisés d'ailleurs par ces forêts, sont, ceux du S.-O. La température de l'été est 14,2° ; elle est uniforme. L'humidité relative moyenne est élevée, phénomène normal dans le voisinage des forêts (moyenne annuelle, 83). Les pluies sont fréquentes et abondantes (Reimer).

SANATORIUM. — Il est éloigné de tout village, et composé de plusieurs bâtiments uniquement destinés aux tuberculeux. Le traitement se fait d'après les principes exposés à propos de Falkenstein et de Gœbersdorf : hygiène et surveillance stricte du malade, individualisation exacte des prescriptions hygiéniques et médicales, repos et promenade dosés, régime abondant et rationnel, hydrothérapie. Il faut noter que Reiboldsgrün a une altitude déjà élevée, et se trouve dans une contrée montagneuse avec un air excellent et vif. La cure de repos à l'air libre se fait soit sous des vérandahs, soit dans des pavillons installés dans la forêt, dans le voisinage de l'établissement.

INDICATIONS. — Tuberculose pulmonaire à ses diverses périodes.

Revard (le Mont-) (France, Savoie).
Station d'altitude.

ITINÉRAIRE. — D'Aix-les-Bains, ch. de fer à crémaillère. — ALTITUDE : 1545 m. — SAISON : En été.

DESC. — A l'E. d'Aix-les-Bains s'élève une chaîne de montagnes dirigée à peu près du N. au S. et dont les flancs sont couverts de prairies, et plus haut de châtaigniers et de sapins. Le sommet, qui porte le nom de Mont-Revard, est constitué par un plateau incliné vers le S.-E., vallonné, couvert de prairies, mais privé d'arbres dans la région de la station-terminus et des hôtels. A quelques minutes plus à l'E. et au S. se trouvent des forêts de conifères encore jeunes. A l'O. le plateau est coupé à pic et forme un belvédère d'où l'on jouit d'une vue splendide sur Aix-les-Bains, le lac du Bourget, et les montagnes de la rive opposée. Cette station d'altitude, qui date de 1893, se développera certainement et constituera une excellente station d'été. Il est seulement indispensable que l'on procède à des plantations de sapins dans dans le voisinage des hôtels. L'air est excellent et vif, et la facilité d'accès par le chemin de fer en fait une station très heureusement située, à proximité d'Aix-les-Bains et de ses ressources balnéaires.

Rigi-Kaltbad (Suisse, canton de Lucerne).
Station d'altitude.

ITINÉRAIRE. — Stat. du ch. de fer à crémaillère, ligne de Vitznau au Rigi-Kulm. — ALTITUDE : 1444 m. — SAISON : Juin à septembre.

DE LA HARPE. — Stations d'hiver. 13

Desc. — Le Rigi a une position particulière; il figure une pyramide irrégulière, entourée de lacs sur trois côtés, de plaines sur deux autres. Son sommet est à 1400 mètres au-dessus du lac de Lucerne. Isolé de tous côtés, le Rigi reçoit tous les vents et tous les rayons de soleil. Il se trouve dans la zone du fœhn et dans la région des pluies d'été abondantes. Le Rigi-Kaltbad est placé sur son flanc S., à quelques pas de la station du chemin de fer. Il est protégé du côté du N. et de l'E. par l'arête de la montagne, et de l'O., par un chaînon couvert de sapins et sillonné par des sentiers. La position est fort belle, la vue très étendue. Il y a en ce point un mouvement intense de touristes, de sorte qu'il ne faut recommander le Kaltbad qu'aux malades qui ne craignent pas le bruit et la foule. L'air est excellent, tonique sans être rude. Établissement d'hydrothérapie.

Indications. — Affections du système nerveux; neurasthénie; mélancolie. Surmenage. Anémie. Fatigue. Dyspepsie.

Rigi-Scheideck (Suisse, canton de Schwyz). *Station d'altitude.*

Itinéraire. — Terminus d'un railway venant du Rigi-Kaltbad — Altitude : 1648 m. — Saison : De la mi-juin en octobre.

Desc. — Au lieu d'être placé, comme le Rigi-Kaltbad, sur le flanc de la montagne, le Rigi-Scheideck est un hôtel bâti sur un promontoire au S.-E. du Rigi-Kaltbad, promontoire en forme de plateau. Cette station se trouve au N. et à 1180 mètres de Gersau (Voir ce nom). On peut y faire d'assez longues promenades sur l'arête de la montagne du côté de l'O., sans rencontrer de pentes très fortes. D'importantes plantations de conifères ont été faites à proximité de l'hôtel.

Climat. — Celui de la haute altitude. Éléments du climat d'été (Gsell-Fels) :

	Juin.	Juillet.	Août.	Sept.
Temp. moyenne......	9,0	11.5	10.2	10,8
Hum. rel. moyenne...	71	63	69	67

On remarquera la faiblesse de l'humidité relative. Les vents ont librement accès sur cette sommité, en particulier le fœhn. Ils y font naître, comme au Rigi en général, de brusques variations de la température.

INDICATIONS. — Celles du climat d'altitude (page 60). mais avec les restrictions que doit imposer l'agitation de l'air de la station.

Riva (Autriche, Tyrol).
Station d'automne et d'hiver.

ITINÉRAIRE. — Ch. de fer du Brenner, embranchement de Mori-Arco. — ALTITUDE : 69 m. — SAISON : Automne et hiver.

DESC. — Petite ville de 6000 hab., située par 45° 54' de latitude N., à l'extrémité N. du lac de Garde, près de l'embouchure de la Sarca, rivière qui coule parallèlement à l'Adige. Riva est située dans une plaine et adossée à l'O. aux premières pentes du Monte Giumela. La plaine s'étend au N. jusqu'à Arco (Voir ce nom). A l'E. s'élève une montagne isolée (Monte Brione, 373 m.), qui sépare Riva de la Sarca. Enfin, du côté du S., la ville est baignée par le lac. Belles excursions dans le voisinage, notamment par une route pittoresque dans le val Ledro à l'O., par la route de Mori à l'E., sur le Monte Baldo, etc.

CLIMAT. — Riva manque d'abri du côté du N., et se trouve donc visitée par les vents froids comme par ceux du S.-E., qui viennent du lac. En hiver, le soleil se couche de bonne heure parce qu'il est caché par les pentes du Monte Giumela, contre lequel la ville est placée. En cette saison, l'air est souvent humide, il y a du brouillard. Aussi Riva est-elle plutôt une station d'automne dans un beau pays qu'un séjour d'hiver.

Rome (Italie, province de Rome).
Station d'hiver.

ITINÉRAIRE. — Stat. de ch. de fer. — ALTITUDE : 27 m. — SAISON : Du milieu d'octobre à la fin de mai.

DESC. — Ville de 436 000 hab., située par 41° 53' de latitude N., à 22 kilom. de la mer, au centre d'une plaine traversée par le Tibre, qui coule du N.-E. au S.-O. La ville est entourée à une certaine distance au N., à l'E. et au S.-E., de collines qui la protègent dans une certaine mesure contre les vents. Elle est bâtie en partie aussi sur des collines.

CLIMAT. — Les vents qui ont accès sur la ville par la vallée du Tibre viennent soit du N. soit du S. ; le premier est le plus fréquent en hiver ; il est sec et amène le beau temps. Les vents du S., du S.-E. et du S.-O. sont chauds et apportent avec eux l'humidité, et parfois la pluie. Éléments du climat d'hiver (Reimer) :

	Oct.	Nov.	Déc.	Janv.	Fév.	Mars.	Avr.
Temp. moyenne......	16.9	11.7	8.6	7.6	8.2	10.3	18.8
Hum. rel. moyenne...	71	74	75	75	75	68	66
Jours avec pluie...	11.2	12.7	12.1	11.7	0.6	11.1	10.0

Le baromètre indique en moyenne 761. On voit que l'humidité de l'air est moyenne ou faible : il en est de même de la nébulosité. Il y a en hiver un grand nombre de jours de soleil. La pluie tombe assez régulièrement pendant les mois d'hiver (en tout 60 à 70 jours), la neige et le brouillard sont rares. Il y a peu de poussière.

En résumé, climat moyennement chaud et humide, doux, avec des vents du N. et du S., qui causent dans la seconde moitié de l'hiver d'importants changements de la température.

INDICATIONS. — Le climat a été rapproché de celui de Pise et de Pau, toutefois il n'est pas aussi humide et il est plus tonique ; il y a davantage de vent. Rome n'est pas une vraie station de malades ; c'est un séjour qui convient aux individus déprimés, nerveux, aux personnes épuisées par le travail et la sénilité précoce (Weber). Ces demi-malades trouvent dans un climat en somme agréable de nombreuses jouissances artistiques et historiques. Mais il faut reconnaître que l'abus des visites aux musées et aux curiosités de la ville fait beaucoup de mal aux cardiaques, aux sujets nerveux et excitables.

Contre-indications. — Le séjour de Rome est souvent craint à cause des fièvres et des affections paludéennes auxquelles il expose ; en hiver, ce danger est moins grand qu'en été, mais il est bon de suivre des règles d'hygiène précises pour éviter les atteintes de la malaria, habiter le centre de la ville, éviter de sortir le soir dans les environs, de dormir la fenêtre ouverte. Les mois les plus dangereux sont ceux de juin à septembre. Le meilleur moment pour arriver à Rome, c'est depuis la seconde moitié d'octobre.

Saas-Fée et **Saas-Grund** (Suisse, canton du Valais). *Stations d'altitude.*

Itinéraire. — Ch. de fer de Viège à Zermatt, jusqu'à la stat. de Stalden ; de là, à pied ou à cheval, jusqu'à Saas-Grund, 4 h., Saas-Fée est à 3/4 d'h. plus loin. — Altitude : Saas-Grund 1562 m.; Saas-Fée 1778 m. — Saison : Juillet et août.

Desc. — La vallée de Saas est un embranchement oriental de la vallée de la Viège, conduisant à Zermatt, dont elle se détache à Stalden. Saas-Grund est dans le fond de la vallée, Saas-Fée sur le versant occidental, dans une position superbe, avec une belle vue.

Climat. — De haute altitude, caractérisé par la grande sécheresse de la région où se trouvent ces stations ; air agité par les courants normaux entre la vallée et les grands glaciers voisins.

Indications. — Ces stations peuvent être conseillées à des sujets fatigués ayant besoin d'un air tonique et excitant ; dans l'anémie, la neurasthénie ; il faut d'ailleurs que les malades ne craignent pas le bruit du passage des nombreux touristes qui fréquentent ces régions en été.

Saint-Beatenberg (Suisse, canton de Berne).
Station de montagne.

ITINÉRAIRE. — Stat. de bateaux à vapeur de Beatenbucht, sur le lac de Thoune ; de là à Beatenberg, ch. de fer funiculaire 16 min.). Route carrossable depuis Interlaken. — ALTITUDE : 1148 m. — SAISON : Été et hiver.

DESC. — A peu de distance d'Interlaken, sur la rive droite du lac de Thoune, se trouve une vallée à pente rapide, dirigée du N.-E. au S.-O. Sur son flanc occidental se trouve Saint-Beatenberg (ou Beatenberg), sur une route à peu près horizontale. Les maisons du village sont échelonnées le long de ce chemin. A l'extrémité S.-O. de cette route, on se trouve au-dessus du lac de Thoune et l'on a une vue panoramique splendide. Beatenberg est très protégé contre les vents ; d'abord par la montagne de même nom qui s'élève à l'O. et au N.-O., et qui domine le village de 900 m. ; ensuite par une arête montagneuse de 1600 à 1800 m. d'altitude qui ferme la vallée au N. Le flanc E. enfin complète la ceinture de montagnes qui abrite le village. Des forêts se trouvent au-dessus et au-dessous de la station. Un de ses grands avantages, c'est d'offrir une promenade facile sur la grande route, qui est faiblement inclinée.

CLIMAT. — Beatenberg possède une longue série de près de trente années d'observations météorologiques, qui permettent de fixer comme suit sa température moyenne pour les divers mois :

Janvier	—1.6	Mai	9.0	Septembre	11.5
Février	0.1	Juin	12.2	Octobre	6.2
Mars	1.2	Juillet	14.8	Novembre	1.4
Avril	5.3	Août	13.9	Décembre	—1.

L'humidité de l'air est assez élevée, 80 ; le brouillard, plutôt fréquent. L'air est agité, surtout en hiver, par les vents du N.-O. et du S. Le fœhn est senti, mais il est très affaibli. Pour les six mois d'hiver, on compte 47 jours absolument clairs et 69 couverts. En cette saison, le soleil a l'intensité qu'on lui connaît à la montagne.

En résumé, climat de faible altitude, doux mais tonique, sans être excitant, avec une bonne insolation en hiver.

INDICATIONS. — Affections du larynx. Bronchite chronique. Affections cardiaques qui trouvent ici un air de montagne point trop excitant. Reliquats d'affections pneumoniques ou pleurétiques. Fatigue, surmenage, convalescence. Station intermédiaire entre la plaine et les altitudes. En hiver, le climat convient aux jeunes gens disposés à la tuberculose, anémiques, scrofuleux.

Saint-Bernardin (Suisse, canton des Grisons).
Station d'altitude.

ITINÉRAIRE. — De la gare de Coire, diligence en 10 h. 3/4 ; de a gare de Bellinzone, diligence en 7 h. 1/2. — ALTITUDE : 1626 m. — SAISON : 15 juin au 15 septembre.

DESC. — Village situé au pied S. du col du même nom, sur un plateau de 2 kilom. environ de largeur, entouré de hautes montagnes. La vue est belle, les environs offrent de nombreuses excursions. Les hôtels sont fréquentés par des Italiens surtout, venant de la Lombardie. Outre ses avantages climatiques, Saint-Bernardin possède une eau ferrugineuse carbo-gazeuse très appréciée.

CLIMAT. — Bien abritée vers le N. et ouverte au S., la vallée de Saint-Bernardin possède un climat d'altitude, avec un air agité de jour par un vent de la vallée chaud, venant du S. (du val Mesocco), et de nuit, par le vent de la montagne descendant du col de Saint-Bernardin (2063 m.), et des nombreux glaciers du voisinage. Le climat est caractérisé par la grande quantité de pluie, répartie surtout sur le printemps et l'automne.

INDICATIONS. — Celles du climat d'altitude en général (Voir page 60).

Saint-Blasien (grand-duché de Bade).
Sanatorium.

ITINÉRAIRE. — Stat. de ch. de fer d'Albbruck, sur la ligne de Bâle à Constance; de là, en voiture 3 h. 1/2. — ALTITUDE : 772 m — SAISON : Toute l'année.

DESC. — Village situé dans la vallée de l'Alb, affluent du Rhin sur sa rive droite. La vallée se creuse dans la Feldberg (1455 m.), massif montagneux qui termine la Forêt-Noire au S. Elle est ouverte du côté du S.-E., protégée par ses flancs élevés de plus de 300 mètres, et assez large pour être fortement ensoleillée. Les flancs de la vallée sont couverts de forêts de sapins traversés par de nombreux chemins et sentiers. Le village de Saint-Blasien est depuis longtemps un séjour d'été très apprécié pour son excellent air et sa tranquillité. Le sanatorium du Dr Haufe pour les tuberculeux, construit auprès des forêts, est exposé au S. et au S.-O. Il comprend des vérandahs pour le repos des malades sur des chaises longues, et de nombreux sentiers dans la forêt voisine, avec bancs. Le traitement s'y fait à peu près de la manière exposée à propos de Falkenstein et de Gœrbersdorf.

CLIMAT. — Frais en été, tempéré en hiver, ce qui provient de la protection que la station trouve dans la montagne et les forêts. Température moyenne de l'été, 15°. Les variations de l'humidité et de la température ne sont pas très étendues.

INDICATIONS. — Affections des voies respiratoires,

bronchite, catarrhes, emphysème, affections cardiaques. Le sanatorium est spécialement destiné au traitement des tuberculeux par l'hygiène rationnelle.

Saint-Cergues (Suisse, canton de Vaud).
Station de montagne.

ITINÉRAIRE. — Stat. de ch. de fer de Nyon, ligne de Genève à Lausanne. De là, 2 h. 1/2 en diligence. — ALTITUDE : 1046 m. — SAISON : Mai à octobre.

DESC. — Village placé dans une vallée protégée contre les vents du S.-O. par les contreforts boisés de la Dôle (1681 m.), mais exposé en revanche à celui du N.-E., et à celui du N.-O., qui arrive par l'étroite vallée conduisant aux Rousses. En outre, des courants aériens s'élèvent depuis la plaine par le beau temps. De superbes forêts de sapins se trouvent près du village. Celui-ci n'a malheureusement pas de vue, mais on trouve facilement, en quelques minutes de marche, une vue panoramique qui est une des plus belles de l'Europe.

CLIMAT. — Air tonique, excitant, plus vif que ne le ferait croire l'altitude, souvent agité, un peu âpre parfois.

INDICATIONS. — Anémie, faiblesse, convalescence, affections nerveuses à forme dépressive.

CONTRE-INDICATIONS. — Lombard déconseille Saint-Cergues aux phtisiques, asthmatiques et catarrheux.

Saint-Luc (Suisse, canton du Valais).
Station d'altitude.

ITINÉRAIRE. — Stat. de ch. de fer de Sierre, ligne de Lausanne à Brigue. De là, chemin carrossable jusqu'à Vissoye (4 h. 1/2), et sentier à mulets depuis cette localité (1 h.) — ALTITUDE : 1675 m. — SAISON : Juin à septembre.

DESC. — Au S. de Sierre s'ouvre la longue vallée d'Anniviers, arrosée par la Navizance. Sur son flanc oriental, très escarpé, se trouve le village de Saint-Luc, sur les pentes exposées au S. d'un petit vallon latéral; belle position, vue splendide. Air tonique, forêts à proximité.

Vissoye est un agréable séjour d'été, d'altitude modérée, avec des forêts dans le voisinage.

Saint-Martin-Lantosque (France, Var).
Station d'été.

Itinéraire. — A 9 h. 1/2 en diligence de Nice. — Altitude 950 m.

Desc. — Village situé à 42 kilom. de Nice dans la vallée de la Vésubie, sur un promontoire limité par deux ruisseaux qui s'unissent pour former cette rivière. Tout autour s'élèvent des montagnes de 2500 à 3000 m. d'altitude. Les environs sont très pittoresques. Climat d'été agréable, qui attire en cette saison beaucoup de Niçois. Dujardin-Beaumetz indique comme température moyenne : printemps 13°, été 21°, automne 7°.

Saint-Moritz (Suisse, canton des Grisons).
Station d'altitude.

Itinéraire. — A 13 h. environ de diligence de Coire, station terminus d'un ch. de fer venant de Zurich, et à 8 h. 1/2 en diligence de Chiavenna, terminus d'un ch. de fer venant de Colico sur le lac de Côme. — Altitude : bains, 1769 m.; village, 1856 m — Saison : 15 juin au 15 septembre; saison d'hiver au village.

Desc. — Le village de Saint-Moritz, la plus haute station de l'Engadine, est placé sur la rive gauche du lac du même nom, sur des pentes exposées au S.-E., qui s'élèvent graduellement jusqu'au Piz Nair (3060 m). Situé sur une colline arrondie, le village est allongé sur la grande route; du côté de l'E., les pentes s'abaissent très rapidement jusqu'au lac, qui est à 89 mètres plus bas. La vue est belle, l'insolation longue et forte, en hiver comme en été. En revanche, les forêts les plus proches sont à 10 minutes de marche, et il n'y a presque pas d'arbres autour du village.

Les bains de Saint-Moritz se composent d'une agglomération d'hôtels, à 1 kilom. 1/2 environ au S.-O. du village, autour des sources ferrugineuses (Voir De La Harpe, *Formulaire des Eaux minérales*), sur un terrain plat qui sépare le lac de Saint-Moritz de celui de Campfèr. En cet endroit, on se trouve dans la proximité immédiate de forêts de mélèzes et d'arolles. De fort agréables promenades à plat peuvent se faire soit le long du lac, soit dans la direction de Campfèr. La vue sur le lac et sur Saint-Moritz est très agréable. La vallée est traversée en ce point par le cours de l'Inn, et resserrée entre les premières pentes du Piz Rosatsch à l'E., et du Piz Nair à l'O.

Saint-Moritz est remarquable par la beauté de son panorama, la clarté du ciel, l'intensité de la lumière. Il n'y a pas ici de vallée latérale conduisant, comme à Pontresina, à d'énormes glaciers. Les forêts montent encore à 500 ou 600 mètres au-dessus du niveau de la vallée, c'est-à-dire jusqu'à 2300 mètres, beaucoup plus haut que dans les Pyrénées et le Caucase. Le sol est en général couvert de beaux pâturages. La poussière, qui est une vraie plaie en été, est la conséquence du trafic intense qui se fait sur les routes dans un air sec et agité par le vent.

Climat d'été. — Pression barométrique, 616. Éléments du climat :

	Juin.	Juillet.	Août.	Sept.
Temp. moyenne............	9.4	11.9	11.1	7.3
Hum. rel. moyenne.........	69	70	74	79

La température est donc basse et l'humidité relative faible. Les minima thermométriques moyens sont importants : juin 1.4, juillet 3.9, août 3.4, septemb. — 2.3°. Forte oscillation de la température journalière. Au milieu du jour, l'humidité de l'air est très faible ; les moyennes ci-dessus n'en pouvant donner une idée, il est bon de connaître celle de 1 heure : juin 47, juillet 46, août 48, septembre 58. Il faut bien se rappeler que la température reste basse même à cette heure-là, on a ainsi une idée juste de l'importance de cette sécheresse de l'air. Cette faible quantité de vapeur d'eau donne à l'air une pureté, une transparence exceptionnelles. L'air est agité en général ; 81 p. 100 des observations indiquent la présence du vent, surtout celui du S.-O. et du N.-E. Le premier est le vent de la vallée, qui descend ici exceptionnellement la vallée de l'Engadine au lieu de la remonter, qui agite et dessèche l'air et soulève la poussière. Il souffle régulièrement de 10 à 5 heures, et remue d'ailleurs une couche d'air de faible épaisseur, car en s'élevant sur les flancs de la vallée, on arrive rapidement dans l'air calmé. Le temps est caractérisé par une faible nébulosité : les quatre mois d'été comptent 62 jours clairs, 37 couverts, 6 avec brouillard, 18 avec pluie, 1.5 avec neige, 4.4 avec orage. Il ne se passe pas d'été sans que la pluie dégénère en neige : on a, pendant cinq étés, noté 0 jour avec chute de neige en août, 1 en juillet, 7 en juin, 12 en septembre.

En résumé, le climat d'été de Saint-Moritz se fait remarquer par son air frais et pur, par de forts minima nocturnes, une insolation énergique, beaucoup de vent et de profondes et rapides variations du temps. La chaleur n'est jamais lourde en été, l'air est léger, les nuits sont fraîches.

Climat d'hiver. — Le village de Saint-Moritz seul est station d'hiver ; il a une forte insolation et ne connaît pas le brouillard. On peut y sentir le vent du N.-E., tandis que le vent de la vallée n'a plus l'importance qu'il possède en été. Aussi en hiver, la tranquillité de l'air est-elle étonnante en comparaison de son agitation en été. Saint-Moritz a aussi l'avantage d'être situé sur un versant de la montagne qui n'a pas de

vallée latérale, ce qui est toujours un inconvénient
au point de vue du calme de l'air. La température
moyenne est basse, moins pourtant qu'on ne le croirait d'après l'altitude :

Oct.	Nov.	Déc.	Janv.	Fév.	Mars.
2.7	—3.6	—7.8	—5.8	—3.4	—2.0

Ces chiffres sont des moyennes de trois années seule-
lement (Gsell-Fels). Saint-Moritz, étant sur la hauteur,
présente en hiver une très intéressante inversion de
la température vis-à-vis des stations de la vallée. Ainsi
Celerina, à 2 kilom. au N. de Saint-Moritz et à 132 m.
plus bas que lui, a, le matin et le soir, une température
de 2 à 3° plus basse ; au milieu du jour cette différence disparaît (Hœssli). L'insolation est bonne, la
vallée étant large et évasée du côté du S.-E. et du
S. ; l'insolation possible est en novembre 6 heures,
janvier et décembre 5 heures à 5 heures un quart, en
février 8 heures, en mars 9 heures un quart. En somme,
le climat d'hiver est très favorable, et il n'est pas étonnant qu'un nombre croissant de sujets délicats et de
jeunes gens séjournent en cette saison à Saint-Moritz.
Seulement, le vent du N.-E. a libre accès.

Époque du séjour. — Les personnes délicates atten-
dront en été le mois de juillet pour arriver en Engadine ;
celui de juin peut être utilisé par des sujets plus robustes, qui ne craignent pas les retours du froid. Le
mois de septembre est un des plus beaux ; il y a
moins de foule, le soleil se lève un peu plus tard et on
peut faire des excursions sans être obligé de se lever
de très bonne heure pour échapper à l'ardeur de ses
rayons (Ludwig). Cette saison convient spécialement
aux convalescents, aux personnes affaiblies, aux malades du système nerveux ; l'air est plus frais et plus
tonique encore que celui de l'été, mais assurément,
on est moins à l'abri d'importantes variations thermométriques.

Saint-Moritz est une station à la mode où touristes et malades affluent du commencement de juillet à la fin d'août, à tel point qu'il est difficile de s'y procurer un logement à cette époque. La vie y est alors d'autant plus intense qu'elle est plus courte, et bien des malades excitables et faibles, qui ne viennent que pour le climat et non pour les eaux, feront mieux de chercher ailleurs en Engadine un asile plus tranquille (Zuoz, Sils-Maria, etc.).

Stations intermédiaires. — Les malades délicats supportent parfois mal un voyage précipité et un changement d'altitude aussi important que celui qu'offre l'Engadine. Aussi leur conseille-t-on de s'arrêter en route dans une station intermédiaire d'altitude moyenne, comme Churwalden, Klosters, Thusis, du côté du N., Promontogno, du côté du S., etc. Cette pratique est utile aux emphysémateux, aux personnes à tempérament excitable et disposées aux hémorragies, aux cardiaques, aux femmes nerveuses, aux neurasthéniques, aux chloro-anémiques gravement atteints, enfin à certains tuberculeux très faibles.

Indications. — Anémie, chlorose. L'influence globuligène des altitudes est passagère, il est vrai, mais il n'est probablement pas inutile de rétablir l'état normal du sang pendant quelques semaines; l'expérience a montré que les résultats définitifs sont souvent excellents. Scrofule, tuberculose. Diabète. Affections paludéennes. Affections cardiaques et vasculaires, surtout les névroses cardiaques, tachycardie, maladie de Basedow. Asthme nerveux. Tuberculose pulmonaire (été); en hiver, ce sont plutôt les cas de prédisposition à la tuberculose qui séjournent à Saint-Moritz. Dyspepsie. Obésité (perte de poids par l'exercice sur les pentes). Affections du système nerveux sans caractère d'excitation. Insomnie. Neurasthénie. Troubles de la ménopause.

En hiver, Saint-Moritz reçoit surtout des chloro-anémiques, des malades atteints de névroses, de neurasthénie, des jeunes gens menacés par la tuberculose et aussi des tuberculeux. La cure d'hiver est excellente pour les jeunes sujets ; elle comprend pour eux d'ailleurs, outre la cure d'air, les sports hygiéniques du petit traîneau (ou *luge*), du patinage, etc ; ils s'acclimatent fort bien, se fortifient et augmentent de poids.

CONTRE-INDICATIONS. — Le malade doit pouvoir répondre au climat excitant et variable (en été) de l'Engadine ; aussi faut-il éviter d'y envoyer les sujets atteints d'une forme cachectique d'une maladie quelconque. En cas de chlorose très grave, un séjour préalable dans une altitude intermédiaire est fort à conseiller. Formes convulsives ou excitables des affections nerveuses, hystérie active, chorée, épilepsie. Rhumatisme. Néphrites. Affections cardiaques valvulaires ; asystolie avec œdème permanent ; artério-sclérose grave ; dégénérescence graisseuse du cœur avec dilatation du ventricule droit. Laryngite irritable, tuberculose du larynx, bronchite sèche avec toux incessante.

Saint-Raphaël (France, Var).
Station d'hiver.

ITINÉRAIRE. — Stat. de ch. de fer, ligne de Marseille à Vintimille. — ALTITUDE : Au bord de la mer. — SAISON : Octobre à avril.

DESC. — Petite ville de 4000 hab., à l'extrémité N. du golfe de Fréjus, au pied de la chaîne de l'Esterel, qui s'élève à l'E. de la station entre celle-ci et Cannes (Mont Vinaigre, 616 m.) Le golfe de Saint-Raphaël est ouvert du côté du S.-O. En son centre se trouve le quartier de la gare, des hôtels ; du côté de l'Esterel, la plage se recourbe vers le S.-E. Un boulevard la suit en passant devant de nombreuses villas éparses dans la verdure. Entre ce boulevard et la voie ferrée, de petites collines s'étendent parallèlement à la plage et sont couverts également de villas. Au N. de la ligne de chemin de fer, se trouve la vieille ville. Le sol de Saint-Raphaël est sablonneux et repose sur du porphyre rouge, qui se montre de tous côtés en gros rochers dans le feuillage et dans la mer sous la forme de deux îlots rongés par les vagues.

A 4 kilomètres à l'E. de Saint-Raphaël se trouve *Boulouris* ou *Boulerie*, sur une colline à un demi-kilomètre de la station de chemin de fer de même nom. Localité abritée du mistral par des collines élevées. Le cap du Dramont, à l'E., lui procure aussi une protection supplémentaire contre les vents.

A 1500 mètres au N. de Saint-Raphaël est situé *Valescure*, localité très agréable, composée d'une succession de collines, traversées par le ravin de Pédégal, et couvertes d'une superbe végétation de pins, chênes, etc. Dans cette verdure sont égrenés un grand nombre de villas, isolées les unes des autres, et reliées par de larges avenues et deux hôtels. La vue de la mer est superbe. L'exposition de Valescure est en plein S. Au N. et au N.-E., les montagnes l'abritent contre les vents froids.

CLIMAT. — Saint-Raphaël est protégé surtout contre les vents d'E. par la présence de l'Esterel. En revanche il est sans abri contre le mistral, qui y parvient par la vallée de l'Arqües, ouverte vers le N.-O., entre l'Esterel et la montagne des Maures. Le mistral est moins sensible à Boulouris et à Valescure. Température moyenne de l'hiver 11.8°. Humidité relative moyenne 62 (Ortolan). La pluie est peu fréquente, 53 jours par an, à l'époque des équinoxes surtout. S'il pleut, la boue est presque nulle, à cause de la nature sablonneuse et rocheuse du sol. Saint-Raphaël est avant tout une station maritime au climat excitant et tonique. Il possède des plages de sable où l'on peut prendre des bains de mer. Boulouris, dans la forêt et plus éloigné de la mer, est tonique sans être aussi excitant. Enfin Valescure, à une plus grande distance encore de la plage, a moins de vent et possède un climat plus sédatif, sans cesser d'être fortifiant, mais aussi plus chaud et plus sec. La transition du ·jour à la nuit y est accompagné d'un refroidissement moindre qu'en d'autres points du littoral (James).

INDICATIONS. — Saint-Raphaël est destiné avant tout aux anémiques, aux scrofuleux et lymphatiques, aux convalescents, qui ont besoin d'être tonifiés. Établissement pour le traitement des affections chroniques (tuberculose, etc.) par les inhalations d'ozone. Valescure convient aux rhumatismes, à la goutte, aux catarrhes, aux sujets nerveux et excitables qui ne supportent pas bien le bord de la mer. On projette d'y créer un établissement pour les jeunes tuberculeux de Paris.

Salvan (Suisse, canton du Valais).
Station de montagne.

ITINÉRAIRE. — Stat. de ch. de fer de Vernayaz, ligne de Lausanne à Brigue, de là, 1 h. 1/2 en voiture. — ALTITUDE : 925 m — SAISON : Mai à septembre.

DESC. — Vernayaz est bien connu des touristes à cause de ses deux curiosités naturelles, la cascade de Pissevache et les gorges du Trient. Salvan est un village qui se trouve sur un plateau élevé de près de 500 mètres au-dessus de la vallée du Rhône, au S.-O. de Vernayaz. Placé en demi-cercle sur de vertes prairies creusées en cuvette du côté de l'E., le village est appuyé à l'O. à la montagne, tandis qu'à l'E. se trouve la profonde coupure des gorges du Trient. Il est abrité contre les vents et séparé de la vallée du Rhône par une montagne peu élevée et boisée. La température est égale, sans variations trop étendues, les promenades nombreuses, l'air pur, la poussière réduite à un minimum, la vie simple et tranquille.

Samaden (Suisse, canton des Grisons).
Station d'altitude.

ITINÉRAIRE. — De Coire, stat. de ch. de fer, 12 h. 1/4 en diligence. — ALTITUDE : 1728 m. — SAISON : Juin à septembre.

DESC. — Grand et beau village situé dans la Haute-Engadine, au débouché de la vallée de Pontresina, qui s'ouvre au S.-E. Samaden est adossé aux premières pentes du flanc O. de la vallée de l'Inn, dont les flancs forment, à une certaine distance d'ailleurs, une large cuvette autour de lui. En été, c'est un rendez-vous bruyant de touristes venant de l'Engadine et du col du Bernina. Le village est dans une plaine sans arbres, assez éloigné des forêts, mais il offre l'avantage de promenades horizontales.

INDICATIONS. — Voir *Saint-Moritz.*

San Remo (Italie, province de Porto-Maurizio).
Station d'hiver.

ITINÉRAIRE. — Stat. de ch. de fer, ligne de Vintimille à Gênes. — ALTITUDE : au bord de la mer. — SAISON : Du milieu d'octobre au mois de mai.

DESC. — Ville de 18 000 hab., situé par 43°48' de latitude N., à peu de distance à l'O. de Vintimille, au centre d'une baie peu profonde qui se creuse entre le Capo Verde à l'E., et le Capo Nero à l'O. Au milieu de la ville, il existe un petit promontoire dirigé vers le S., terminé par une jetée, qui divise le golfe comme à Menton en deux baies secondaires, ayant chacune leurs particularités spéciales. Vue de l'extrémité du môle, la vieille ville se présente étagée en pyramide sur une colline très raide couronnée par une église, et limitée à l'O. et à l'E. par des ravins profondément creusés. Au delà, des deux côtés, s'étendent les nouveaux quartiers correspondant chacun à l'une des baies ci-dessus mentionnées, et s'élevant aussi sur les flancs

des collines. Deux chaînons montagneux prennent
naissance d'une part au Capo Verde, de l'autre au Capo
Nero, et se dirigent vers le Monte Bignone (1298 m.), au
N. de la ville. Ces chaînons se tiennent d'ailleurs à
une certaine distance de la mer, suffisante pour qu'il
y ait place pour des collines secondaires qui s'en
détachent. Les hautes chaînes des Alpes se trouvent
encore en arrière du Monte Bignone, et tout cet ensemble de montagnes assure à San Remo une excellente
protection contre les vents. Les collines sont couvertes d'oliviers, et les montagnes lointaines, de pins.

Il existe un jardin public, le long de la plage, à l'O.
de la gare. Un boulevard part de l'O., traverse la ville
sous forme de rue, puis sillonne tout le quartier
oriental. San Remo a une grande longueur de l'O. à
l'E. et au contraire peu de profondeur du S. au N. Des
avenues nouvelles ont été tracées sur les collines au
N. de la ville, formant pour chacun des quartiers un
système particulier, séparé par les deux ravins et la
pyramide de la vieille ville. Il existe un établissement
de bains de mer dans le quartier E. Belle végétation
tout autour de la ville et entre les hôtels et villas;
oliviers, citronniers, orangers, eucalyptus, etc. La
vieille ville en revanche est un entassement de hautes
maisons, le long de ruelles étroites et raides, ce qui la
rend aussi pittoresque que sombre et malsaine.

Les deux baies n'ont ni le même caractère ni la
même clientèle. La baie de l'O., qui est exposée au
vent de l'E., a un air plus tonique, plus agité, et constitue le quartier préféré par les Anglais; la baie de l'E.,
à l'air plus tranquille et plus sédatif, a une clientèle
plutôt allemande. San Remo est gai, il y a de l'animation dans sa principale rue; l'abondance de la lumière,
les montagnes, les collines pittoresques, la vieille ville
au centre, forment un tableau très agréable. La poussière ne se fait pas trop sentir dans les quartiers éloignés de la route principale, qui est fort poudreuse.

Promenades dans diverses directions, sur les collines derrière la ville.

CLIMAT. — La ville est très bien protégée contre les vents du S. et du N.-E., et ouverte au contraire en plein aux vents de l'O. et de l'E. Ce dernier est quelquefois très violent à la fin de l'hiver, mais moins nuisible que le vent humide d'O. ; on le sent plus fortement dans la baie occidentale. Le sirocco est rare. Le mistral est ici très affaibli et transformé en un vent de l'O. Enfin, il existe des courants réguliers soufflant de la mer le jour, de la terre la nuit. Toutefois, San Remo a en somme un air qui est peu agité, sans avoir le calme de la baie E. de Menton. Éléments du climat d'hiver (Brocking) :

	Oct.	Nov.	Déc.	Janv.	Fév.	Mars.	Avril.
Temp. moyenne...	14.7	13.3	10.9	9.4	11.2	12.1	15.0
Hum. rel. moyenne.	05	67	66	66	68	64	05
Jours avec pluie..	7.2	4.8	6.4	4.8	3.5	6.4	3.5

La température de l'hiver est donc non seulement douce, mais égale (oscillation journalière en moyenne 3.2°). Pression barométrique moyenne 761. Humidité de l'air faible, mais sujette parfois à de fortes variations. Un tiers des jours d'hiver est tout à fait clair, 36 jours ont de la pluie. La neige est rare, de même que le brouillard. Il y a 7-8 heures d'insolation journalière pendant 162 jours sur les 180 de l'hiver (Freeman). En résumé, le climat est très favorable, et se place à côté de celui de Menton.

INDICATIONS. — Faiblesse, convalescence ; scrofule. Bronchite chronique, emphysème. Affections du larynx, laryngite avec forte sécrétion ne craignant pas l'excitation de l'air de la mer. Exsudats pleurétiques. Tuberculose pulmonaire chez des sujets non éréthiques ni excitables. Néphrite. Diabète.

CONTRE-INDICATIONS. — États d'excitation nerveuse, insomnie, affections nerveuses à caractère excitable. Tuberculose avec fièvre et tempérament éréthique.

Schoenfels (Suisse, canton de Zoug).
Station de montagne.

ITINÉRAIRE, — Stat. de ch. de fer de Zoug; de là, 1 h. en voiture. — ALTITUDE : 937 m. — SAISON : 15 mai au 1er octobre.

DESC. — Hôtel heureusement situé à une faible altitude, sur une terrasse du Zougerberg, montagne qui borde le lac de Zoug du côté de l'O. A proximité, du côté du N. et de l'E., se trouvent des forêts. A l'O., la vue s'étend sur le lac de Zoug et la plaine de l'autre rive. Au S. enfin, la montagne s'élève graduellement jusqu'à son point culminant (1044 m.). Grand nombre de promenades dans les environs. Établissement hydrothérapique.

CLIMAT. — Air très pur, vif. Schoenfels est exposé aux vents du S.-O. et de l'O. et abrité contre ceux du N.-E. Maximum moyen de la température pendant l'été 25°, minimum moyen 10°. Température moyenne :

Juin.	Juillet.	Août.	Septembre.
14	15.5	14.5	13.5

Le brouillard n'est pas très rare, mais en général il est de courte durée. En résumé, climat de faible altitude, doux, plutôt chaud en été.

INDICATIONS. — Climat de montagne, mais sédatif. Bronchite, bronchorrhée. États d'excitation nerveuse. Névralgies. Névroses. Neurasthénie irritable. Dyspepsie avec neurasthénie.

Les remarques ci-dessus s'appliquent aussi à *Felsenegg*, établissement analogue, situé à 300 mètres au S. de Schoenfels.

Seelisberg (Suisse, canton d'Uri).
Station de montagne.

ITINÉRAIRE. — De Lucerne à Treib, bateau à vapeur; de là, 1 h. 1/4 en voiture. — ALTITUDE : 845 m. — SAISON : 15 mai au 30 septembre.

DESC. — Le lac des Quatre-Cantons se recourbe à Brunnen du côté du midi, pour former un bras plus long que large qui porte le nom de lac d'Uri. La rive occidentale de ce lac est formée dans sa partie N., vis-à-vis de Brunnen, par de hauts rochers, au-dessus desquels se trouve Seelisberg, sur les pentes orientales de la montagne de ce nom, qui s'avance comme un coin entre le lac d'Uri et la partie centrale du lac. Les forêts sont peu éloignées.

CLIMAT. — Seelisberg est donc exposé au levant, et se trouve à l'ombre dans l'après-midi depuis 2 h. 1/2 à 4 heures, suivant la saison. Son climat est tempéré par cette exposition, et en outre par les courants aériens qui se forment normalement entre le lac et la montagne. Les vents du S.-O. et de l'O. sont brisés par celle-ci; en revanche ceux du N.-E. se font librement sentir. Tous ces éléments contribuent à rafraîchir l'air; la température maximum est en été 22° à 25°. L'humidité relative de l'air est assez élevée et constante. En automne et au printemps, le fœhn se fait sentir.

INDICATIONS. — Station modérément élevée et d'accès facile, utile à ceux qui doivent éviter les hautes altitudes. Station intermédiaire entre la plaine et les montagnes.

Seewis (Suisse, canton des Grisons.)
Station de montagne.

ITINÉRAIRE. — Stat. de ch. de fer, ligne de Landquart à Davos; de là, 1 h. 1/4 en diligence. — ALTITUDE : 950 m. — SAISON : 1er avril au 1er octobre.

DESC. — La vallée de la Landquart, ou Praettigau, se dirige, depuis celle du Rhin, de l'O. à l'E., traversée par le chemin de fer de Davos. Seewis est situé sur son versant N., à l'entrée et sur le versant O. d'une vallée secondaire. Le village est placé sur une haute terrasse couverte de vertes prairies et d'arbres fruitiers, malheureusement à une certaine distance des forêts. Grand nombre de promenades.

Climat. — Doux. Seewis est abrité contre les vents du N. par la haute chaîne du Rhaetikon, et bien exposé au soleil. Le printemps y commence de bonne heure.

Indications. — Agréable séjour, depuis le printemps en automme, dans un climat qui n'est point excitant. Malades délicats et excitables. Affections cardiaques Affections pulmonaires, notamment la tuberculose chez des sujets nerveux et éréthiques qui ne doivent pas aller dans les altitudes. Station de printemps pour les malades de Davos qui veulent échapper à la fonte des neiges en cette dernière localité; elle est terminée à Seewis quand elle commence ou bat son plein à Davos. Station intermédiaire entre la plaine et les hautes altitudes de l'Engadine ou de Davos.

Sierre (Suisse, canton du Valais).
Station d'hiver.

Itinéraire. — Stat. de ch. de fer, ligne de Lausanne à Brigue. — Altitude : 541 m. — Saison : Septembre à mai.

Desc. — Petite ville sur la rive droite du Rhône, à 2 kilomètres environ de ce fleuve, dans une plaine coupée de collines à formes bizarres, à pentes abruptes, d'origine glaciaire. Au S. de Sierre, entre ces collines, se trouvent deux petits lacs. Sierre est adossé aux premières pentes, couvertes de vergers et de prairies, des montagnes qui forment le flanc N. de la vallée du Rhône. La ville est placée dans une sorte de demi-cuvette elliptique très allongée du N.-E. au S.-O., de façon à être abritée contre les vents venant du N. et

de l'O. On est à Sierre même protégé dans une cer-
mesure contre le vent qui remonte la vallée du Rhône
très régulièrement et avec une grande force pendant
les jours de beau temps. Il y a de jolies promenades
autour de la ville, à plat ou sur les collines, ou enfin
en montagne, du côté du N.

Au S., la vallée du Rhône est formée par de hautes
montagnes, interrompues par l'ouverture de la vallée
d'Anniviers (Voir *Saint-Luc*), exactement au S. de
Sierre. Ces montagnes diminuent l'insolation en
hiver ; en décembre et janvier, le soleil luit de 9 à
4 heures.

Sierre est encore tout à fait simple et primitif au
point de vue des promenades, des distractions, etc.
En hiver on y vient non seulement pour le climat,
mais aussi pour les exercices de cette saison, traîneau,
patinage.

L'hôtel de *Montana* est une dépendance de Sierre ;
il est bâti à Crans, sur le versant N. de la vallée du
Rhône, à 1550 mètres d'altitude et à 2 heures 1/2 (à
pied ou à cheval) au N.-O. de Sierre. Position pittoresque sur un plateau élevé coupé par cinq petits lacs et
abrité par la montagne et les forêts voisines. Il est
probable que cet hôtel, qui vient d'être ouvert, constituera une excellente station d'hiver.

Climat. — Il mérite une mention spéciale, car Sierre,
outre une bonne protection contre les vents froids, présente une sécheresse considérable de l'air. La ville se
trouve dans la zone de sécheresse qui s'étend de
Martigny à Brigue. Cependant, si l'air est sec, il ne
peut pas être qualifié de calme, à cause de l'existence
du vent de la vallée, mentionné ci-dessus. On sent
aussi au printemps et en été un vent chaud qui débouche de la vallée d'Anniviers. La température de
Sierre est si élevée en été que l'on n'y séjourne guère
de mai en septembre. Nombre d'habitants émigrent
en cette saison dans des chalets situés sur les mon-

tagnes voisines. La température de l'hiver est élevée aussi, les jours clairs sont nombreux (97 beaux jours de novembre à mai). Nébulosité moyenne 4.3 De novembre en mars, on note 36 jours de pluie ou de neige. Le brouillard est inconnu, il se montre parfois au-dessus de la ville, mais n'y descend pas. Au printemps, les mois de février, mars et avril sont déjà chauds, et plus secs que dans nombre de stations d'altitude égale ou plus basse. Le fœhn se fait sentir à cette époque. Des observations météorologiques précises manquent malheureusement.

INDICATIONS. — En résumé, climat sec et excitant. Catarrhes bronchiques avec expectoration abondante. Dyspepsie. Rhumatisme chronique. Pharyngite chronique. Disposition à la tuberculose. Phtisie pulmonaire. Convalescence, faiblesse. Depuis quelques années, Sierre voit s'accroître le nombre de malades ou de gens fatigués qui viennent s'y reposer. En automne, on fait la cure de raisin (Voir *Montreux*), avec un excellent raisin qui mûrit ici de bonne heure.

Sils-Maria (Suisse, canton des Grisons).
Station d'altitude.

ITINÉRAIRE. — A 11 h. 1/2 en diligence de Coire, stat. terminus d'un ch. de fer venant de Zurich. — ALTITUDE : 1811 m. — SAISON : Juin à septembre.

DESC. — L'Engadine contient dans sa partie S.-O. le lac de Sils, qui s'étend depuis le Maloja-Kursaal vers le N.-E., sur une longueur de 5 kilomètres. A son extrémité N., une plaine le sépare du lac de Silvaplana. Sils-Maria se trouve sur cette plaine, caché dans un repli du versant S. de la vallée, au bord d'un torrent et à l'entrée du val Fex. Le village est très tranquille, car il est à 1 kilomètre de la grande route de Saint-Moritz à la Maloja, qui passe au pied du versant N. de la vallée. Au N.-E. et au S.-O. s'avancent deux chaînons couverts de forêts qui forment des écrans contre le vent. L'air est donc calme; cependant des courants aériens réguliers sortent par l'ouverture du val Fex. Sils a en résumé une position fort agréable; des forêts de sapins se trouvent à peu de distance à l'O. Il y a moins de vent, de bruit, de poussière que dans d'autres stations de la Haute-Engadine.

CLIMAT. — Température moyenne :

	Juin.	Juillet.	Août.	Sept.
Temp. moyenne......	9.1	11.7	10.1	7.8
Hum. rel. moyenne...	71	72	75	78

L'humidité relative est, à 1 heure du jour, 61 pour les quatre mois d'été. Sils a beaucoup de soleil, en hiver aussi; en automne et au printemps, cependant, il y a plus de brouillards qu'à Saint-Moritz, à cause du voisinage du lac et de la direction du vent venant de la Maloja.

INDICATIONS. — Voir *Saint-Moritz*. Sils convient spécialement dans la neurasthénie, l'épuisement intellectuel, la faiblesse générale. C'est une station tranquille où les malades se trouvent à l'abri du bruit.

C'est, d'après Schnyder, le seul endroit de la région des lacs que l'on puisse recommander à un phtisique.

Spezia (la) (Italie, province de Gênes).
Station d'hiver.

ITINÉRAIRE. — Stat. de ch. de fer, ligne de Gênes à Pise. — ALTITUDE : au bord de la mer. — SAISON : Octobre à mai. En été, bains de mer.

DESC. — Ville de 42 000 hab., au fond d'un golfe profondément creusé par la mer dans la direction du N.-O. Au S. de la ville, un promontoire triangulaire rocheux sépare le golfe de la mer, constituant un excellent abri de ce côté contre le vent du S.-O. Le golfe ressemble à une mer intérieure. Les vents du S. et du S.-E. y entrent librement. Au N., la contrée est ouverte aux vents, grâce aux cols de montagne qui séparent la ville de la vallée de la Magra, rivière venant du N.-E. Au delà s'élève la chaîne des Apennins. La Spezia possède le bruit et la vie intenses d'un grand port militaire. Autour de la ville se trouvent de nombreuses et belles promenades.

CLIMAT. — Doux (moyenne de l'hiver 10.3°). L'air est humide. En hiver, grand nombre de jours de pluie. La protection contre les vents laisse à désirer. Le climat se rapproche de celui de Pise par l'humidité et par la pluie, mais il est moins chaud que celui de cette station.

INDICATIONS. — Le climat sédatif convient aux malades qui ont une réaction vive, et aux tuberculeux à tempérament éréthique.

Tanger (Maroc).
Station d'hiver.

ITINÉRAIRE. — Par bateau à vapeur depuis Marseille (4 jours), Malaga (8 h.), Cadix (6 h.). — ALTITUDE : au bord de la mer. — SAISON : En hiver.

DESC. — Ville de 20000 hab., sur la côte N. du Maroc, à l'entrée O. du détroit de Gibraltar, par 35°47' de latitude N. Ouverte du côté du N., la ville est protégée au S. par une chaîne de montagnes couverte d'une belle végétation, et sur le versant de laquelle se trouvent de nombreuses résidences d'été. La ville est bâtie sur des pentes au bord d'une petite baie semi-circulaire protégée à l'O. par les contreforts du cap Spartel, et au N.-E. par la pointe de Malabata. Du côté du N. et de l'E. d'autres collines lui servent de rempart contre le vent. La colline rocheuse sur laquelle Tanger est bâtie est couronnée par un plateau long de 900 mètres, large de 200, et se terminant brusquement à pic sur la mer.

CLIMAT. — Doux et égal, fait qui est dû en partie à l'écran que forment les montagnes du S. contre le sirocco, qui souffle très rarement. Température moyenne de l'hiver, 13.3°. Éléments du climat d'hiver (White) :

	Oct.	Nov.	Déc.	Janv.	Fév.	Mars
Temp. moyenne	18.5	15.1	12.2	10.8	12.5	13.9
Hum. rel. moyenne à 9 h. mat...	77	82	83	82	80	76

Si la température est chaude, l'humidité est assez forte. La pluie tombe 45 jours par an, principalement d'octobre en mai; le reste de l'année est fort sec. Grande clarté du ciel: sur 100 observations, on note 78 fois le ciel clair, 17.5 couvert, 4.5 brouillard (celui-ci le matin seulement, disparaissant au milieu du jour). Le climat est plus humide que celui d'Alger (Macé). Le vent dominant est celui du N.-E en été, celui du S.-O. en hiver. Ce vent du N. empêche la température de s'élever trop haut en été (elle oscille entre 25.5° et 27.8°, Leared).

En résumé, climat d'hiver favorable aux malades et plus égal que celui d'Alger, sédatif sans être affaiblissant. Le climat d'été est très supportable, l'air étant rafraîchi par les vents réguliers du N.-E, la température de l'été est de 9° seulement plus élevée que celle de l'hiver (Wood).

INDICATIONS (Wood). — Tuberculose pulmonaire au début. Affections cardiaques. Affections nerveuses de tout genre.

Tarasp-Schuls (Suisse, canton des Grisons).
Station de montagne.

ITINÉRAIRE. — En diligence depuis la stat. de ch. de fer de Davos (6 h. 1/2). — ALTITUDE : 1185 m. (Tarasp) à 1210 m. (Schuls). — SAISON : 1er juin au 15 septembre.

Desc. — Tarasp-Schuls, qui est aussi une importante station balnéaire (Voir De La Harpe, *Formulaire des Eaux minérales*), est composé du Kurhaus Tarasp, situé dans la vallée, au bord de l'Inn, et du village de Schuls, situé beaucoup plus haut sur la rive gauche de cette rivière, sur des pentes arrondies bien exposées au soleil. Le Kurhaus est encaissé, sans vue, mais à proximité des forêts et à l'abri du vent. Schuls a une position ouverte, beaucoup d'air et de soleil, une belle vue sur les montagnes au S., mais il n'a pas de forêts dans son voisinage, et, en vérité, fort peu d'arbres. Une troisième localité, moins importante, Vulpera, est située sur la rive droite de l'Inn, vis-à-vis du Kurhaus Tarasp, mais à 90 mètres plus haut que lui, près des forêts.

Climat. — Ces stations, d'altitude moyenne, ont un climat caractérisé par la douceur de la température, la sécheresse de l'air, la rareté de la pluie et des vents. Climat alpestre adouci, sans variations notables, mais aussi plus [chaud que dans les hautes altitudes. Température moyenne de Schuls :

Juin.	Juillet.	Août.	Septembre.
14.1	16.1	14.9	10.6

L'oscillation journalière de la température est importante, 8 à 9°. Minimum moyen de l'été, 4.9° à Schuls, 6.6° à Tarasp. Humidité relative moyenne 71, à 4 heure de l'après-midi, 55. Nébulosité faible. Peu de pluie ; cette région de la Basse-Engadine est très sèche. Remus, à quelques kilomètres au N. de Tarasp-Schuls, n'a que 570 millimètres d'eau par an. Les vents sont faibles ; Schuls, situé sur la hauteur, sent des courants ascendants que Tarasp, dans le fond de la vallée, ne possède pas.

Indications. — Climat tonique sans être excitant, convenant aux convalescents, aux anémiques et aux sujets nerveux qui doivent éviter les hautes altitudes.

14.

Tarasp-Schuls présente en outre les ressources médicales et balnéaires d'une station thermale.

Thoune (Suisse, canton de Berne).
Station d'été.

ITINÉRAIRE. — Stat. de ch. de fer, ligne de Berne à Interlaken. — ALTITUDE : 565 m. — SAISON : Mai à octobre.

DESC. — Petite ville de 5000 hab., située au point où l'Aar sort du lac de Thoune. La ville est bâtie sur les plaines d'alluvions de la rive gauche, et, sur la rive droite, en partie sur les premières pentes du Grüsisberg, montagne de près de 1000 mètres d'élévation. De nombreuses promenades peuvent se faire surtout sur la rive droite, qui est couverte de collines, de beaux noyers et de bois. Le voisinage du lac, un des plus gracieux de la Suisse, permet de faire de nombreuses excursions par bateau à vapeur.

CLIMAT. — Chaud en été, très agréable au printemps et en automne. Le vent du N.-E. est arrêté par la montagne. Éléments du climat d'été :

	Juin.	Juillet.	Août.	Sept.
Temp. moyenne	15.6	17.8	16.8	12.9
Hum. rel. moyenne	73	73	77	82
Jours avec pluie	18	14	13	11

Nébulosité moyenne, 6 environ.

INDICATIONS. — Thoune possède un air pur, un climat plus sédatif que tonique, doux, que l'on peut conseiller au printemps et en automne dans les cas de bronchite chronique, d'asthme, d'affections nerveuses, etc.

Touraine (Sanatoriums de la) (France, Indre-et-Loire).

ITINÉRAIRE. — Situés près de Tours, à laquelle ils sont reliés par tramway. — ALTITUDE : 50 m. environ — SAISON : Ouverts toute l'année.

Desc. — Deux établissements, l'un pour les garçons tuberculeux pauvres, l'autre pour les malades tuberculeux riches, sur un coteau de la rive droite de la Loire, au N. de Tours, exposés en espalier au soleil et bien garantis contre les vents froids du N. Cette situation assure à ces malades une température douce, dans une région déjà favorisée au point de vue du climat. Dans ces sanatoriums, les malades passent leur journée en plein air, sans que le traitement soit absolument basé sur le repos strict ; on n'impose aucune contrainte pour les heures de repos et d'exercice (Mœller). Alimentation *ad libitum*, pourvu qu'elle soit abondante. Hydrothérapie pour certains malades.

Venise (Italie, province de Venise).
Station d'hiver.

ITINÉRAIRE. — Stat. de ch. de fer et port de mer (6 h. depuis Trieste). — ALTITUDE : au bord de la mer. — SAISON : Novembre à mai.

Desc. — Ville de 159 000 hab., située à l'extrémité N. de l'Adriatique, par 45°27′ de latitude N., dans un golfe légèrement creusé vers l'O., et séparé de la mer par une rangée d'îles longues et étroites (Lido). Dans les parties les moins profondes du golfe, l'eau est plus plus ou moins stagnante. La ville n'a qu'un petit nombre de rues et de quais, les maisons étant bâties pour la plupart sur des canaux dont l'eau est à peu près stagnante aussi, car les mouvements de l'eau produits par la marée sont très peu sensibles dans la mer Adriatique. La ville a environ la forme d'un quadrilatère allongé dont une diagonale serait dirigée de l'O. à l'E. ; du N. au S. elle a beaucoup moins de largeur. Située dans la plaine et très éloignée de montagnes protectrices, elle est fort exposée aux vents, et n'offre que quelques rues où l'on ne sente pas le vent du N.-E. (le quai des Esclavons, en particulier).

Ce qui fait le charme de Venise pour certains malades,
c'est l'absence de bruit et de poussière, sans parler
de la lumière et du pittoresque de cette ville, unique
en son genre. Pour d'autres, au contraire, le manque
d'animation et de bruit a un effet déprimant. Un inconvénient de Venise, c'est la mauvaise qualité de
l'eau potable, qui est de l'eau de pluie filtrée. En revanche, la ville même est à l'abri des affections paludéennes.

CLIMAT. — Les vents ont libre accès à Venise, surtout celui du N. (*grecco, bora*), et de l'E.; puis celui
du S. (*sirocco*), qui est humide et amène la pluie.
Le vent de terre souffle la nuit, le vent du mer se lève
le jour, soufflant du S. et réchauffant l'air. D'une
façon générale, l'air est agité en cette ville, et s'il l'est
par les vents du N., les malades sont plus ou moins
contraints de restreindre leurs promenades au quai
des Esclavons et à son prolongement oriental, et à la
Fundamenta delle Zattere, qui sont en plein midi,
abrités par de hautes maisons. Éléments du climat
d'hiver (Reimer) :

	Oct.	Nov.	Déc.	Janv.	Fév.	Mars.	Avril
Temp. moyenne........	14.9	8.1	3.9	2.6	4.5	7.9	13.3
Hum. rel. moyenne......	79	79	79	83	81	76	75
Jours avec pluie........	9.1	7.1	5.1	5.4	5.0	5.2	7.7

La température est uniforme, l'oscillation journalière du thermomètre faible, le gel rare. Pression
barométrique, 760. L'humidité relative est élevée, la
moyenne générale est 88 (Joseph). Le climat de Venise
compte parmi les plus humides des stations utilisées
dans un but thérapeutique. En revanche, les jours de
pluie ne sont pas très nombreux, 44 en hiver dont 5
avec neige (Reimer). Brouillard rare, nébulosité faible.

En résumé, Venise a un climat doux dans les
régions de la ville bien abritées contre les vents froids.
Les malades sont exposés à de brusques changements

de température, s'ils ne restent pas dans ces points favorisés.

Indications. — Laryngite, bronchite ; pneumonies chroniques ayant un caractère d'excitabilité, d'éréthisme. Névroses à type éréthique, insomnies. En été, de mai à novembre, bains de mer au Lido.

Contre-indications.—Rhumatisme, scrofule, anémie, tendance à la diarrhée, catarrhes à sécrétion abondante.

Vernet (Le)
Voir *Canigou* (Sanatorium du).

Vevey (Suisse, canton de Vaud).
Station d'automne et de printemps.

Itinéraire. — Stat. de ch. de fer, ligne de Lausanne à Brigue. — Altitude : 377 m. — Saison : Septembre à mai.

Desc. — Ville de 10 000 hab., au bord du lac Léman, à l'embouchure de la Veveyse, bâtie en majeure partie sur la rive gauche de ce torrent. La ville s'étend sur une plaine, mais au N. se trouvent des collines qui se relèvent progressivement et vont se rattacher à une chaîne de montagnes courant obliquement de la plaine du Rhône vers le N.-O. (Voir *Montreux*). Vevey est une ville bien bâtie, avec de larges rues, de charmantes promenades, un beau quai, une vue superbe. Au N. de la ville, des routes suivent le vallon de la Veveyse ou serpentent sur les premiers contreforts des montagnes, à travers un pays couvert de prairies et planté d'arbres fruitiers, de noyers, de vignes, offrant une grande variété de promenades.

Climat. — Les montagnes qui se trouvent au N.-E. de Vevey ne sont pas assez rapprochées pour arrêter complètement les vents du N. et du N.-E. (la *bise*). Toutefois, elles en diminuent l'intensité et la fréquence. Du côté du N.-O., la ville est bien protégée par le

Pèlerin, montagne de 1000 mètres, sur la rive gauche de la Veveyse. Vevey est fortement ensoleillée ; son climat est doux, peu humide, les brouillards y sont rares. Température moyenne de l'hiver (Curchod) :

Sept.	Oct.	Nov.	Déc.	Janv.	Fév.	Mars.	Avril.
15.4	11.8	5.0	1.0	0.4	2.1	5.1	9.0

Les jours de pluie sont au nombre de 145 dans l'année entière. Si Vevey ne peut pas être qualifiée de station hivernale, ce fait est dû à l'existence des vents froids du N. En revanche, c'est un séjour très agréable au printemps et en automne surtout. Au printemps, on s'y trouve à une certaine distance des montagnes qui parfois se couvrent de neige à cette époque, ce qui occasionne de fâcheux retours de froid ; en automne, la température est en général fort douce, et on fait à Vevey la cure de raisin (Voir *Montreux*). Vevey présente plus de facilités pour la promenade que Montreux, possédant une plus grande variété de promenades à peu près horizontales ou de pente moyenne.

INDICATIONS. — Station utilisable pour la cure de raisin, ou comme station intermédiaire pour les malades qui vont au Midi ou en reviennent. Le climat, relativement doux, conserve un certain degré de tonicité, et convient aux malades qui trouvent le climat de Montreux trop sédatif, trop amollissant.

Villars et Chesières (Suisse, canton de Vaud).
Stations de montagne.

ITINÉRAIRE. — Stat. de ch. de fer d'Aigle, ligne de Lausanne à Brigue ; de là, 4 h. 1/2 en voiture. — ALTITUDE : Villars, 1275 m. Chesières, 1219 m. — SAISON : 1er juin au 30 septembre.

DESC. — Ces deux stations jumelles, de faible altitude, sont situées dans la même vallée, Villars à 2 kilomètres à l'E. de Chesières, celle-ci sur le versant O. (faisant face au S.-E.), Villars sur le versant E. (exposé au S.-O.). Villars est plus protégé par les montagnes contre les vents froids du N. que Chesières. En revanche, Chesières est plus sec que Villars, dont les environs sont marécageux en plus d'un point. Des deux stations, la vue est superbe. Dans les deux stations aussi, les forêts sont à une certaine distance : toutefois, il y a des ombrages dans le voisinage des hôtels.

Climat. —Air fortifiant et tonique, mais sans rudesse et sans qualités trop excitantes. L'insolation est forte, la chaleur intense au milieu du jour, le matin et le soir sont d'une fraîcheur agréable.

En résumé, ce sont deux bonnes stations de moyenne altitude.

Indications. — Voir page 64.

Waldhaus-Flims (Suisse, canton des Grisons).
Station de montagne.

Itinéraire. — Stat. de ch. de fer de Coire; de là, 3 h. 1/2 en diligence. — Altitude : 1130 m. — Saison : 15 juin à 15 septembre.

Desc. — Station de moyenne altitude, à 1 kilom. 1/2 au S.-E. du village de Flims, et à 21 kilomètres à l'O. de Coire, dans la vallée et sur la rive droite du Rhin. Situation intéressante, à proximité de grandes forêts qui se trouvent au S. de l'hôtel, sillonnées par des chemins ramifiés dans différentes directions. Ces forêts de sapins comptent parmi les plus belles des Grisons; elles couvrent une montagne de 1200 mètres d'altitude qui sépare Flims du cours du Rhin. Petit lac à 20 minutes au S.-E., où l'on prend des bains (établissement de bains; eau entre 16 et 23°, en été). Au N., Flims est adossé aux flancs de montagnes hautes de 2500 mètres. A l'O. se trouvent de nouveau des forêts.

Climat. — Le voisinage des forêts assure une grande pureté de l'air, qui est sans poussière. Température moyenne de l'été 14-15°. Humidité relative moyenne, 77, avec des minima jusqu'à 30 et même au-dessous. De juin en septembre, 20 à 25 jours de pluie. Air calme en général; les vents viennent du S.-E. ou du S.-O.; ceux de l'E. sont en général rares en été (Killias).

INDICATIONS. — Station au climat peu excitant, convenant aux sujets délicats et nerveux, craignant la haute montagne. Faiblesse, convalescence, neurasthénie, bronchite chronique, disposition à la phtisie. Le voisinage des forêts est la caractéristique de cette station. Elle peut servir de séjour intermédiaire entre la plaine et les hautes altitudes.

Weissbad (Suisse, canton d'Appenzell).
Station d'été. Cure de petit lait.

ITINÉRAIRE. — Stat. de ch. de fer d'Appenzell; de là, omnibus (3 kil.). — ALTITUDE : 817 m. — SAISON : Juin à septembre

DESC. — Village situé dans une vallée couverte de prairies, au confluent de trois ruisseaux dont la réunion forme la Sitter. Encadré de hautes montagnes, Weissbad a un climat doux, mais parfois chaud, un air humide. Cure de petit lait (Pour ses indications, voir *Heiden*).

Weissenstein (Suisse, canton de Soleure).
Station de montagne.

ITINÉRAIRE. — Stat. de ch. de fer de Soleure; de là, 2 h. 1/2 en voiture. — ALTITUDE : 1284 m. — SAISON : Juin à septembre.

DESC. — Hôtel construit au sommet de la montagne du même nom, qui fait partie de la chaîne du Jura, et s'élève au N. et à 800 mètres au-dessus de la ville de Soleure. Panorama splendide.

CLIMAT. — La haute altitude de Weissenstein, le fait que son air est très agité par les vents qui le frappent de tous côtés, font comprendre que son climat est tonique et vivifiant, mais aussi variable et quelquefois froid en plein été.

INDICATIONS. — Convient surtout aux sujets momentanément fatigués, qui doivent recouvrer leurs forces dans un climat tonique. Anémie. Disposition à la tuberculose pulmonaire.

Wiesen (Suisse, canton des Grisons).
Station d'hiver et d'été.

ITINÉRAIRE. — Depuis Davos, station-terminus de la ligne de ch. de fer, diligence en 2 h. — ALTITUDE : 1454 m. — SAISON : Toute l'année.

DESC. — Le Landwasser, torrent qui arrose la vallée de Davos, continue sa course et traverse le défilé des Züge (page 124), et c'est au point où il en sort que se trouve Wiesen. Mais au lieu d'être près du torrent comme Davos, le village est placé à 300 mètres plus haut, sur une haute terrasse tournée au S.-E. et bien exposée au soleil. La vallée s'élargit en ce point ; un chaînon de montagne se trouve à l'O. du village, un autre à l'E. et à 1 kilom., 1/2 de distance, et ces deux chaînons se réunissent au N. en formant un immense fer à cheval autour de Wiesen pris comme centre. Les sommets de ces pentes, varient entre 2300 et 2800 mètres d'altitude. La protection contre les vents est donc bonne de ce côté. De l'autre côté du torrent, au S., une série de cimes, entre 2500 et 2900 mètres, intercepte les vents du S.-E., du S. et du S.-O. Les vents inférieurs, celui de la vallée, se font en revanche fortement sentir à Wiesen, surtout en été. La position de cette station est excellente au point de vue de l'insolation. Placé non dans une vallée étroite comme Davos, ou dans un entonnoir boisé comme Arosa, mais sur un dos d'âne élevé, le village recueille tous les rayons de soleil (au minimum en hiver, 5 heures par jour, de 10 à 3 heures). Cette disposition topographique a en revanche des inconvénients au point de vue des promenades. Toutefois, au N.-E., le terrain forme un plateau, et à l'O. une route, de pente modérée, conduit à une forêt de mélèzes et de sapins. Les forêts sont à une certaine distance du village soit au-dessus, soit au-dessous de lui. Wiesen a enfin l'avantage de posséder une population peu dense (qui a l'immunité phthisique), et peu d'hôtels. Assurément, ces avantages hygiéniques sont compensés par des inconvénients au point de vue social, absence de distractions, etc.

CLIMAT.— Le climat d'hiver est le plus connu et le plus intéressant. Ayant peu de vent et beaucoup de soleil, Wiesen possède une température élevée, ainsi qu'une faible humidité :

	Oct.	Nov.	Déc.	Janv.	Fév.	Mars.
Temp. moyenne	4.9	0.6	—2.6	—3.2	—1.8	—0,7
Hum. rel. moyenne	74	73	69	67	65	67
Jours avec pluie ou neige	10	5	7	6	5	6

On voit que la température est plus élevée et l'humidité plus faible qu'à Davos. La nébulosité est au-dessous de la moyenne pour les mois de novembre, janvier et février, un peu plus élevée pour octobre, décembre et mars. Les vents sont peu fréquents ; 81 p. 100 des observations enregistrent le calme. Ils ont deux directions principales, S.-O. ou N. (N.-E., N.-O.). La première est probablement celle du vent de la vallée.

En résumé, le climat de Wiesen est très semblable à celui de Davos, et n'en diffère que par une température un peu plus élevée et un air un peu plus sec. La neige fond plus tôt au printemps, ce qui est la conséquence de la moindre altitude et du relief du sol.

INDICATIONS. — Tucker Wise a conseillé Wiesen comme une station favorable pour séjourner à la fin de l'hiver ; les malades qui ont hiverné à Davos y trouveraient plus tôt un printemps plus avancé. Pour les indications, voir *Davos*. Il est clair que les ressources de Davos, devenue une vraie ville, ont nui au développement de Wiesen.

Zermatt (Suisse, canton du Valais).
Station d'altitude.

ITINÉRAIRE. — Terminus d'un ch. de fer, partant de Viège, stat. sur la ligne de Lausanne à Brigue. — ALTITUDE : 1620 m. — SAISON : Juin à septembre.

DESC. — Village de chalets, avec plusieurs grands hôtels, qui est avant tout une station de touristes, mais qui mérite ici une mention comme étant une station d'altitude facile à atteindre depuis l'ouverture du chemin de fer. Le village se trouve au point où la vallée de la Viège, venant du N.-E., se dirige à l'O. pour se terminer au pied du glacier de Zmutt. De tous côtés, sauf au N.-E., se dressent de hautes montagnes qui entourent le village et forment un rempart circulaire brisant les vents. Le voisinage de nombreux glaciers et de hautes cimes se traduit par l'existence de courants réguliers entre la vallée et les montagnes, ascendants et descendants. Ces derniers rafraîchissent l'air.

SAISON. — Zermatt offre en été un climat tonique et vivifiant, mais variable. Son air est peu agité (83 p. 100 des observations notent le calme). Éléments du climat d'été (1888-1891) :

	Juin.	Juillet.	Août.	Sept.
Temp. moyenne	11.1	10.6	10.0	8.0
Jours avec pluie	16	12	11	9

Les brouillards sont plus fréquents en été qu'en hiver, mais cependant la clarté moyenne du ciel est grande (en moyenne, en été, 4.2). La température est basse, les mimima nocturnes importants ; l'air est sec, la quantité d'eau tombée faible ; parfois la neige tombe en plein été.

Indications. — Zermatt constituera une station de malades quand il y existera des hôtels tranquilles, qui ne soient pas envahis par la foule bruyante des touristes. Lombard conseille son climat aux cachectiques et aux personnes débilitées par une longue réclusion.

A 2 heures au S.-.E de Zermatt et à 2227 mètres d'altitude, se trouve l'hôtel de *Riffelalp*, où peuvent séjourner avec de bons résultats les personnes fatiguées, mais encore robustes, et ne craignant pas le bruit des touristes.

Zuoz (Suisse, canton des Grisons).
Station d'altitude.

Itinéraire. — A 12 h. en diligence de Coire, station-terminus d'un ch. de fer venant de Zurich, ou en 7 h. de diligence de Davos, stat. de ch. de fer. — Altitude : 1748 m. — Saison : 15 juin au 15 septembre.

Desc. — Village de la Haute-Engadine, à 15 kilomètres au N. de Saint-Moritz, au pied du versant N. de la vallée de l'Inn, sur des prairies élevées au-dessus de la rivière et exposées au S. De hautes montagnes lui assurent une protection efficace contre les vents, soit du côté de l'O., soit du côté du N. Vers le S.-O., une légère proéminence du flanc O. de la montagne tempère un peu le vent de la vallée, qui souffle régulièrement de ce côté dans toute la longueur de la Haute-Engadine. Zuoz est un peu éloigné des forêts; le versant sur lequel le village est bâti n'a pas d'arbres; le versant opposé, en revanche, possède de belles forêts de mélèzes, à vingt minutes de Zuoz, dans lesquelles de bons sentiers permettent d'agréables promenades. Un grand avantage de Zuoz, c'est d'être plus tranquille que d'autres stations de l'Engadine, envahies à la fois par les touristes et par une société très bruyante. Établissement hydrothérapique.

Climat. — Zuoz est une des localités les plus

chaudes de l'Engadine. En hiver, on y observe régulièrement des températures plus hautes de 2.5 à 5°
(Juvalta) que celles des communes avoisinantes, situées plus bas que Zuoz (voir page 50). Température
de l'été (Ludwig) :

	Juin.	Juillet.	Août.	Sept.
Temp. moyenne............	10.9	11.7	9.9	8.0
— minimum............	4.7	6.2	1.0	— 0.2
— maximum............	20.8	21.4	26.3	19.6

L'insolation est longue, même en hiver, saison qui
a été utilisée pendant quelque temps pour le séjour
des malades.

INDICATIONS (Juvalta). — Chloro-anémie, dyspepsie,
affections paludéennes, rachitisme, début de la tuberculose. Convalescence, spécialement dans le cas où les
forces tardent à revenir dans la plaine, malgré les
bonnes conditions dans lesquelles se trouve le malade.
Neurasthénie, sauf dans les cas où l'irritabilité du système nerveux est très grande et où l'agrypnie joue un
rôle primordial (Perregaux). Enfants débiles ou fatigués. Pour ceux-ci, le séjour en hiver est particulièrement recommandable.

TROISIÈME PARTIE

APPLICATIONS THÉRAPEUTIQUES DES CLIMATS

Albuminurie, néphrite chronique, maladie de Bright.

Ces affections réclament un climat sec, chaud, uniforme, qui favorise le fonctionnement normal de la peau et où les variations subites de l'humidité atmosphérique ne risquent pas de jeter une surcharge fâcheuse sur les reins. En augmentant l'activité des fonctions évaporatoires de la peau, on diminue d'autant le travail de ces organes. Ce qu'il faut éviter, c'est le refroidissement de la peau (Dujardin-Beaumetz). En hiver, les stations de la *Riviera* (1), *Hyères, Cannes, Nice, Menton, Bordighera, San Remo,* etc., l'*Égypte, Le Caire.* Au printemps, en automne, certaines stations plus septentrionales, mais ayant aussi un climat sec, *Sierre, Gries, Arco, Méran.* En été, les stations d'altitude moyenne (page 64). Celles d'altitude élevée doivent être déconseillées à cause de la variabilité de leur climat en cette saison, et de leur basse température en hiver. Les climats maritimes humides doivent être évités aussi.

(1) Nous désignerons par *Riviera* dans les pages suivantes le littoral de la Méditerranée de Hyères à Gênes (Riviera occidentale ou du Ponent), et de Gênes à la Spezia (Riviera orientale ou du Levant).

Anémie, chloro-anémie.

L'anémie demande avant tout beaucoup d'air et d'air pur surtout; elle ne redoute pas en général les climats toniques, avec du vent même, pourvu qu'ils soient secs et pas froids en hiver. L'anémique est victime souvent du séjour dans l'air confiné et s'améliore déjà par la cure de repos à l'air libre. Le changement de climat exerce une influence favorable ; témoins en sont les cures auprès des sources ferrugineuses, qui réussissent si bien après que les médicaments martiaux ont échoué pendant longtemps.

En hiver, les anémiques, les chlorotiques souffrant facilement du froid, on leur conseillera un climat à température douce : ainsi les stations de la *Riviera*, *Hyères, Saint-Raphaël, Cannes, Nice, Menton, San Remo, Nervi*; puis *Palerme, Catane, Alger*, etc., enfin, les stations-abris du pied des Alpes, *Montreux, Méran, Arco, Gries, Lugano, Locarno*, etc. Dans toutes ces localités, l'anémique peut se promener, être beaucoup à l'air. Comme il est moins sensible aux vents et aux variations de température que le tuberculeux, on peut choisir parmi ces stations celles qui doivent à la présence du vent un caractère tonique et vivifiant.

L'anémie peu prononcée ou en voie de guérison se trouve bien d'une station où la vie sociale est très animée comme *Florence* au printemps, *Rome* en hiver et au printemps, *Naples* en automne, en hiver et au printemps, *Castellamare, Sorrente, Capri, Ischia*, au printemps et en automne (Weber).

En été, plages à climat excitant comme celles du nord et de l'ouest de la France. Les malades qui ne craignent pas la mer pourront entreprendre avec bonnes chances de succès un voyage sur mer (Weber).

Ou bien, séjour dans la haute montagne, au-dessus de 1300 mètres : *Engadine, Saint-Moritz*, etc. (Voir p. 63). L'influence globuligène du climat d'altitude, bien que passagère, sera utile pendant la durée du séjour et permettra à l'anémique un fonctionnement plus normal de ses organes. Dans les cas très graves, la haute altitude peut ne pas convenir ou même être nuisible, pendant la période d'acclimatation surtout; il faut, en pareil cas, que le malade fasse un séjour préalable dans une station intermédiaire (*Waldhaus-Flims, Churwalden, Seewis, Klosters, Promontogno* par exemple, sur le chemin de l'*Engadine* ; *les Avants, Villars, Champéry*, dans la région du sud-ouest de la Suisse). Une fois habitué au climat de cette zone intermédiaire, il pourra passer dans la zone supérieure. Pendant la période d'acclimatation, il évitera avec soin toute ascension. Ces recommandations sont spécialement utiles aux malades venant des pays de faible altitude.

Le séjour des malades dans les hautes altitudes doit être prolongé, si possible, pendant plusieurs mois, les premières semaines étant souvent troublées par les phénomènes de l'acclimatation.

D'après Hœssli, il n'y a que deux contre-indications à l'emploi du climat d'altitude dans l'anémie, la dégénérescence graisseuse du cœur et la nostalgie.

Quand l'anémie est accompagnée de phénomènes nerveux, hystérie, état d'excitation, etc., il ne peut être question cependant ni de stations élevées ni de climat maritime. Les stations d'altitude moyenne (page 64), celles de plaine à une certaine distance de la mer sont préférables, ou encore les stations au pied des montagnes, fortifiantes sans avoir un air excitant, *Méran, Gries, Arco, Montreux, Lugano, Locarno* (ces trois dernières plus sédatives), etc.

INDICATIONS TIRÉES DE L'ÉTAT DE LA MENSTRUATION. — Quand les règles sont trop abondantes, les climats maritimes sont nuisibles, les climats indifférents, subalpins ou alpins, sont en revanche utiles ; inversement, le climat du bord de la mer, de la *Riviera* sera conseillé quand la menstruation est faible ou fait défaut. Comme preuve de l'influence excitante du climat de la *Riviera* dans ce domaine, Blanc cite le fait d'hémorragies graves se produisant chez des malades atteintes de fibromes utérins et venant séjourner à *Cannes*.

Asthme bronchique ou nerveux.

Affection essentiellement capricieuse au point de vue climatothérapique : tel malade se trouve mieux à la montagne, tel autre au contraire y a des accès plus fréquents ; dans la même station on voit certains patients avoir des accès, d'autres s'en débarrasser pour longtemps. Il est donc impossible de dire d'avance quel est le climat où l'asthme disparaîtra, et le malade est obligé de chercher expérimentalement la station qui lui convient. Cependant, on peut dire d'une façon très générale que le climat de montagne est préférable à celui des côtes maritimes. Souvent les très hautes altitudes sont utiles (*Saint-Moritz*). L'asthme s'aggrave surtout dans la *Riviera Occindentale* (Weber). D'après Williams, toutefois, cette dernière région serait, au contraire, assez utile dans l'asthme, spécialement *Hyères* dont le climat est moins maritime, vu l'éloignement de la mer, que le reste de la *Riviera*.

Dans un certain nombre de cas, il s'agit non d'un asthme nerveux pur, mais d'un asthme greffé sur une affection cardiaque, et c'est celle-ci qu'il faut prendre en considération pour choisir le climat.

Bronchiectasie.

D'après Weber, les meilleurs climats d'hiver sont les climats chauds et secs : la *Riviera*, de *Hyères* à *Pegli* et *Nervi*, *Le Caire*, l'*Égypte*. En second lieu, les climats plus humides de *Palerme*, *Ajaccio*, *Alger*. Au printemps, les stations situées au pied des Alpes, en Suisse et en Italie, *Montreux*, *Bex*, *Pallanza*, et les sta-

15.

tions à climat sec, *Méran*, *Arco*, *Gries*. Une station encore peu connue, mais qui peut être utile au printemps et en automne, et même en hiver, c'est *Sierre*. En été, stations d'altitude moyenne (page 64); séjour au bord de la mer.

Bronchite.

La nécessité d'un changement de climat dans la bronchite chronique n'est pas aussi évidente chez tous les sujets. Les uns la supportent sans que leur santé s'en ressente sérieusement, les autres au contraire sont profondément atteints et obligés de vivre dans des climats doux en hiver. On conseillera entre autres ce changement de climat : 1° chez les sujets jeunes et délicats où l'on craint que la bronchite ne crée une prédisposition aux affections broncho-pneumoniques et tuberculeuses; 2° chez les vieillards où la bronchite affaiblit en nuisant à l'hématose normale; 3° chez les cardiaques. En revanche, la bronchite chronique qui est l'expression de la stase veineuse abdominale (avec pléthore et obésité), est plutôt justiciable d'un traitement hydrominéral que d'une cure climatique.

D'une façon générale, on divise les cas de bronchite chronique en deux catégories au point de vue du traitement par le climat : cas avec sécrétion abondante, cas avec catarrhe sec. Les premiers réclament un climat doux, mais plutôt excitant et sec, en hiver *la Riviera*, *Cannes*, *Menton*, *Bordighera*, *San Remo*, *Pegli*, *Nervi*, etc., *Le Caire*, *l'Égypte*; les seconds un climat doux et humide, *Madère*, *Ajaccio*, *Palerme*, *Catane*, *Pau*, *Pise*. Au printemps, en automne, on recommandera *Sierre*, *Arco*, *Gries*, *Méran* (climats plutôt secs), *Montreux*, *Bex*, *Lugano*, *Locarno* (modérément humides). Quand les forces du malade sont très diminuées, il est préférable de choisir ces dernières stations ou celles de la *Riviera*, dont le climat a une action tonique: les climats sédatifs peuvent en pareil cas nuire par leur caractère trop débilitant.

En été, dans les cas où les malades sont vigoureux et résistants, et où l'expectoration est peu importante, on obtient un bon résultat par le séjour au bord de la mer, sans bains (Kisch). L'air tonique et humide de la plage, la petite quantité de chlorure de sodium qu'il contient agissent favorablement. Le voyage sur mer donne aussi de bons résultats. En cette saison aussi, les stations d'altitude moyenne seront utiles (voir page 64).

Un mode de traitement particulier, c'est la cure de petit lait, telle qu'on la pratique spécialement dans le pays d'*Appenzell*, à *Heiden*, *Gais*, *Weissbad*, etc. Ces stations possèdent un air pur, excellent, doux, point excitant, et la cure de petit lait a aussi une action adoucissante, hyposthénisante. Cas avec irritation permanente et tempérament excitable, où une action sédative est à sa place.

Chez les vieillards, il faut surtout choisir des stations dont le climat ne soit pas débilitant, en hiver les stations de la *Riviera*, en été celles des hautes plaines, *Interlaken*, *Lucerne*, etc., ou celles d'altitude moyenne (page 64).

Cardiaques (affections).

AFFECTIONS ORGANIQUES OU VALVULAIRES. — Les malades atteints d'affections de ce genre sont soulagés en général par l'augmentation de pression atmosphérique et souffrent au contraire de sa diminution. Il ne leur faut pas non plus un climat excitant comme celui du bord de la mer et des altitudes (ce dernier peut cependant être utile, voir plus loin), mais un climat doux et sédatif, sans cesser d'être fortifiant. Il faut choisir des climats doux et tempérés, à température fraîche plutôt que chaude, et rejeter tout climat excessif (Dujardin-Beaumetz).

On conseillera en automne et au printemps *Interla-ken, Montreux, Lucerne, Lugano, Locarno, Pallanza*, à cause de leur air modérément humide, sédatif et pourtant rendu fortifiant par le voisinage des montagnes. En hiver *Pau, Pise, Madère, Ajaccio, Palerme*; le climat *d'Égypte*, qui a été recommandé, est trop sec et excitant (Voir *Le Caire*). En été, les stations de moyenne altitude.

Il existe un certain nombre de stations où l'on a classé et jalonné les routes pour la pratique de la méthode d'Oertel : ce sont, entre autres, comme stations d'hiver, *Méran, Gries, Arco, Abbazia*; en été, *Baden-Baden, Ischl, Baden* (Suisse), *Gersau, Macolin*, etc.

Dans les cas de dilatation cardiaque consécutive à la modification des parois de l'organe (dégénérescence graisseuse, par exemple), il faut chercher un climat plus tonique, les stations d'altitude moyenne, parfois les stations les plus douces de la *Riviera*.

La cure de petit lait se fait en cas d'affections cardiaques avec troubles circulatoires, rupture de la compensation, à *Heiden, Gais, Weissbad*, etc. (climat et traitement sédatifs).

L'affection cardiaque est-elle compliquée d'une bronchite chronique, les stations indifférentes seules peuvent être conseillées : stations de plaine, ou peut-être encore de faible altitude, en été.

AFFECTIONS CARDIAQUES ET ALTITUDES. — On a long-temps interdit les altitudes aux cardiaques, mais actuellement on cherche à mettre aussi ces malades au bénéfice de l'action tonique de ce genre de climat, à améliorer ainsi la nutrition du cœur, à fortifier les hypertrophies compensatrices, etc. C'est un moyen qui peut être utile, mais il est bon de formuler certaines réserves qu'il faut avoir dans l'esprit. Il faut que le cœur soit en assez bon état et que le sujet ne soit pas trop nerveux, pour résister à l'action excitante du climat pendant la période d'acclimatation,

action qui se traduit par des palpitations. Il faut donc
défendre les altitudes en cas de cachexie cardiaque,
d'asystolie avec œdème permanent, d'insuffisance tri-
cuspide relative, etc. En revanche un cardiaque au début de son affection, qui ne présente aucun symptôme
grave, ou seulement quelques troubles passagers (palpitations, léger œdème des malléoles le soir) à
la suite d'influences affaiblissantes quelconques, peut
se faire beaucoup de bien par un séjour dans les altitudes (par exemple, dans l'insuffisance mitrale).
L'action tonique du climat contribue à développer,
ou à fortifier, si elles existent, les hypertrophies nécessaires. Dans les hypertrophies idiopathiques, les
altitudes sont le plus souvent contre-indiquées à
cause des violentes palpitations qui s'y manifestent.
L'artério-sclérose grave interdit aussi le séjour dans
les hautes montagnes ; il en est de même de la dégénérescence graisseuse du cœur. Quant à la surcharge
graisseuse du cœur, elle peut être améliorée par un
régime et un exercice rationnels.

De toutes façons, cependant, ce n'est pas sans risques
que les cardiaques se rendent dans les très
hautes altitudes. Ils doivent le faire sous réserve de
voir ce que produira la période d'acclimatation. Ils
doivent s'interdire l'ascension des pentes qui constitue
un travail énorme pour le muscle cardiaque ; ils la re-
douteront, doublement, s'ils ont dépassé la quarantaine. L'excitation inconsciente des ascensions peut
leur être funeste.

Ces circonstances restreignent notablement le
nombre des cardiaques qui peuvent séjourner à la
montagne : d'une part, il est peu de stations élevées où
il n'y ait pas des chemins en pente ; d'autre part, il
est encore moins de malades qui sachent résister à
l'envie de faire non pas des courses, mais au moins
des promenades autour de la station où ils séjournent.

La zone des stations montueuses ou d'altitude moyenne (page 64), est la zone spécialement favorable aux cardiaques en été ; ils y trouveront en cette saison un climat un peu plus tonique et plus frais que celui de la plaine, et ils n'auront pas à souffrir de l'action trop excitante d'une altitude exagérée. Toutefois ici, les objections basées sur la topographie du terrain subsistent encore.

Il faut toujours individualiser le cas, non seulement au point de vue de la lésion cardiaque, mais aussi à celui de l'âge du malade ; un jeune sujet au début d'une affection mitrale pourra séjourner avec avantage dans les altitudes (s'il s'y tient en repos), tandis qu'un malade d'âge mûr pourrait s'y faire du mal et devra y renoncer.

Le repos a une importance de premier ordre, et la diversité des appréciations sur l'effet des altitudes pourrait bien dépendre de la façon dont les malades se sont comportés à la montagne à ce point de vue.

Hœssli a insisté sur l'utilité dès altitudes élevées pour prévenir la dégénérescence graisseuse du cœur ; il pense qu'un séjour prolongé dans les Alpes, chez les sujets jeunes et les adultes au-dessous de quarante ans, serait un excellent moyen prophylactique à employer contre cette affection.

Névroses cardiaques (Schott). — En général les stations d'altitude moyenne, entre 600 et 1000 mètres, sont bien supportées et donnent de bons résultats, si le malade y trouve une bonne nourriture, de belles forêts où il puisse se promener. L'air de la mer est souvent trop stimulant pour cette catégorie de malades et fait naître de l'insomnie, du manque d'appétit, de l'excitation nerveuse. Des sujets forts et robustes, qui souffrent d'excitation cérébrale à la suite de surmenage, supportent le climat maritime mieux que des malades affaiblis, délicats, atteints d'une excitabilité nerveuse générale exagérée.

Dans la *maladie de Basedow*, le séjour prolongé dans les altitudes a donné des résultats favorables; le nombre des pulsations diminue au bout d'un certain temps. Cette action ralentissante sur les battements cardiaques se voit bien dans la statistique de Spengler, de Davos : chez 19 phthisiques guéris, diminution de 22 pulsations en moyenne. Weber, qui a observé des guérisons de cas de maladie de Basedow traités dès le début par les altitudes, conseille des altitudes moyennes ou très élevées, *Saint-Moritz*, *Pontresina*, *Belalp*, la *vallée de Maderan*, le *Rigi*; on peut y ajouter *Davos*, la *Haute-Engadine* en général. A *Saint-Moritz*, *Zuoz*, *Rigi-Kaltbad*, *Davos*, *Louèche*, le malade peut en même temps suivre un traitement hydrothérapique.

Catarrhes chroniques de la vessie et des voies urinaires.

Weber, après avoir énuméré les avantages d'un climat chaud, modérément sec et uniforme, conseille les longs voyages sur mer (3 à 12 mois), dans les cas où l'absence de repos et les imprudences du malade entravent la guérison normale de ces affections; il a obtenu d'excellents résultats.

Convalescence.

Il faut à l'organisme affaibli du convalescent un climat doux sans extrêmes, mais cependant fortifiant, tonique sans être trop excitant. On cherche à rétablir tantôt la santé générale, tantôt les fonctions d'un organe qui a été plus sérieusement atteint par la maladie et pour lequel une rechute est à craindre. De toutes façons, le convalescent est très sensible au changement de la température qu'implique un voyage loin de son domicile habituel; il faut le transporter d'abord à une courte distance, s'il est très faible. Après une acclimatation préalable en cette première station, on pourra le faire passer dans un climat plus vif, plus tonique.

En été, on recommande les stations montueuses moyennes, *Bussang, Gérardmer, Glion, Caux, les Avants, Villars-Chesières, Champéry, Macolin, Interlaken, Beatenberg, Engelberg, Monte Generoso,* etc.

En automne et au printemps, *Montreux, Bex, Sierre, Méran, Arco, Gries.*

En hiver, *Lugano, Locarno,* les stations de la Riviera, etc. Si ces dernières sont trop éloignées du domicile du malade pour que le transport soit facile, on peut aussi utiliser en hiver les stations de printemps et d'automne énumérées ci-dessus.

L'état du système nerveux peut donner d'utiles indications pour le choix de la station (Biermann); est-il très excité, on évitera la *Riviera* et l'on choisira des climats chauds et pas trop secs comme les lacs de l'Italie, *Gersau, Montreux;* en hiver, *Lugano, Locarno, Méran, Arco.* Si ce n'est pas le cas, on aura recours en été aux stations montueuses moyennes (page 64). Si l'on peut espérer en même temps que les fonctions d'assimilation se feront bien, on prescrira en été les plages de l'Océan, en hiver celles de la Méditerranée, de la Riviera.

Dans cette dernière région, il sera bon, si le système nerveux du convalescent est à la fois faible et très excitable, de s'éloigner du voisinage de la mer et de choisir des stations comme *Hyères, Valescure, Le Cannet, Grasse, Nice-Cimiez.*

Chez les sujets les plus robustes, chez ceux dont la convalescence marche trop lentement dans la plaine, on recommandera le séjour dans les hautes altitudes, spécialement dans la *Haute-Engadine (Zuoz, Sils-Maria, Saint-Moritz,* etc.); mais il faut supporter les fatigues d'un interminable voyage en voiture, qui constitue le gros inconvénient de l'Engadine. Les climats maritimes sont excellents aussi en pareil cas.

Weber les conseille après l'asthme et la diphtérie ;
après la scarlatine et la typhoïde, il recommande des
climats modérément chauds, de plaine ou maritimes,
mais bien ensoleillés. Pour cette dernière affection, il
faut parfois des soins très longtemps prolongés pour
amener le rétablissement complet de la santé.

Diabète.

Dans cette affection, c'est trop souvent une complication grave (tuberculose surtout) qui dirige le choix
du climat. Les malades sans complications doivent rechercher un climat tonique et réparateur, dans un pays
modérément sec, sans être trop chaud, mais ayant du
soleil. En été, ils pourront séjourner sur les plages à
air tonique de l'ouest de la France, peut-être sur les
moins humides d'entre celles du nord-ouest; ils
doivent y chercher seulement le bénéfice de l'air
marin, et non pas y prendre des bains. Stations
montueuses d'altitude moyenne (page 64), stations
d'altitude proprement dite (page 63), surtout l'*Engadine*. En hiver, stations à air doux et tonique (*Riviera*).

Diarrhée chronique.

Elle est aggravée par les climats chauds et humides,
qui ont aussi une tendance à la faire naître chez ceux
qui ne l'ont pas (par exemple, *Madère*). Il faut donc
éviter ce genre de climats et conseiller au contraire
les climats secs et chauds (la *Riviera Occidentale*, *Le
Caire*), ou secs et froids (les stations montueuses
moyennes, les altitudes). Les régions élevées sont
spécialement utiles quand la diarrhée chronique n'est
pas liée à l'existence d'ulcérations intestinales (Weber).

Dyspepsie.

L'essentiel, dans cette affection si difficile à guérir,
c'est assurément le traitement médical et hydrominéral. Mais on obtient souvent les meilleurs résultats

en prescrivant un changement de climat. En hiver, les dyspeptiques séjourneront dans les stations de la *Riviera*, en été, sur les plages fraîches de l'Océan. Pour les constitutions torpides, le climat d'altitude convient en hiver et en été, avec station intermédiaire (page 62) au printemps. Si les sujets sont affaiblis ou âgés, on choisira au contraire des climats secs et chauds en hiver, des stations de montagne d'altitude moyenne en été, des plages fraîches. Le voyage lui-même fait disparaître parfois des dyspepsies persistantes. Pour la dyspepsie greffée sur la neurasthénie, voir le traitement climatique de cette dernière affection.

Emphysème.

Le bien-être que les malades atteints d'emphysème éprouvent dans les cloches à air comprimé fait comprendre que l'emphysémateux ne doit pas séjourner dans les altitudes; non seulement il n'y est pas soulagé, mais encore il est à craindre que son cœur, souvent atteint, dilaté, parfois en dégénérescence graisseuse, ne souffre de l'action excitante du climat. En été, l'emphysémateux se rendra au bord de la mer, dans un climat pas trop sec, comme celui de *Biarritz* ou mieux encore d'*Arcachon*, à l'abri du vent dans la forêt de pins. Il pourra aussi séjourner dans les stations les plus basses de la zone montueuse moyenne (voir page 64), dans le voisinage des forêts. En hiver, il cherchera un climat chaud, sec ou humide suivant la nature de sa bronchite (Voir ce mot). Les stations maritimes sont de nouveau recommandables en cette saison, *Arcachon, Palerme, Ajaccio, Catane*, etc. S'il y a de la bronchite chronique et que l'expectoration soit rare et pénible, les stations franchement sédatives, *Pau, Pise, Madère* sont à leur place. Enfin, chez les vieillards qui craignent un déplacement lointain et qui ont besoin d'une station fortifiante dans un climat doux, on pourra conseiller *Montreux, Lugano, Locarno*. Les autres stations-abris du pied des Alpes, *Gries, Méran, Arco* sont plus sèches et plus excitantes et conviendront en cas de bronchite avec expectoration abondante. Ces stations sont utiles par le fait que leur climat, bien que tonique, n'a pas le caractère maritime et excitant de celui de la *Riviera*, mais elles n'ont qu'un hiver relativement adouci ; les vents froids du nord sont cependant brisés par les montagnes.

Faiblesse des jeunes gens.

Greffé sur une constitution débile, sans être la conséquence de l'anémie, mais plutôt trop souvent celle d'une mauvaise éducation et de soins trop assidus, amollissants, cet état de faiblesse sera combattu avec succès par le séjour au bord de la mer (Voir *Scrofule*), ou dans les hautes altitudes (*Saint-Moritz*, été et hiver, Hœssli).

Goutte.

Les goutteux se font du bien dans tous les climats qui accélèrent la nutrition, la circulation et qui favorisent l'exercice qu'ils doivent prendre (altitudes en été). Climat maritime, particulièrement celui des plages où ils trouveront un air frais ou vif. Cependant, ce climat ne convient pas toujours au goutteux, surtout quand il y a de la constipation (Weber). En hiver, les indications climatiques de la goutte se confondent avec celles du *rhumatisme* (Voir ce mot).

Laryngite.

Il faut un climat plus calmant que tonique, qui ait avant tout une température douce et uniforme, une humidité moyenne et régulière, une absence aussi complète que possible de vent et de poussière. Un climat idéal de ce genre ne se trouve qu'à *Madère* ;

d'autres climats d'hiver s'en rapprochent plus ou moins, *Pau, Pise, Ajaccio, Alger, Palerme, Catane, Nervi*. En automne, *Montreux, Lugano, Locarno, Pallanza*. En été, les stations montueuses moyennes, surtout celles qui sont dans le voisinage des forêts. En revanche, le climat sec est conseillé dans le cas de catarrhe avec sécrétion très abondante; en été, les stations de faible altitude (page 64), en automne, *Sierre, Méran, Gries, Arco*; en hiver *Le Caire* et les stations de la *Riviera* éloignées de la mer, et bien abritées contre le vent, *Grasse, Valescure, Le Cannet, Nice-Cimiez*.

Si les hautes altitudes sont contre-indiquées en été, tant à cause de leur air agité que de la variabilité de l'état hygrométrique de leur air, elles semblent en hiver ne pas avoir de mauvaise influence, malgré la sécheresse de leur atmosphère, sur les états catarrhaux simples du larynx, qui s'y guérissent.

Leucémie.
Voyage sur mer (Weber). Voir *Anémie*.

Femmes (affections des).
Le changement de climat joue un rôle important et favorable dans nombre de ces affections, notamment dans la métrite chronique, à l'époque où la guérison a eu lieu et où il s'agit de remonter le système nerveux, de lutter contre l'anémie et la faiblesse (Kisch). Les femmes au système nerveux, excitable doivent chercher des climats sédatifs et doux : en automne *Méran, Montreux*; en été les stations montueuses moyennes; en hiver les stations les moins excitantes de la *Riviera, Menton, San Remo*, ou peut-être des localités plus sédatives encore, *Palerme, Ajaccio, Catane, Pise, Pau*, etc. Les femmes lymphatiques, pâteuses, anémiques, qui ont besoin d'être fortement tonifiées, iront en été dans les hautes altitudes, *Saint-Moritz* et l'*Engadine*, et en hiver dans les stations de la *Riviera*.

Menstruation profuse : climats froids, altitudes ; menstruation insuffisante : climats chauds ou maritimes.

MÉNOPAUSE. — Le meilleur climat, c'est celui qui est sédatif et pourtant fortifiant, avec une humidité modérée et une bonne protection contre les vents. En automne : *Montreux*, *Bex*, *Méran*; en hiver, *Cannes*, *Le Cannet*, *Menton*, *San Remo*, *Palerme*, *Ajaccio*, *Naples* (Kisch). Les femmes qui ont à ce moment des troubles circulatoires, dus à l'obésité, jointe à de la faiblesse et de l'anémie, se font du bien dans les hautes altitudes, notamment à *Saint-Moritz*, où elles arriveront après avoir fait au besoin un arrêt de quelques jours dans une station intermédiaire d'altitude moins considérable (*Churwalden*, *Seewis*, *Klosters*, etc.). Mais les femmes pléthoriques doivent en revanche éviter pendant cette période critique le climat excitant des hautes altitudes.

Nerveuses (affections).

Dans les maladies nerveuses à caractère douloureux (névralgies, sciatique) ou excitable (hystérie, certaines neurasthénies), il faut avant tout un climat uniforme et sédatif; le séjour au bord de la mer est contre-indiqué surtout dans le voisinage immédiat de la plage, le vent, la lumière, le bruit des vagues contribuant à exciter le système nerveux. Il faut parfois renoncer, à cause de la proximité de la mer, à séjourner pendant l'hiver sur les côtes de la *Riviera* et chercher des climats plus calmants.

Hœssli, Egger ont attiré l'attention sur l'excellente influence que le séjour prolongé (été et hiver) dans les altitudes a sur les enfants délicats, nerveux, prédisposés aux névroses par hérédité ou surmenage scolaire. La montagne les fortifie, les développe et les symptômes de nervosité déjà présents disparaissent.

HYPOCONDRIE. — Les voyages ont fort souvent une

action efficace ; l'essentiel, c'est la distraction, le milieu nouveau dans lequel le malade est plongé, qui le détournent de ses idées sombres. Les jouissances intellectuelles en particulier sont précieuses, par exemple celles d'un séjour à *Rome* ou dans une autre ville d'Italie offrant de l'intérêt au point de vue artistique. Il faut chez les malades agités éviter les climats de montagne ; le climat maritime indifférent et pas humide est au contraire efficace (Weber). Les climats d'altitude pourront être recommandés aux malades qui n'ont pas d'excitation cérébrale.

Hystérie. — Il est difficile de dire d'avance quel climat pourra être utile dans cette affection. En hiver, il faut déconseiller le séjour dans le climat maritime, en particulier dans les stations de la *Riviera Occidentale*, qui aggravent l'état nerveux. En revanche, on peut essayer le climat de *Pise, Rome, Naples, Ischia* (Weber). Il faut ajouter les stations sédatives du pied des Alpes, *Montreux, Lugano, Locarno, Pallanza, Méran, Arco, Gries* (ces trois dernières plus sèches et moins sédatives), etc.

L'hystérie à forme convulsive doit éviter les altitudes qui ne font que l'aggraver, exciter et favoriser le retour des accès.

Médullaires (affections). — Dans le tabes, Weber conseille le voyage dans les pays chauds et bien ensoleillés, *Égypte, Alger, Palerme, Rome, Naples*, le voyage sur mer ; avant tout, éviter les climats froids et humides. Les stations de la *Riviera*, tout en ayant un climat chaud et favorable, ont un caractère plus excitant.

Neurasthénie. — La neurasthénie est l'objet de deux traitements climatiques principaux, savoir par le climat maritime ou par le climat d'altitude (qui est bien préférable à la cure thermale, Bouveret).

Le climat du bord de la mer est fortifiant, mais chez un grand nombre de neurasthéniques (et d'hystériques) il excite trop, enlève le sommeil et finit par affaiblir. Il faut au malade une certaine force de résistance pour profiter de ce climat. D'après Lœwenfeld, les cas qui conviennent pour le traitement par le climat maritime sont ceux d'épuisement par travail intellectuel chez des sujets encore résistants et dont le système digestif fonctionne bien, et les cas de faiblesse nerveuse avec anémie et nutrition insuffisante. Sont contre-indiqués les cas avec excitabilité exagérée et les sujets très affaiblis.

Le climat d'altitude ne donne pas, d'après Lœwenfeld, des résultats proportionnels à l'élévation au-dessus de la mer : on obtient souvent d'aussi bons résultats à une altitude moyenne que dans les stations très élevées. Il faut, dans le choix d'un séjour de montagne, s'attacher moins à l'altitude qu'à la proximité des forêts et à l'existence de bains froids.

D'après Egger (qui a pratiqué plusieurs années à Arosa, 1892 m.), les neurasthéniques se trouvent souvent fort bien d'un séjour *prolongé* dans les altitudes ; on constate l'amélioration de la dyspepsie nerveuse, de la rachialgie, le retour des forces, l'amélioration de la nutrition, l'augmentation du poids, la disparition de l'anémie. Quant à l'insomnie, les résultats varient avec chaque malade ; les uns retrouvent le sommeil et dorment mieux qu'ailleurs ; d'autres ne dorment pas ou dorment mal, d'autres enfin, tout en dormant peu, éprouvent moins le besoin de sommeil qu'à la plaine.

Bouveret insiste sur les conditions accessoires (mais des plus importantes) que doit remplir une bonne station de montagne pour les neurasthéniques : site pittoresque, vallée ouverte et non encaissée, excursions faciles à proximité, bonne installation matérielle. L'Engadine satisfait à ces conditions. Les vallées encaissées par de hautes montagnes ont parfois une action psychique fâcheuse sur le neurasthénique et l'hypocondre, qui se voient obliger de quitter le voisinage de sommités qui les écrasent (De La Harpe).

La durée du séjour du neurasthénique à la montagne doit être très-prolongée, si possible pendant plusieurs mois. Dans les cas invétérés, on peut avec avantage faire deux séjours par an, l'un au milieu du printemps à une faible altitude, l'autre en été à une altitude élevée, pour se préparer aux fatigues de l'hiver (Ziemssen).

L'action du climat d'altitude étant plus énergique que celle du climat maritime, on commencera un traitement par l'essai du premier (Lœwenfeld).

Contre-indications des altitudes (d'après Lœwenfeld, Egger). — Cas où le malade a besoin d'une surveillance de chaque instant, neurasthénie hypocondriaque ou mélancolique : neurasthénie avec agoraphobie : sujets très faibles et débiles. Tous ces sujets font mieux de s'arrêter entre 700 et 1000 mètres d'altitude. Les cas invétérés ne sont pas plus améliorés par le climat de montagne que par toute autre cure climatique. Le neurasthénique avec anémie considérable ne doit pas séjourner dans les très hautes altitudes à cause des difficultés d'acclimatation qui sont souvent permanentes. Les malades de ce genre doivent plutôt être dirigés sur une station de plaine ou d'altitude moyenne en été, sur le Midi en hiver; plus tard seulement, quand l'anémie aura été améliorée, ils gagneront les stations élevées. Il devront en tous cas faire un arrêt dans une station d'altitude moyenne (*Churwalden, Klosters, les Avants, Champéry, Villars,* etc.), avant d'arriver dans leur haute résidence. De cette façon, les troubles de la période d'acclimatation (qui se font sentir pendant une période plus ou moins longue) sont beaucoup moins redoutables.

Les altitudes ne conviennent ni aux neurasthéniques ni aux hystériques excitables, ni aux sujets trop faibles ou trop âgés (Egger).

Climats intermédiaires. — Entre les climats maritimes et ceux de montagne se placent les stations du pied des Alpes, comme *Montreux, Locarno, Lugano,* qui ont un caractère sédatif, avec température relativement douce en hiver. Elles peuvent être recommandées aux neurasthéniques qui doivent éviter la montagne et la mer. *Montreux* spécialement, avec les stations de demi-montagne qui en dépendent, *Glion, les Avants, Caux,* et qui peuvent constituer un refuge contre les chaleurs de l'été, est une localité qui peut être fort utile dans la neurasthénie. *Méran, Arco, Gries, Innsbruck* ont un climat plus sec, moins sédatif, mais sont aussi à l'abri des vents du N.

NÉVRALGIES. — Les climats froids et humides sont pernicieux pour les névralgiques, aussi doivent-ils chercher les climats doux et chauds; mais celui de la *Riviera* ne leur convient guère, il est excitant et réveille leurs souffrances. On peut cependant choisir dans cette région les stations les plus éloignées de la mer et bien abritées, *Le Cannet, Grasse.* Il faut avoir recours, dans les névralgies rhumatismales et goutteuses, à des climats secs et chauds et non maritimes : en hiver, *Le Caire, Arco, Gries, Méran* ; en automne et au printemps, *Sierre*. En hiver, les climats modérément chauds, mais humides et calmants, réussissent parfois, *Pau, Montreux, Venise, Rome, Pise, Lugano, Locarno, Pallanza,* etc.

En été, il faut éviter aussi les altitudes élevées qui ne réussissent guère dans les névralgies idiopathiques; tout au plus si elles bénéficient du climat plus doux des altitudes moyennes.

Névralgies d'origine palustre : climat de montagne en été, stations sèches du littoral méditerranéen en hiver (Weber).

SURMENAGE INTELLECTUEL. — Traitement climatique prolongé nécessaire. Long séjour dans les hautes montagnes, avec séjour passager dans la plaine pendant les époques de la chute et de la fonte des neiges. Si le malade est faible et délicat, stations montueuses moyennes ; en hiver *Naples*, *Castellamare*, *Sorrente*, la *Riviera*, *Alger*, les stations de la *Sicile*, *Malaga* (Weber). Ces malades se font en général beaucoup de bien dans les altitudes et y retrouvent le sommeil.

Obésité.

On peut recommander aux obèses le séjour dans les altitudes à titre de tonique après les cures éprouvantes auprès des eaux minérales purgatives, *Brides*, *Marienbad*, etc. *Tarasp*, en Suisse, a l'avantage de réunir le climat de montagne et de puissantes eaux analogues.

On a conseillé aussi le séjour de la montagne aux obèses pour diminuer de poids, ce qu'ils obtiennent en prenant de l'exercice, en montant les pentes (cure d'Oertel). Mais il existe un danger pour eux dans l'état du muscle cardiaque, qu'ils peuvent gravement surmener par une seule ascension imprudente, s'il est faible, surchargé de graisse ou atteint de dégénérescence graisseuse. Le climat d'altitude a peut-être aussi une action curative directe sur l'obésité : Hœssli a vu des femmes obèses diminuer de 8 à 10 kilogrammes en un an à *Saint-Moritz*, tout en ayant une vie analogue à celle qu'elles menaient dans la plaine.

Paludéennes (affections).

Quand elles s'invétèrent, quand il se développe de la cachexie, de l'anémie, et que l'on constate une tuméfaction persistante de la rate, les stations d'altitude élevée sont les meilleures, l'*Engadine* en particulier. En hiver, climat maritime d'une côte sèche non marécageuse, comme celle de la *Riviera*. Ces mêmes climats seront conseillés dans la convalescence des affections paludéennes. Les climats secs du pied des Alpes, *Méran*, *Arco*, *Gries*, peuvent aussi être utilisés en hiver. Il faut éviter avec soin les localités où règne la malaria (*Rome*, la *Corse*, etc.).

Pneumonie et pleurésie chroniques.

Il s'agit ici avant tout de ces reliquats qui persistent soit après des pneumonies franches dont la résolution a été défectueuse et qui tournent à la caséification et à la destruction pulmonaire, soit après des broncho-pneumonies, des inflammations pulmonaires grippales, etc. Le traitement prophylactique de ces états a d'autant plus d'importance que souvent il est en réalité un traitement prophylactique de la phthisie, tantôt parce que les processus eux-mêmes tendent à être destructifs, tantôt parce qu'ils se produisent chez des sujets menacés par la tuberculose. Dans ces cas, le climat d'altitude est le plus utile; il faut seulement attendre pour en profiter que tout processus aigu et fébrile ait disparu (Lindsay). S'il est contre-indiqué (voir page 64), on aura recours aux stations du Midi, de la *Riviera*. S'il y a de la fièvre plus ou moins continue, en hiver, plages chaudes et modérément humides, *Alger*, *Palerme*, *Ajaccio*, *Mogador*, *Tanger*; en été, plages plus fraîches et stations montueuses d'altitude moyenne (page 64). Dans la période de cavernisation, il vaut mieux préférer ces dernières aux plages chaudes (Weber).

Dans les reliquats de pleurésie, on recommande les climats maritimes, les stations d'altitude, ou aussi les stations de montagne, parmi lesquelles *Weissenbourg* (1).

Phthisie pulmonaire.

La climatothérapie de la phthisie a pris une grande importance depuis que la médication causale dirigée contre le principe même de la maladie s'est montrée

____

(1) Voir De la Harpe, *Formulaire des Eaux minérales*.

impuissante vis-à-vis du bacille de la tuberculose, après avoir éveillé des espérances nouvelles lors de la découverte de Koch. Les moyens parasiticides ne donnent pas les résultats que l'on avait annoncés, et il faut reconnaître que le meilleur traitement, c'est l'hygiène rationnelle convenablement observée dans un climat approprié, c'est-à-dire un climat qui permette au phthisique le maximum de vie en plein air et en même temps exerce sur ses organes et ses fonctions un effet tonifiant.

Le traitement hygiénique a trouvé son développement maximum dans les *sanatoriums*; dans les stations climatiques proprement dites, on devrait suivre plus qu'on ne le fait cet exemple salutaire.

Il faut, il est vrai, rejeter l'idée qu'il existe un climat ayant une action spécifique sur la phthisie pulmonaire. Il y a un grand nombre de climats favorables qui méritent d'être conseillés d'après les particularités du cas considéré, mais il n'en est pas un seul qui ait une action spécifique sur la tuberculose elle-même. Tous agissent en modifiant favorablement le terrain dans lequel se propage la maladie.

Le seul climat qui ait une action spéciale bien caractéristique, c'est celui des altitudes, et encore ne porte-t-elle pas sur l'affection tuberculeuse, mais sur l'organisme lui-même, comme l'ont démontré les travaux de Marcet, Veraguth, Viault, Egger, Miescher, etc. (voir page 56).

Le traitement climatique de la phthisie pulmonaire peut être divisé en deux sections: 1° *traitement prophylactique*, dans la période de prédisposition à la tuberculose; 2° *traitement curatif*, dans la phthisie confirmée à ses divers degrés.

1° TRAITEMENT PROPHYLACTIQUE. — Il s'agit ici des jeunes sujets prédisposés à la phthisie pulmonaire soit par suite d'hérédité, soit par suite de développement défectueux du thorax pendant les premières années de la vie, et qui présentent l'habitus phthisique. Ces jeunes sujets ne se trouvent pas dans un état morbide proprement dit, mais dans un état d'instabilité dans lequel ils deviennent la proie de la tuberculose, parfois sous l'influence d'une affection intercurrente. Le traitement prophylactique est basé sur l'emploi du climat maritime (comprenant les stations de la *Riviera*), ou du climat d'altitude.

Climat maritime. — Le séjour au bord de la mer doit être prolongé, même pendant plusieurs années (Weber). Il faut donc choisir une région où la résidence de toute l'année soit possible, ainsi *Arcachon*, *Biarritz*, certaines villes du midi de l'*Angleterre*. On peut aussi passer l'hiver sur un point du littoral méditerranéen, de la *Riviera*, etc., et en été remplacer cette station par une plage de l'Océan en choisissant, peut-être, suivant les forces du sujet, une plage à climat excitant et tonique, comme celles du N.-O. de la France.

De toute façon, le séjour au bord de la mer comprend la cure d'air prolongée sur la plage, et éventuellement, l'administration *rationnelle* du bain de mer aussi longtemps que possible (en automne, dans la Méditerranée).

Les voyages sur mer, sur de bons voiliers, dans des conditions satisfaisantes de nourriture et de logement, peuvent aussi être conseillés.

Le climat maritime est spécialement utile quand la constitution du jeune sujet menacé par la phthisie est scrofuleuse.

Climat d'altitude. — Les enfants et les jeunes gens disposés à la tuberculose se trouvent en général très bien dans les hautes montagnes, et doivent y faire un séjour permanent d'hiver et d'été. N'ayant pas à observer pour les sports qu'offre la montagne, les restrictions qui s'imposent nécessairement aux tuberculeux proprement dits, ces jeunes gens menacés peuvent se livrer sans crainte aux ascensions, et en hiver, à l'exercice du patinage, de la luge, etc., Les résultats obtenus sont bons, ainsi que Hœssli (de Saint-Moritz) l'a constaté sur des jeunes sujets de 5 à 15 ans : ils s'acclimatent facilement (même de jeunes cardiaques), se développent et augmentent de poids ; leur système musculaire se fortifie, le thorax augmente de volume, l'anémie disparaît. *Saint-Moritz* (en été et en hiver), l'*Engadine* (en été) peuvent être recommandés spécialement aux médecins qui redoutent, avec raison d'ailleurs, la promiscuité des prédisposés délicats et anémiques avec les sujets déjà tuberculeux et dangereux par leurs expectorations. On a créé à *Davos* des pensionnats destinés aux jeunes gens menacés par la tuberculose ou qui sont aux débuts de cette affection. Ils peuvent ainsi continuer leur éducation tout en se trouvant dans les meilleures conditions pour se fortifier. Il est à désirer qu'un grand nombre d'établissements de ce genre se fondent dans d'autres localités, soit à la montagne, soit au bord de la mer, sur des plages où la résidence de toute l'année est possible.

Jaccoud recommande pour les sujets prédisposés un système mixte : en été, résidence dans les hautes altitudes, en hiver résidence dans les altitudes faibles, présentant les caractères hivernaux du climat de montagne. Il semble que ce système soit l'expression des inconvénients de deux genres que présentent les altitudes : 1° les basses températures de l'hiver ; 2° l'absence de ressources intellectuelles et pédagogiques. Il est difficile cependant de trouver à basse altitude les caractères primordiaux que l'on cherche en hiver dans les hautes montagnes, clarté du ciel et longue insolation, sécheresse et calme de l'air, etc. Toutefois, ces caractères existeraient, d'après Jaccoud, dans la ville d'*Innsbruck*, qui joint un climat d'hiver exceptionnellement favorable à toutes les ressources éducatives d'une ville universitaire. *Méran* et *Gries* se trouvent aussi dans une position analogue.

2° PHTHISIE CONFIRMÉE. — La période de début de la phthisie est celle où un traitement climatique rationnellement choisi aura le plus de chance d'amener la guérison. Elle comprend la bronchite du sommet, l'infiltration. Les probabilités de guérison diminuent beaucoup dans la période de fonte et de cavernisation. Ainsi Williams donne dans sa statistique (dont il sera question plus loin) les chiffres suivants de guérison, pour 100 cas :

	Altitudes.	Riviera.	Voyage sur mer.
1er degré...........	57	6.5	12
2° degré...........	16	4.6	—

Les moyens climatothérapiques employés dans la phthisie confirmée sont :

1° Les altitudes ;

2° Le voyage sur mer ;

3° Les sanatoriums ;

4° Les stations du Midi.

CLIMATS D'ALTITUDE. — Indiqués chez les sujets à réaction torpide ou à réaction indifférente (Jaccoud), contre-indiqués chez tous ceux qui ont une réaction vive, un tempérament éréthique, c'est-à-dire facilement de l'excitation du système nerveux et circulatoire. Ces réserves faites, on peut dire que le climat d'altitude est le traitement de choix pour les cas de phthisie ordinaire (ou chronique) au début.

Il y a d'ailleurs des différences entre les diverses stations, au point de vue de leur action sur le malade, différences basées surtout sur l'altitude. Ainsi, pour le caractère excitant du climat, on peut classer les principales stations comme suit, par ordre décroissant: *Saint-Moritz, Arosa, Davos, Wiesen, Leysin, Andermatt.* Au point de vue de la facilité d'accès, Davos vient en premier lieu, puis *Andermatt, Wiesen, Leysin, Arosa ;* le voyage à *Saint-Moritz* est le plus long de tous. Au point de vue de la clarté du ciel et de l'insolation, *Leysin* et *Davos* sont au premier rang et rivalisent entre elles. Au point de vue enfin de l'agglomération des malades, *Davos* se place au premier rang ; nous rangeons ensuite *Saint-Moritz*, *Leysin*, *Arosa*, *Andermatt* et *Wiesen* ont le moins de tuberculeux.

Le séjour du malade devra être prolongé longtemps et devra s'étendre sur l'été et l'hiver indifféremment. Les conditions du climat d'hiver sont encore meilleures que celles du climat d'été ; la nécessité d'arriver de bonne heure dans ces stations, l'utilité d'intercaler dans le voyage une station intermédiaire ont été exposées aux pages, 62 et 230.

Dans la période de destruction et de cavernisation, le climat d'altitude est encore très utile, réserve faite des contre-indications basées sur l'existence d'une complication.

Contre-indications des climats d'altitude. — 1° Forme de phthisie désignée sous le nom de phthisie aiguë, floride, pneumonique (Jaccoud), avec une marche aiguë persistante, fièvre continue ou rémittente, envahissement massif et fonte rapide. Dans les cas où la marche aiguë s'arrête et fait place à une période chronique, le climat d'altitude pourra être indiqué.

2° Caractère éréthique ou excitable du tempérament du malade, au point de vue du système nerveux et circulatoire. Il se traduit souvent par une fièvre avec caractère continu ou rémittent, bien différente de la fièvre intermittente à exacerbations vespérales, qui n'est pas une contre-indication (Jaccoud), et qui est l'expression d'une résorption septique. « Il y a longtemps, dit Huguenin, que l'on a abandonné l'idée erronée qu'un tuberculeux fébricitant ne doit pas aller dans les altitudes ; au contraire, un malade avec du pus septique dans les poumons et de la fièvre, qui en est la conséquence, doit y aller et ne doit pas aller ailleurs. »

.3° Grande étendue des lésions pulmonaires; elle a plus d'importance que leur degré, une petite caverne valant mieux qu'une grande infiltration. Il faut en effet qu'il y ait assez de poumon sain, en état de fonctionner normalement, pour répondre à l'activité respiratoire plus grande que nécessitent les altitudes, surtout pendant la période d'acclimatement.

4° Hémorragies pulmonaires. Contre-indication mentionnée encore par plusieurs auteurs. En réalité l'hémoptysie n'est pas une contre-indication, d'une façon absolue; elle ne le devient que dans certaines circonstances. L'expérience a prouvé que dans la zone d'altitude moyenne où se trouvent nos stations européennes, *Davos*, *Leysin*, *Saint-Moritz*, etc., les hémorragies non seulement ne sont pas plus fréquentes, mais en réalité sont plus rares qu'à la plaine. L. Spengler a publié les résultats d'une statistique portant sur 1284 cas de tuberculose soignés dans les altitudes (à *Davos* et *Arosa*): sur ce nombre,

55,5 p. 100 n'ont eu d'hémoptysie ni dans les altitudes ni à la plaine;

36,5 p. 100, pas dans les altitudes mais bien à la plaine;

6 p. 100 en ont eu dans les altitudes et à la plaine;

2 p. 100 seulement, dans les altitudes mais pas à la plaine.

L'expérience a prouvé le même fait pour les stations élevées de l'Amérique, etc. On voit donc que la pratique démontre justement le contraire de ce que l'on avait craint au début du traitement de la phthisie par l'altitude, alors que l'on était effrayé par les phénomènes observés dans les ascensions en ballon ou dans les très hautes montagnes.

Mais il faut distinguer à ce point de vue, avec Jaccoud, les phthisiques hémoptoïques éréthiques des phthisiques torpides; les altitudes doivent être déconseillées aux premiers, et cela, dirons-nous, non point tant à cause de l'hémoptysie en elle-même qu'en raison de leur tempérament.

5° Caractère du malade. Il est des malades qui ne peuvent pas supporter la monotonie d'une station d'altitude, la vue des montagnes si rapprochées, le manque d'animation et de bruit.

6° Complications diverses : tuberculose *grave* du larynx ; diarrhée tuberculeuse ; néphrite, albuminurie ; affections cardiaques ; emphysème.

La laryngite simple, avec hyperémie et catarrhe de la muqueuse et peut-être ulcérations superficielles des cordes vocales, n'est pas une contre-indication ; un état de ce genre s'améliore avec l'état général. La tuberculose du larynx peu avancée est soignée localement avec succès comme à la plaine.

7° Enfin, il est des malades qui ne peuvent ni manger ni dormir sur les hauteurs, y ont constamment froid et tombent dans un état de lassitude qui rappelle le mal de montagne. Ce phénomène est rare, mais il exige le départ immédiat pour la plaine.

Voyage sur mer. — Le voyage sur mer, dont les conditions générales et l'action ont été exposées page 34, a été recommandé récemment dans la tuberculose pulmonaire par Peter, Lindsay, Williams. etc. Son action dépend pour beaucoup du confort que le malade trouve à bord du navire, de la direction du voyage, du temps qu'il fait, etc. Il faut avant tout que le tuberculeux ne souffre pas du mal de mer, afin qu'il puisse bien s'alimenter (l'état nauséeux du mal de mer serait au contraire avantageux, d'après Peter). Les meilleurs voyages se font sur des voiliers d'Angleterre en Australie par le Cap, avec retour par le même chemin pour éviter le climat froid du cap Horn. Il faut réduire aussi au minimum possible la durée du voyage dans les tropiques, et arranger son départ de façon à revenir en Europe pendant la belle saison (Williams). Le trajet par la Méditerranée et la mer Rouge n'est pas aussi bon, à cause de la haute température que l'on rencontre dans celle-ci, et, en revenant en Europe, à cause du passage du climat torride de la mer Rouge dans le climat relativement frais et venteux de la Méditerranée (Williams).

L'action du voyage sur mer est tonique; la vie en plein air est portée à son maximum possible, pendant les jours de beau temps. Les inconvénients apparaissent par le mauvais temps, quand le phthisique est condamné à vivre dans l'air confiné de l'intérieur du navire.

Indications. — Lindsay conseille le voyage sur mer au début de la phthisie, en l'absence de symptômes graves, d'émaciation rapide et de grande faiblesse, et le met, en pareil cas, comme efficacité, sur le même pied que les altitudes. En revanche, dans la tuberculose avancée, le voyage sur mer est peut-être la moins pratique de toutes les méthodes.

On trouvera plus loin la statistique des résultats constatés par Williams sur 65 phthisiques ayant voyagé sur mer. Il résume les indications comme suit : 1° avant tout, phthisie scrofuleuse; 2° phthisie hémorragique, avec une infiltration peu étendue et d'abondantes hémoptysies; 3° phthisie chronique unilatérale avec cavernes, sans symptômes d'irritation grave. Les cas d'infiltration au début ne s'améliorent pas en revanche aussi bien que dans d'autres climats, sans s'aggraver cependant. L'opinion de Williams se résume en ces termes : le voyage sur mer est un excellent moyen qui se rapproche du climat d'altitude, sans l'égaler, mais son influence sur l'état général est bien plus favorable que sur l'état local (en particulier, l'augmentation de poids est supérieure à celle que l'on constate avec tout autre climat). En revanche, la marche locale de la tuberculose peut progresser même pendant que l'état général s'améliore.

Kisch conseille le voyage sur mer dans la phthisie guérie, pour fortifier le malade.

SANATORIUMS. — Les sanatoriums sont destinés au traitement de la phthisie à tous les degrés, depuis le début jusqu'à la période de cavernisation ; mais, comme les autres moyens, ils obtiennent leurs meilleurs résultats dans la période de début.

Si l'hygiène fait la base du traitement de tous les sanatoriums, ils diffèrent profondément entre eux au point de vue du climat. On peut en effet les diviser en plusieurs catégories :

1° *Sanatoriums maritimes*, tels que les hospices destinés aux scrofuleux et aux tuberculeux, au nombre d'une dizaine, répartis sur les côtes de France ; par exemple, ceux de *Berck*, du *Croisic*, *Pauillac*, *Arcachon*, *Banyuls*, etc. A la *Riviera*, il existe l'hôpital Dolfus à *Cannes* (pour enfants pauvres), un sanatorium à *Nervi*, etc.

2° *Sanatoria de plaine*, comme ceux de la *Touraine*, l'*hôpital d'Ormesson*, celui de *Villiers-sur-Marne*, etc.

3° *Sanatoriums d'altitude moyenne*, entre 200 et 800 m., la plupart à proximité des bois ou des forêts de sapins : En France, le *Canigou* ; en Allemagne, *Gœrbersdorf*, *Falkenstein*, *Saint-Blasien*, *Badenweiler*, *Hohenhonnef*, etc.

4° *Sanatoriums de haute altitude* : *Leysin* 1450 m., *Davos* 1560 m., *Arosa*, 1892 m.

Chacune de ces catégories possède des qualités climatiques particulières qui viennent ajouter leur action à celle de l'hygiène.

Les résultats obtenus dans les sanatoriums sont incontestablement favorables. Voici comme exemple ceux que Brehmer a indiqués pour Gœrbersdorf : guérison constatée chez 68 p. 100 des phthisiques au premier degré, chez 17,9 au second degré, et chez 5,8 au troisième degré (Voir plus loin ce qu'il faut entendre par « guérison » dans la tuberculose à ses diverses périodes).

STATIONS DU MIDI. — Les indications des climats du

Midi ont été résumées par Jaccoud dans les trois propositions suivantes : Les climats doux et les stations méridionales sont indiqués : 1° quand la période initiale de la phtisie pulmonaire n'a pas été utilisée pour une médication climatique reconstituante (altitudes); 2° quand l'affection est plus avancée, que les lésions sont plus étendues, plus graves ; 3° lorsque la malade a une forme de phtisie disposée aux poussées congestives et inflammatoires. Il faut ajouter que certains malades ne peuvent pas supporter le climat d'altitude, qui leur serait favorable d'ailleurs, à cause de lésions étrangères à la tuberculose; pour un grand nombre de ces malades, le climat du Midi est d'emblée le seul climat possible.

Les climats du Midi sont d'autant meilleurs qu'ils possèdent une température plus uniforme. Malheureusement, cette uniformité thermique s'allie mal avec la sécheresse de l'air qui caractérise un grand nombre de stations méridionales. Abstraction faite du vent, la sécheresse et la pureté de l'air ont pour conséquence fatale en effet des oscillations thermiques étendues, par suite du fort rayonnement (à l'ombre, la nuit). L'uniformité thermique dépend de l'uniformité hygrométrique, et les climats les plus égaux sont ceux qui ont une humidité constante (*Madère*).

Or ces climats humides, s'ils sont bienfaisants et calmants pour les organes respiratoires, sont parfois débilitants pour la santé générale.

Au point de vue du choix à faire entre les stations du Midi, on se basera sur le type du tempérament du malade ou type réactionnel, comprenant les trois formes : torpide, éréthique et indifférente.

Pour le type torpide, le climat chaud, sec, excitant de la *Riviera*, de l'*Égypte* convient. On enverra dans ces régions (Williams) des cas de phtisie où des inflammations ont été la cause première du mal, de phtisie scrofuleuse, de phtisie au premier degré limitée à un seul poumon. La période d'infiltration s'y améliore mieux que celle de cavernisation. Les cas avec fièvre supportent mal le climat de la *Riviera*.

Pour le type éréthique, les climats dits sédatifs seront les meilleurs : *Madère*, les *Canaries*, *Ajaccio*, *Palerme*, *Catane*, *Alger*, *Tanger*, *Pise*, *Pau*, *Venise*, etc.

Le type intermédiaire ou indifférent permet l'utilisation de la plupart des stations du Midi.

Lindsay insiste sur l'importance de la distinction entre le type excitable et le type torpide. « Envoyer un nerveux à *Davos*, est une erreur de climatothérapie aussi grande que de diriger dans des climats sédatifs, tels que *Pau* et *Arcachon*, un sujet dont l'affection est presque latente et la constitution à peine affaiblie. Cette distinction s'impose toujours. Il ne peut exister aucun doute sur sa grande importance, tant au point de vue thérapeutique que pronostique. Les malades en état de supporter la réaction des climats toniques et stimulants sont ceux qui généralement s'améliorent et guérissent quelquefois. Ceux dont le tempérament exige un climat sédatif ne peuvent guère espérer autre chose qu'une rémission temporaire. »

En résumé, on peut dire que le climat du Midi a une plus grande sphère d'applications que le climat d'altitude, et qu'il peut amener des améliorations dans des cas où l'organisme a trop peu de résistance ou bien où la maladie est trop étendue pour qu'on puisse prescrire le climat d'altitude. Le climat du Midi, bien choisi, ralentit la marche aiguë du mal et prolonge la vie dans des cas désespérés. C'est d'ailleurs une méthode rationnelle d'envoyer ces phtisiques en été sur les montagnes, en hiver au Midi, ou dans les stations intermédiaires (Kisch).

Du choix des climats d'après certaines formes ou certaines complications (Jaccoud, Weber, Williams, etc.).

Phtisie aiguë ou pneumonique. — Si elle a une marche aiguë sans rémissions, elle ne peut être l'objet d'un traitement climatique ; de même, si la tuberculose envahit en bloc de grandes surfaces pulmonaires qui se détruisent rapidement, avec fièvre. Dans ces cas, si l'on veut faire un changement de climat dans le but de *soulager* le malade, les régions chaudes ou abritées qui sont le plus près de lui sont les meilleures. Mais parfois cette forme prend des allures chroniques, ou tout au moins se compose de poussées aiguës séparées par des périodes d'accalmie accessibles à un traitement par le climat. En tous cas, le climat d'altitude est exclu comme trop excitant et risquant de rallumer des foyers encore mal éteints. Il faut ici un climat sédatif, uniforme, modérément humide, *Madère* en première ligne, les *îles Canaries*, qui ont toutes deux l'avantage d'être une résidence pour toute l'année ; *Ajaccio*, *Palerme*, *Alger* (Jaccoud), *Catane*, *Pise*, *Pau*, *Arcachon*, peut-être les stations de la *Riviera du Levant*, *La Spezia*, *Nervi*, etc.

Phtisie chronique à forme lente. — Se présente en général chez des sujets à tempérament torpide ou indifférent. Cas les plus favorables pour un traitement climatique, ne demandant que de l'air pur, que l'on trouve partout, et de bonnes conditions hygiéniques : climats du Midi, sanatoriums, altitudes élevées ou moyennes, etc. On conseille en été et en hiver les stations d'altitude, ou bien en hiver *Le Caire*, les stations de la *Riviera*, *Hyères*, *Cannes*, *Menton*, *San Remo*, etc. ; celles du pied des Alpes, les unes sèches comme *Arco*, *Méran*, *Gries*, les autres moyennement humides comme *Montreux*, *Lugano*, *Locarno* ; ou bien enfin les stations à climat doux du bord de l'Océan, *Arcachon*. En été, les stations d'altitude moyenne, les plages de l'ouest de la France, peut-être celles du nord-ouest. Les voyages sur mer disputent pour cette forme de tuberculose la première place aux altitudes.

Il ne faut pas conclure de cette diversité de climats que le malade doive changer sans cesse de résidence.

Plus il s'éloigne de la période aiguë, plus il peut séjourner d'une façon permanente dans une station bien choisie (Weber). S'il va dans les montagnes, il peut y séjourner été et hiver avec bénéfice (les malades de Williams y ont passé en moyenne dix mois, ou deux hivers); si on a choisi le Midi, il faut nécessairement le quitter en été (sauf *Madère*).

Phtisie hémorragique. — Le climat d'altitude convient, à condition que le tempérament du malade ne soit pas éréthique. Voyage sur mer (Williams).

Phtisie héréditaire. — Climat d'altitude spécialement efficace.

Phtisie catarrhale pneumonique, sans perte notable de substance (Weber). — Au début, plages bien ensoleillées et sèches, comme celles de la *Riviera*; si l'expectoration est rare, localités plus humides, comme *Madère, Ajaccio*, etc., ou avec des forêts de pins, *Arcachon*. En été, altitudes moyennes. Quand il n'y a plus de fièvre, stations d'altitude proprement dites.

Phtisie à la période ultime. — Le meilleur climat est celui où le malade est entouré des soins de sa famille. Si l'on veut faire absolument un déplacement pour adoucir ses souffrances, le climat doux le plus rapproché, le plus facile à gagner, sera le meilleur. Il faut surtout se garder des altitudes. Les plages chaudes et abritées, à air sédatif, sont les plus agréables en ce cas, si elles sont peu éloignées et de facile accès.

Catarrhe du sommet. — Bronchite et péri-bronchite qui guérissent dans les stations méridionales chaudes, soit sèches, soit humides, *Riviera, Ajaccio, Palerme, Alger, Le Caire*, ou dans les altitudes, *Davos, Saint-Moritz*, dans les sanatoriums, *Canigou, Leysin*, etc. Si l'on passe l'hiver dans une région chaude, on recommandera au printemps *Montreux, Pallanza, Bex*; pour l'été, les stations montueuses moyennes (page 64) et les plages fraîches.

Dans ces bronchites suspectes, localisées au sommet, le climat d'altitude donne des résultats excellents. Seulement, il faut éviter les stations encombrées par les tuberculeux ; on préférera en été une des stations énumérées page 63 ; en hiver, *Saint-Moritz, Arosa*.

Laryngite simple et tuberculeuse. — La tuberculose grave du larynx contre-indique les altitudes et les pays secs ; les climats chauds et humides, le voyage sur mer dans des régions tempérées peuvent rendre les douleurs supportables. Mais il peut exister des affections non tuberculeuses du larynx chez le phtisique (hyperémie, catarrhe de la muqueuse avec ou sans épaississement d'une corde vocale ou même des deux, et peut-être ulcérations superficielles) : ces cas peuvent être traités avec succès dans les altitudes, si d'autre part l'état du malade engage à le diriger sur les stations de ce genre. Les cas où la tuberculose débute par le larynx peuvent aussi avec avantage suivre un traitement local approprié dans une station d'altitude, où le climat peut agir prophylactiquement sur le développement de la tuberculose pulmonaire. La *Riviera* convient médiocrement aux cas de tuberculose qui ont une complication du côté du larynx, à cause de son air sec et maritime et de sa poussière ; il faut s'écarter du littoral et aller à *Hyères* (qui a cependant beaucoup de vent), à *Grasse*, au *Cannet* ; on s'adressera aux stations à air plus humide, *Nervi, Pise, La Spezia, Ajaccio, Palerme*. Enfin, il faut citer *Pau, Locarno, Lugano*.

Toux incessante et sèche. — Il faut écarter le climat excitant et sec de la *Riviera* et choisir les climats humides, ou du moins ayant un air doux et sédatif (page 41).

Anorexie, faiblesse. — Si ces symptômes ont une importance hors de proportion avec la lésion, on choisira le climat d'altitude, et s'il est contre-indiqué, une station d'altitude moyenne (page 64).

Diarrhée tuberculeuse. — Éviter les stations chaudes et humides, *Madère* en particulier.

Hémoptysie. — Elle n'exclut ni le voyage sur mer, ni le séjour sur les côtes de la mer, mais le climat d'altitude combat encore mieux que les autres climats la tendance à l'hémoptysie (Voir page 285).

RÉSULTATS COMPARÉS DES DIVERS CLIMATS; STATISTIQUE DE WILLIAMS. — Williams a publié en 1894 une statistique importante basée sur un total de 814 tuberculeux soumis à divers traitements climatiques, savoir : altitudes 247, voyage sur mer 65, Riviera 210, restés en Angleterre 292. Voici le tableau de ces résultats exprimés en p. 100 du total de chaque catégorie :

	ÉTAT GÉNÉRAL.			ÉTAT LOCAL.			
	Amél.	Station.	Aggrav.	Guéris.	Amél.	Station.	Aggrav.
Altitudes......	83.4	2.0	14.5	42.5	33.0	5.0	19.1
Voy. sur mer..	77	—	21.5	7.7	46.3	10.7	33.8
Riviera.......	65.2	10.0	24.8	5.9	30.7	17.8	45.6
Angleterre	63.7	8.2	28.0	2.0	36.9	20.0	41.1

Dans le premier degré de la tuberculose, la guérison peut être si parfaite que le retour à l'état normal est complet. Dans les périodes de fonte et d'excavation, guérison signifie disparition des signes cavitaires ou même d'infiltration, qui sont remplacés par l'expansion insuffisante du thorax, la respiration rude, le souffle ou l'expiration prolongée au-dessus de l'omoplate. C'est ce que l'on nomme *guérison relative.* Dans quelques cas mêmes, ces signes ont fait défaut. En même temps, la fièvre tombe, l'expectoration cesse, le poids du malade augmente, la déchéance organique s'arrête et les forces reviennent. L'état général s'améliore, on le voit, plus souvent que l'état local.

La guérison peut être définitive. Dettweiler a publié

72 cas de guérisons datant de 3 à 9 ans (dont 2 cas avec cavernes guéris depuis 8 ans). D'autre part, les rechutes atteignent une proportion assez élevée chez les sujets guéris : ainsi Williams a constaté une rechute chez 22 p. 100 des malades du premier degré guéris par le séjour dans les altitudes.

Moment favorable pour gagner une station climatique. — Il ne faut pas déplacer un malade au moment d'une crise aiguë ; il faut à ce moment éviter les fatigues d'un voyage. Une fois le malade arrivé à sa destination, il doit traverser une période d'acclimatation pendant laquelle le repos est indispensable aussi. Faute d'observer pendant leur séjour la tranquillité qui leur est nécessaire, bien des malades voient leur affection prendre une allure plus aiguë, fait dont on accuse souvent à tort le climat du Midi (Daremberg).

Changement de station. — On ne saurait trop désapprouver la manie de voyager qu'ont certains tuberculeux qui changent à tout instant de résidence, et ont à peine le temps de s'acclimater dans chaque station. Ces voyages sont contraires à l'hygiène rationnelle. Pour les malades qui ont passé l'hiver au Midi, le changement s'impose, il est vrai, pendant l'été ; en cette saison, ils iront, suivant le type de leur réaction, au bord de la mer, ou plus ou moins haut dans les montagnes. S'il est possible, la résidence permanente dans un lieu bien choisi, où le phtisique s'acclimate et se fixe, est encore meilleure ; elle peut se faire dans les sanatoriums, à *Arcachon, Biarritz, Madère,* les *Canaries, Tanger,* et dans les altitudes. A la fin de l'hiver, les malades qui ont séjourné dans les montagnes pourront descendre dans la plaine pendant 4-6 semaines (Jaccoud), pendant la fonte des neiges, pour remonter ensuite soit dans la station où ils ont passé l'hiver, soit dans une station plus élevée.

Rhumatisme.

Les rhumatisants redoutent avant tout un air froid

et humide, le vent et les brusques variations de la température et de l'état hygrométrique de l'air. C'est dire qu'il faut leur interdire les climats humides de la plaine, ceux d'endroits exposés au vent du nord, et le climat de montagne. Les hautes altitudes leur sont défavorables, en hiver par le froid intense, en été par les brusques variations de l'humidité et de la température. De même, au bord de la mer, l'humidité de l'air et les vents ne leur conviennent guère. Il faut un climat chaud et d'une humidité faible ou moyenne, mais uniforme. En hiver, stations chaudes et sèches : *Hyères, Cannes, Nice, Menton, San Remo, Nervi*, etc. *Malaga, Le Caire,* l'*Egypte.* En automne, au printemps : *Sierre, Bex, Méran, Arco, Gries,* etc. En été, stations montueuses moyennes (p. 64).

Scrofule.

Le traitement est avant tout un traitement balnéaire par les eaux chlorurées sodiques.

Mais les climats sont aussi fort utiles. Le climat par excellence, c'est celui des bords de la mer, le séjour sur les côtes ayant un effet supérieur même à l'action du bain de mer. On prolongera le séjour dans le climat maritime, soit en choisissant une ville où le scrofuleux trouve les ressources nécessaires à son éducation, soit en alternant le séjour sur les côtes de la *Riviera* en hiver, avec les plages de l'Océan en été.

Le climat maritime varie suivant les côtes, frais et excitant sur celles du nord-ouest de la France, de Dunkerque en Bretagne, plus doux sur celles de l'O., très chaud et de nouveau excitant sur celles de la Méditerranée. Les scrofuleux mous et torpides conviendront pour les premières, ceux qui ont un tempérament éréthique et nerveux choisiront les plages plus chaudes du golfe de Gascogne. Les stations de la *Riviera* permettent de prendre le bain de mer très tard en automne et très tôt en été (les enfants de l'asile Dollfus, à Cannes, se baignent tout l'hiver).

Voyage sur mer, dans de bonnes conditions.

Hautes montagnes, été et hiver, par exemple *Saint-Moritz*, où Hœssli a obtenu de bons résultats par le séjour prolongé d'enfants délicats. Ce traitement conviendra aux sujets qui ont besoin d'une forte stimulation. Les stations de montagne peuvent être conseillées en été après une cure de bains chlorurés sodiques, pour faire reposer le malade dans une atmosphère pure et fortifiante.

Sénilité.

On a des chances de prolonger la vie et d'alléger les infirmités de l'âge en habitant des climats favorables. En hiver, climats chauds avec beaucoup de soleil et peu d'humidité, *Cannes*, *Nice*, *Menton*, *San Remo*, *Pegli*, *Alger*, *Palerme*, etc., ou stations-abris relativement chaudes, au pied des montagnes, *Montreux*, *Méran*, *Arco*, *Lugano*, *Locarno*, etc.

Éviter les climats froids et ceux de haute altitude; rechercher en été ceux d'altitude moyenne. Enfin, par des voyages bien choisis, par le séjour dans de grandes villes offrant des distractions, on peut lutter contre la torpeur psychique ou physique qui menace l'homme dans sa vieillesse (Weber).

Syphilis.

Le syphilitique a intérêt à chercher un climat doux et égal, car la syphilis a une marche plus maligne dans les pays très chauds ou très froids. En hiver, climats du Midi dans les cas de syphilis très grave ou compliquée d'anémie, de cachexie, ou chez les malades affaiblis par un traitement mercuriel exagéré, stations de la *Riviera*, de la *Sicile*, de l'*Égypte*. En été, stations d'altitude moyenne, bord de la mer.

FIN

LISTE DES MÉDECINS

DES STATIONS D'HIVER ET D'ÉTÉ (1).

Abbazia. — Von Ambrosz, Eltz, Glax, Szemere, Szigeti, von Sontagh, Tamaro, Tripolt.

Aigle-les-Bains. — Mandrin.

Ajaccio. — Beverini, Camo, Foata, Grata, Giustiniani, Lalance, Paoli, Piettrini, Pugliesi, Tavera.

Alger. — Aubert, Auroux, Bourgarel, Bourlier, Bruch, Caussanel, Cochez, Collardot, Deshayes, Gemy, Germaix, Gros, Martin, Maurin, Rey, Rochet, Sézary, Texier, Treille, Vincent, Vital.

Amélie-les-Bains. — Arnal, Genieys, Lemarc hand, Picard, Pujade.

Andermatt. — Schœnbaechler.

Antibes. — Cavasse, Chabert, Fix, Pontevès, Raymond.

Arcachon. — Bonnal, Bourdier, Deschamps, Festal, Geay, Hameau, And. Hameau, Lalesque.

Arco. — De Althammer, Kottowitz, Kunze, Schider, Wollensack.

Arosa. — Mercier, Schneider.

Aussée. — Favarger, Graf, Schreiber.

Avants (les). — Médecins de Montreux.

Badenweiler. — Fraenkel, Leiser.

Bex. — Exchaquet, Hunerwadel, Testaz.

Biarritz. — Adema, Aujey, Ellevy, Gibotteau, Jauberry, Laborde, De Lostalot, Bachoué, Toussaint.

Bormio. — Levier.

Bussang. — Zeller.

Caire (le). — Ambron, Brossard, Cognard, Da Corogna, Ebed, Fouquet, Heymann, Loverdo, Pietra Bey, Richer, Scherneil, Tramoni, Wild.

Canigou (le). — Massina, Sabourin.

Cannes. — Bernard, Bourcart, Cazalis, Cochot, Daremberg, De Valcourt, De Mestral, Dieterlen, H. Faure, Miller, Gimbert, Girard, Guiter, Porge, Pouzet, Roustan, Vaudremer.

Churwalden. — Denz.

Davos. — Beeli, Buol, Gamgee, Heusser, Huggard, Peters, Pradella, Schibler, Spengler, A., Spengler, C., Spengler, L., Turban, Volland, Walz.

Dax. — Bonnetière, Dimulle, Labatut, Larauze, Lavielle, Mora, Raillard.

Engelberg. — Balzer, Cattani.

Evian. — Bordes, Chiais, Dumur, Million, Rocque (de Chartres), Taberlet.

Falkenstein. — Dettweiler.

Gais. — Kursteiner, Zurcher.

Gardone. — Kœniger, Rohden.

Gérardmer. — Greuell.

Gersau. — Erni.

Gœrbersdorf. — Römpler, Wolf.

Grasse. — Laugier, Muller, Ollivier, Poujol, Philip, Spitalier, Vidal.

Gries. — Marchesani, Mayrhofer, Höffinger, Navratil, etc.

Grindelwald. — Scheidegger.

(1) La lettre N. indique les stations où il y a un médecin qui change chaque année.

Heiden. — Altherr, Frenkel.

Hyères. — Balmousière, Bourga-rel, Chauvet, Marquez, Guyenot, Verignon, Vidal, Raymonenq, Roux.

Interlaken. — Delachaux, Küpfen, Schaeren, Schneider, Strasser, Zürcher.

Klosters. — Hilz.

Leysin. — Burnier, Morel.

Locarno. — Von Salis.

Louèche. — Brunner, De La Harpe, De Werra.

Lucerne. — Naef, Steiger, O. Stoc-ker, R. Stocker, etc.

Lugano. — Buzzi, Cornils, Reali, Vogelsang, Zbinden.

Macolin. — N.

Madère. — Goldschmidt, Koester.

Menton. — Colignon, Onimus, Vivani.

Méran. — Braitenberg, Brühl, Fis-cher, Frank, Hausmann, etc.

Monaco. — Colignon, Coulon, Gueirard, Onimus, Pontremoli, Vivant.

Montreux. — Carrard père et fils, Chatelanat, Danegger, Lussy, Mas-son, Mehlem, Nolda, Sturler, Tucker-Wise, etc.

Morgins. — Bovet.

Nice. — Baréty, Bonfils, Bottey, Brandt, Deniau, De Soyre, Fer-dut, Fremy, Fremond, Halbrou, Hugues, Langandin, Macario,

Millet, Nicolas, Niepce, Taberlet.

Ospedaletti. — Enderlin.

Pallanza. — Scharrenbroich.

Pau. — Daran, Lagarde, Lahil-lonne, Manès, Valery Meunier, Monod, Robert, Tarras.

Pegli. — Wagner.

Promontogno. — Rinaldo.

Reiboldsgrün. — Wolff.

Rigi-Kaltbad. — N.

Saint-Beatenberg. — Müller.

Saint-Bernardin. — Geronimi.

Saint-Blasien. — Haufe.

Saint-Moritz. — Berry, Christel-ler, Holland, Hœssli, Nolda, Ve-raguth.

Saint-Raphaël. — Thomas, Caro-man.

Samaden. — Bernhardt, Lendi.

Schœnfels. — Gsell-Fels.

Seelisberg. — Heusser.

Seewis. — Odermatt.

Sierre. — De Courten, de Sépibus.

Tarasp-Schuls. — Andry, Dorta, Lewa, Vogelsang.

Thoune. — Ris, Rau, Vœgeli, etc

Vevey. — Cuénod, Muret, Martin Perret, Perrier, Reymond, sier, Turin, etc.

Villars-Chesières. — N.

Waldhaus-Flims. — Boner.

Weissbad. — Gysler.

Wiesen. — Odermatt.

Zermatt. — De Courten.

Zuoz. — Iuvalta.

TABLE DES MATIÈRES

TABLE ALPHABÉTIQUE

Sanatorium de Leysin-sur-Aigle (Suisse) (Altitude 1450 mètres)
GRAND HOTEL
Établissement de 1er ordre pour le traitement des Affections pulmonaires et organes respiratoires.
OUVERTE TOUTE L'ANNÉE
Chauffage continuel
Ascenseur — Postes et Télégraphe dans l'Établissement
Médecin-Directeur : Dr H. BURNIER.
Gérant : L. KIRCHNER.

NICE

ÉTABLISSEMENT HYDROTHÉRAPIQUE
du
BOULEVARD CZAREWITCH
Villa ROZY

L'Établissement, situé dans un des quartiers les plus beaux et les plus sains de la ville, réunit tout ce que la science moderne a découvert et perfectionné pour le traitement des maladies du système nerveux, Neurasthénie, Diabète, Anémie, Chlorose, Épuisement nerveux, etc., et la convalescence des maladies graves.

DIRECTION MÉDICALE :

Dr P. GLATZ
Médecin de l'Établissement hydrothérapique de Champel (près Genève).

Dr F. DE PLANTA
De la Faculté de médecine de Montpellier.

HOTEL BELVÉDÈRE

Hôtel-Pension de 1er Ordre

Relié à l'Établissement hydrothérapique par une galerie vitrée

GRAND CONFORTABLE — TRAMWAYS

CONDITIONS DU TRAITEMENT

La cure hydrothérapique est de 30 fr. par semaine. — La pension à l'Hôtel Belvédère est à partir de 10 fr. par jour.

ARRANGEMENTS POUR SÉJOURS PROLONGÉS

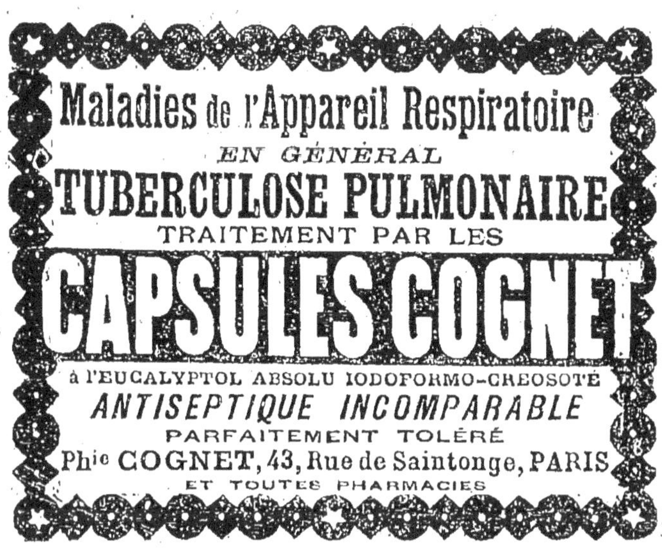

Maladies de l'Appareil Respiratoire
EN GÉNÉRAL
TUBERCULOSE PULMONAIRE
TRAITEMENT PAR LES
CAPSULES COGNET
à l'EUCALYPTOL ABSOLU IODOFORMO-CRÉOSOTÉ
ANTISEPTIQUE INCOMPARABLE
PARFAITEMENT TOLÉRÉ
Ph⁊ COGNET, 43, Rue de Saintonge, PARIS
ET TOUTES PHARMACIES